了不起的心理学

张昕 ◎ 著

湖南文艺出版社
HUNAN LITERATURE AND ART PUBLISHING HOUSE

博集天卷
CS·BOOKY

图书在版编目（CIP）数据

了不起的心理学 / 张昕著 . -- 长沙 : 湖南文艺出版社 , 2021.11
ISBN 978-7-5726-0426-3

Ⅰ. ①了… Ⅱ. ①张… Ⅲ. ①心理学—通俗读物
Ⅳ. ①B84-49

中国版本图书馆 CIP 数据核字（2021）第 211752 号

上架建议：畅销 · 心理自助

LIAOBUQI DE XINLIXUE
了不起的心理学

作　　者：张　昕
出 版 人：曾赛丰
责任编辑：匡杨乐
监　　制：于向勇
策划编辑：刘洁丽
文案编辑：赵　霞　罗　钦
营销编辑：王　凤
封面设计：李　洁
版式设计：潘雪琴
内文排版：麦莫瑞
出　　版：湖南文艺出版社
　　　　　（长沙市雨花区东二环一段 508 号　邮编：410014）
网　　址：www.hnwy.net
印　　刷：三河市天润建兴印务有限公司
经　　销：新华书店
开　　本：680mm×955mm　1/16
字　　数：278 千字
印　　张：21
版　　次：2021 年 11 月第 1 版
印　　次：2021 年 11 月第 1 次印刷
书　　号：ISBN 978-7-5726-0426-3
定　　价：58.00 元

若有质量问题，请致电质量监督电话：010-59096394
团购电话：010-59320018

目录
Contents

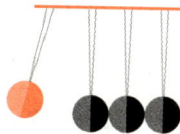

第二章

社会规范:
洞察社会的第三只眼

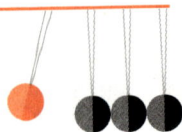

第三章

认知升级：
从普通到卓越

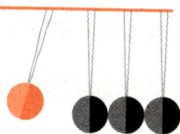

第四章

毕生发展：
探索人生成长的轨迹

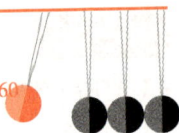

人人都应该学一点心理学

你好，我是张昕，心理学博士，学习和研究心理学快 20 年了，现在是北京大学心理与认知科学学院的一名教师。

1

如果我问你，你懂心理学吗？你可能会觉得，心理学很深奥，自己又没有专门学过，当然不懂。

其实，人人都是懂心理学的，人人都是朴素的心理学家。

比如，我们都知道，在人际交往中，第一印象很重要，这在心理学上叫作"首因效应"。

再比如，现在社会贫富差距越来越大，社会心理学中有一个词专门用来解释这个现象，这个词叫作"马太效应"，等等。这些我们习以为常的知识，其实都属于心理学范畴。

我把这种心理学叫作"人人都知道的心理学"。这些心理学知识是依据我们的日常生活经验得出的，不需要专门看书或者上课学习也能掌握。然而，仅仅是了解这些我们都知道的心理学知识，也能给我们的生活带来巨大的帮助。

我们知道，第一次约会或者面试时，要好好打扮自己；商业界也会常常运用"马太效应"，比如在一开始就通过各种手段迅速抢占市场和用户，从而与竞争对手拉开差距，越做越大。

如果连这些最基本的心理学知识都不懂，我们可以想象后果会有多严重，往小了说，可能会导致一场约会或面试的失败；往大了说，可能会导致一个商业巨头的没落。

2

当然，心理学不仅仅是这些，除了"人人都知道的心理学"之外，还有一种心理学，掌握它的人不多，但是了解之后，你就会立刻产生"原来如此"的感觉。**我把这种心理学叫作"高段位的心理学"。**

这种心理学在我们日常生活中的应用非常广泛，单靠总结生活经验的话很难掌握，还需要系统地学习理论。

举一个很常见的例子：

你做好饭菜，等了男朋友一晚上，然而，男朋友在公司加班到晚上 10 点多才回来。这时，你可能一肚子委屈，抱怨地说："你怎么才回来啊！"男朋友听了之后，肯定会不高兴，心想：我这么辛苦，加班到这么晚，回来还要被你责怪！其实，这时你可以换一种表达方式——"我等你一晚上了"。这时，男朋友听了就会理解你的感受，会向你解释，回来晚是因为工作忙。

不知你是否注意到，同样的情境，一种说话方式是"你怎么才回来啊"，另一种说话方式是"我等你一晚上了"，两种说话方式带来的是完全不同的沟通结果。心理学上把这两种说话的方式叫作"你语言"和"我语言"，英文是"You statement"和"I statement"。

什么叫作"我语言"呢？就是当你和对方说话的时候，以"我"作为主语开头。少说"你××是不对的"这样的话，多说"刚才发生的那件事，让我有了××的情绪或感受"这样的话。

"你语言"，听起来像是对别人进行指责和评价，容易引发争吵。而"我语言"是如实地说出自己的感受，这会让对方更容易理解你。这个技巧很简单，任何人都可以学会，它在人际关系中发挥着巨大的作用。

类似于这样的心理学知识，便属于我所说的"高段位的心理学"，虽然也很简单，但是很多人都没有意识到。其实，它很有用，不仅仅在生活中，在爱情关系中和职场上也可以使用，当你懂得了这些知识时，就会在人际关系中更加游刃有余。

3

如果把"人人都知道的心理学"作为第一个层次，"高段位的心理学"作为第二个层次，那么心理学的第三个层次便是"心理学思维"，它已经不仅仅是心理学知识，而是一种思考方式。掌握心理学思维，我们便可以像心理学家一样思考。

有人说，心理学的目的就是，让我们对自以为了然于胸的事情有截然不同的见解。换句话讲，同样的问题，当我们从心理学的角度去思考时，可能会得到完全不同的答案，这才是心理学真正了不起的地方。我觉得，这句话可以帮助我们很好地理解到底什么是"心理学思维"。

比如，别人问你，一个人性格内向，是好还是不好？

你会如何回答？

你可能会直接回答好或者不好。这是二元思维。你也可能会回答说，没有绝对的答案，有好处也有坏处。这是相对思维。但是，我不会直接回答这个问题，而是会思考他为什么会问这个问题。比起他说了什么，我更关注他为什么这么说。因为当别人问出这个问题时，可能性格内向这个特点已经给他造成了困扰。这时候，你如果问他，你是不是觉得自己内向性格挺不好的？他可能就会有一种被说中的感觉。

比起说了什么，更关注为什么这么说。这便是一种心理学思维。当然，心理学思维是建立在掌握大量心理学知识的基础之上的，但是，我相信，一旦形成这种思维，你就会受用无穷。

4

为了让对心理学感兴趣、想学习心理学的你，能够全面而系统地学习心理学，我和"壹心理"联合制作了一门课程，课程的名称叫作"人人都能用得上的心理学"，这门课程浓缩了我在高校学习和教授心理学近二十年的知识精华，本书即基于此课程撰写而成。

首先，本书的内容分成四个部分，分别是读懂人心、社会规范、认知升级和毕生发展，并且将人格心理学、发展心理学、社会心理学、认知心理学等几大主流的心理学分支融入这四个部分之中。

其次，我会把晦涩难懂的心理学著作和学术论文当中的精华内容"掰开、揉碎"，用通俗易懂的方式讲给你听，让你轻松掌握心理学最前沿的研究成果。

最后，我会把实际生活中的典型问题融入进去，更注重心理学在现实生活中的应用，让你所学即所用。

相信通过对本书的学习，你可以系统而全面地了解科学的心理学体系，发现人类行为和社会现象背后的心理学本质，并且学会运用心理学原理和规律解决日常生活中遇到的问题，成为身边人的"心理学家"。

世界上有两个东西是最难理解的，一个是浩瀚的宇宙，另一个就是复杂的人心。那么，浩瀚的宇宙交给物理学家研究，复杂的人心就交给心理学家研究。

心理学就如同一把钥匙，可以帮助你解锁复杂的人心。很高兴你能翻开这本书，让我们一起开启心理学之旅，感受心理学的神奇吧！

了不起的心理学

第一章

读懂人心：
科学的读心法则

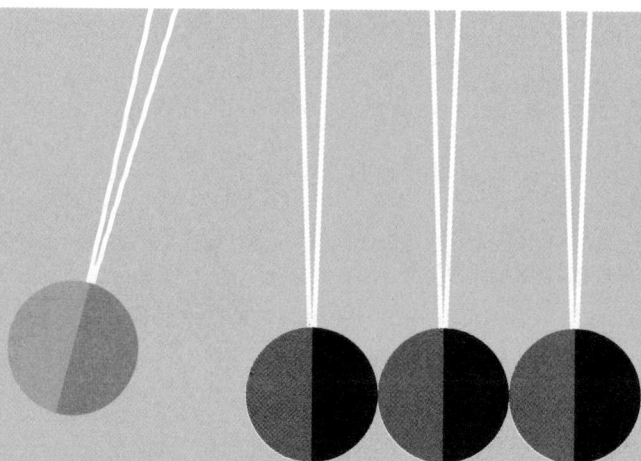

你对自己的认识，可能是错的

· 自我图式 ·

　　我们先来做一个简单的小测试。以下有 10 个形容词，请你在看到这 10 个词之后立即在大脑中思考，它们是否适合用来描述你自己。这 10 个词分别是：乐观、热情、自卑、聪明、胆小、敏感、可爱、无能、善良、冷漠。

　　有没有适合描述你的词呢?

自我图式

　　我们每个人心中都有对自己的认知，比如，我是一个外向的人，我是一个没什么能力的人，我是一个富有同情心的人……所有这些认知加起来，就构成了一个与自我相关的知识和经验的网络。心理学家把这种认知网络叫作自我图式，自我图式就是指一个人在以往经验的基础上，对自己形成的一些概括性的认识。

　　这听起来可能有些抽象，打一个形象的比方，如果把人脑比作一部计算机，那么图式就是安装在人脑内部的程序，自我图式就是一个名字叫作"自我"的程序，每当遇到和自我相关的信息时，这个程序就会启动，帮助我们自动处理这些信息。

比如，有一个朋友邀请你参加一个陌生人的聚会，当你听到这个消息时，你的自我图式就开始"运作"了。如果你的自我图式里有这么一条信息：我是一个不善于社交的人。那么，你很可能会拒绝朋友的邀请。

自我图式一旦形成，就会时时刻刻影响你的想法、行为，甚至你的人生。例如，当你有一个自我图式是"我是一个没有价值的人"时，你就会比较自卑，不敢去追求那些比你优秀的人，更倾向于和比你能力、条件差的人在一起。

自我图式的三个特点

为了进一步理解自我图式这个概念，你需要记住它的三个特点，用三个词来概括就是快速、选择和稳定。

第一个词是快速。人的大脑喜欢偷懒，而图式的一个重要作用就是帮助人们快速处理信息，节省认知资源。它就像一个模板，碰到相关的信息时，直接依靠模板就可以产生效用，从而让这个过程变得非常简单。

心理学家布鲁尔（Brewer）和特雷恩斯（Treyens）做过一个有趣的研究。他们找来一些人待在一个办公室里，只待了很短的时间，差不多30秒。等这些人离开办公室之后，研究者就问他们："刚才你在办公室里都看到什么了？"结果，大多数人的回答都包含了书，但其实办公室里根本没有书。这说明在很多人的大脑里，"办公室"的图式是一个有书的地方。

同样的道理，如果在你的自我图式中，自己是一个不擅长演讲的人，当有一个需要你在众人面前演讲的机会时，你的第一反应不是去分析这个演讲的主题是什么，自己要讲哪些内容，演讲的对象是谁，可以通过什么步骤完成……而是会快速地认定自己不行，然后拒绝这次机会。但实际上，如果你去做了，也许会做得很好。

第二个词是选择。 人们对外界的信息进行加工的时候会有所选择，更容易注意到，也更容易记住那些与自我图式一致的信息。

比如，一个不善社交的人更容易注意到聚会中其他人冷淡的态度，将其解读为是对自己的不欢迎。在回忆起这次聚会的时候，也更容易记起"那个人在吃饭时瞥了我一眼，很不友善，我感到很不舒服"的场景。于是，这次聚会就进一步变成了对自己"不善社交"这个自我图式的确认和深化。

再举一个例子。你第一次去打保龄球，结果还差两个球没倒下，这时，你旁边的朋友说："好可惜，差一点就全部倒了。"如果在你的自我图式里，自己是一个不擅长运动的人，那么，这时候你的关注点就会在"好可惜"上，你会觉得"看，没有全部倒下，这说明我真的是一个不擅长运动的人"。但如果在你的自我图式里，自己是一个擅长运动或者有运动潜力的人，你的关注点就会在"差一点就全部倒了"上，你会觉得"哇，我第一次打保龄球就差点成功了，我果然很厉害"。

第三个词是稳定。 自我图式的形成跟一个人小时候的成长环境和经历有关。那时，我们还没有什么认知能力和判断能力，所以自我图式非常容易受到外界的影响。如果一件事情没做好，你的父母就说你怎么这么笨之类的话，那么"我很笨"这个自我图式就会慢慢形成。

一旦这种重复的经验累积得越来越多，自我图式就会变得越来越稳定，不容易改变。当新信息进来，与原来的图式不相符的时候，大多数时候，人还是会转向原有的图式，而将新信息直接忽略或者很快忘记这个新信息或者找各种理由来反驳这个信息，而不是改变过去的图式。

假如你是一家公司的销售人员，结果没有完成销售任务，领导骂你没用。如果在你的自我图式里，自己是一个没有价值的人，那么这时候，你就会很伤心，觉得领导的话印证了你的自我图式，"我就是一个没有价值的人，什么都做不好"。但是，如果在你的自我图式里，自己是一个很有价值的人，即使领导说你没用，你也不会轻易否定自己，而是会质疑领导的决断：把业绩指标定这么高，谁能完成得了？

你以为的自己就是真实的自己吗？

接下来，让我们回到文章最开始的那个小测试，其中提到了 10 个形容词，你还能想起来是哪 10 个吗？这 10 个形容词中有 5 个积极的，5 个消极的，如果你能回忆起的积极词汇的数量多于消极词汇，那么恭喜你：你拥有一个积极的自我图式，请继续保持。如果你回忆起的消极词汇的数量多于积极词汇，那么你可能拥有一个消极的自我图式。

仔细想一想，如果你的行为、想法都被这个消极的自我图式控制，那其实是很可怕的，你似乎被这个"模具"套住了，它限制了你去寻找更多的可能。

我认为自己是一个不够聪明的人，所以像数学这么复杂的学科，我肯定学不好；我认为自己是一个不善社交的人，所以陌生人多的场合，我就尽量不去；我认为自己是一个没有能力的人，所以我从不主动尝试有挑战性的任务。

但这些都是"你认为的自己"，它一定就是真正的你吗？不一定！

真正的你可能并不是一个不够聪明的人，即使学不好数学，也可以学好其他学科；真正的你可能并不是一个不善社交的人，遇到自己擅长的话题，同样可以和别人侃侃而谈；真正的你可能并不是一个没有能力的人，不擅长做这个任务，但是在另一个任务上也许会做得很好。

你注意到这两者之间的区别了吗？

如果你觉得自己有一个消极的自我图式，想要改变的话，可以尝试按照下面三个步骤做练习。

第一步，描述。拿出纸和笔，按照"我是一个什么样的人"这样的句式，写出 10 个你认为符合自己特质的词。写完之后，划去那些积极的描述，留下那些消极的描述。

第二步，回忆。请回忆小时候或者最近发生的一件事情，这件事情引起了你的情绪反应，同时，这件事让你第一次觉得或者更加觉得自己是一个××的人。

第三步，重建。反驳这件事和你这样觉得之间的联系，是不是这件事一定就表明了你是这样的人？还有没有其他的可能？

比如，第一步，描述：我认为自己是一个没有能力的人。第二步，回忆：小时候妈妈让我去买东西，结果我把钱弄丢了，妈妈说我笨，连这点小事都做不好。第三步，重建：当时我还是一个小孩子，有些事情即使做不好也很正常，就连一个成年人也很难保证自己一辈子不丢钱，对吧？

这是改变自我图式的三个步骤。当然，自我图式的改变并不是一件简单的事情，前文也提到过，自我图式一旦形成就会非常稳定，非常顽固，需要我们不断地练习。坚持这样的练习，不断重复这个过程，最终你会发现那个最真实和最可能的自己。

最后，留一个思考题，有人说，我们无法改变过去，但是我们可以选择将来成为一个什么样的人，你同意吗？

知识小结思维导图

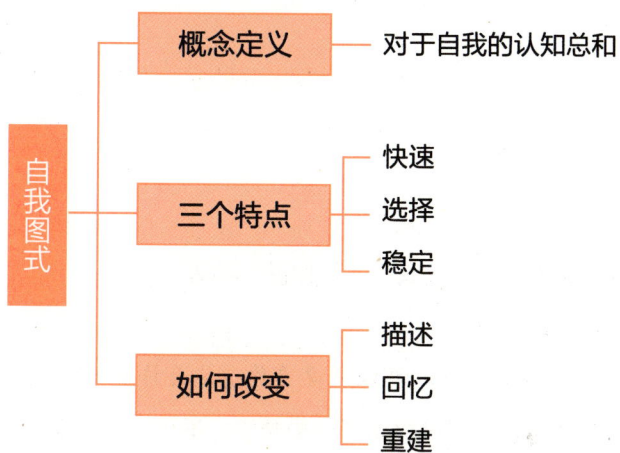

```
                          概念定义 ——— 对于自我的认知总和

                                      ┌ 快速
          自我图式 ——————  三个特点 ——┤ 选择
                                      └ 稳定

                                      ┌ 描述
                          如何改变 ——┤ 回忆
                                      └ 重建
```

如何评价自己，决定了你如何看待世界
· 自尊自信 ·

在阅读本章之前，我想先对你说一段话：

> 你很需要别人喜欢并尊重你，你有许多可以成为优势的能力没有发挥出来，同时你也有一些缺点，不过，你通常可以克服它们；你有时候怀疑自己所做的决定或所做的事是否正确；你喜欢生活多姿多彩，厌恶被人限制；你有时外向、亲切、好交际，而有时则内向、谨慎、沉默。

如果你觉得用这段文字来描述自己非常准确，甚至认为自己完全就是这样的人，那么你很可能是一个低自尊的人。其实，这段话可以用来描述很大一部分人，因为它本身表达得很模糊。低自尊的人会经常怀疑自己，而越是怀疑自己，就越难以了解自己，最终就越有可能全盘接受这些模糊的描述，觉得它描述得非常准确。

优秀的人是否一定拥有高自尊？

我们常常说，"你伤我自尊了"，从心理学的角度来说，其中的"自尊"一词就是人们对自我的评价，英文叫作"self-esteem"。如果一个人经常感到自卑，那么这说明他的自尊比较低，对自己评价不高；同样，一个人经常感到自信甚至表现得自恋，这说明他的自尊比较高，对自己评价很好。

在本节的最后有专业的自尊量表，感兴趣的读者可以测一下自己的自尊水平。

我们通常认为，如果一个人看起来很优秀，很成功，那么这个人应该是一个高自尊的人。但实际情况是，一个人即使本身很优秀，事业很成功，也很可能拥有低自尊。我认识一个姑娘，30岁左右，非常漂亮，学历很高，工作也很不错，领导很赏识她，是很多女孩羡慕的对象，但她自己却经常感到不自信，说自己活得很不快乐。这是为什么呢？

心理学家威廉·詹姆斯（William James）发现，一个人的品质和他对自己的满意程度之间并不存在直接关系。一个能力很低的人，也可能非常自负，而一个已经走上人生巅峰的人，也仍然会对自己感到怀疑。因此，他提出了一个公式，这个公式是这样的：

$$自尊 = \frac{成功}{自我要求}$$

这个公式表明，一个人的自尊水平是由两方面决定的，一方面是其获得的成功，另一方面是其对自己的要求。一个人获得的成功越多，其自尊水平也就越高，但前提条件是他对自己的要求不能过高。举一个例子，假如你高考取得了不错的成绩，这个成绩上一本学校基本没有问题。如果你原本只希望上一本学校，那么你会很满意这个成绩，这时，你的自尊水平是高的。但是，如果你对自己的要求是北京大学、清华大学这种顶

尖的一本名校，那么同样的成绩却会让你失望，这时，你的自尊水平就是
很低的。

自尊水平的高低和稳定性

有些人的自尊水平高，有些人的自尊水平低。除了水平高低之外，自
尊还有一个特点就是稳定性。也就是说，人的自尊水平并不都是一成不变
的，它有可能是波动的。因此，按照稳定与否和高低这两个方面，可以把
人分成四种类型。分别是：稳定的高自尊、不稳定的高自尊、稳定的低自
尊和不稳定的低自尊。

第一种类型是稳定的高自尊。一般来说，这种人的自尊水平受到外部
环境的影响比较小，情绪比较稳定，他们在任何时候对自己的感觉都很好，
他们给别人的感觉也是平静的。即使在遇到质疑时，他们通常也都表现得
非常坚定，并且会仔细倾听别人的意见，而不是攻击对方。

第二种类型是不稳定的高自尊。在现实生活中，这种人比较多，尽管
他们的自尊水平很高，对自己的评价很高，但是，他们在遇到一些失败、
攻击或者批评时，反应会非常强烈。相对于稳定的高自尊类型的人，这一
类人的情绪会更加不稳定，心理上比较脆弱，而且喜欢在别人面前吹嘘自
己的成功和优点，并善于抓住时机来表现自己。

第三种类型是稳定的低自尊。外界的环境很难影响到他们的自尊水平，
他们已经习惯并且接受了自己的低自尊，不愿意改变。

第四种类型是不稳定的低自尊。这种人的自尊很容易受到外界因素的
影响，不管是积极的还是消极的，都会影响到他们对自己的看法。如果他
们取得了成功，他们的自尊就会有阶段性的提升，但是维持不了太久，很
快又会下降到原来的水平。他们很在意别人对自己的看法，所以常常表现

得很谨慎、谦虚，表达观点的时候也会小心翼翼，一旦有人反对，就会自乱阵脚，不敢坚持己见。但是，如果自己的观点被别人接受了，他们就会感到很开心、放松。

我们来举例说明一下这四种类型的人在遇到相同的情况时，各有什么样的表现。

假如，你在知乎 App 上回答了一个问题，你觉得自己写得很好，这个答案得到了部分人的赞同，但是，也有人不赞同你的观点，认为你的回答不好，还在你的回答下面留言，说一些很难听的话。这时，你会有什么反应？

假如你是一个稳定的高自尊的人，你会先感谢他的批评，然后再有理有据地反驳，心平气和地与他讨论问题；假如你是一个不稳定的高自尊的人，你在看到他的评论之后，可能会非常生气，并且言辞激烈地反驳回去，甚至进行人身攻击；假如你是一个稳定的低自尊的人，你就会觉得无所谓，随他去吧；假如你是一个不稳定的低自尊的人，在看了他的评论之后，你本来很好的心情会变得糟糕，而且你会很紧张，怀疑是不是自己哪些地方没有考虑清楚。

不知道正在阅读本书的你属于哪一种类型呢？

低自尊的人如何调节？

低自尊也有一些好处，比如，低自尊的人更谦卑，更容易倾听别人的意见，但是，从整体上来说，低自尊的人出现心理问题的可能性更大一些。那么，低自尊的人该如何自我调节呢？以下有两个办法可供参考。

第一个办法叫作补偿。奥地利心理学家阿德勒从小就因为长相而感到自卑，后来他就专门研究自卑这件事情。他认为，克服自卑感最好的办法是补偿。一个自认为不擅长学习的人可以在运动中表现得更好；一个自认为讲话能力不足的人可以发展良好的书写或绘画技巧。所以，请你在日常生活中尽力发现自己的优点，并且放大这些优点。

第二个办法叫作强化。很多时候，自尊低是因为缺少成功的经验，而每一次失败的经验就会强化我们脑海中根深蒂固的"我不行"这个负面自我图式，久而久之，人就会变得越来越不自信。打破这个循环的方式是，创造一次成功的经历，然后利用这次成功的经历来强化自己的自尊。这里所说的成功并不一定是非常大的成功，即使是一个很小的成功也可以，比如我们可以把"每天读书1小时"这个听起来过高的目标设置为"每天读书10分钟"这样一个比较容易实现的小目标，这样每次完成这个小目标时我们都会有一次成功的经历。慢慢地，再去实现更高的目标，这样整个人也会越来越自信。

知识小结思维导图

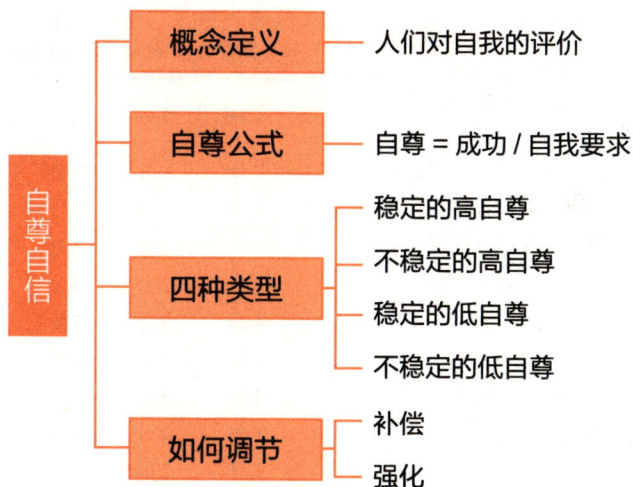

```
              ┌─ 概念定义 ── 人们对自我的评价

              ├─ 自尊公式 ── 自尊 = 成功 / 自我要求

                            ┌ 稳定的高自尊
自尊          │             ├ 不稳定的高自尊
自信          ├─ 四种类型 ──┤
                            ├ 稳定的低自尊
                            └ 不稳定的低自尊

                            ┌ 补偿
              └─ 如何调节 ──┤
                            └ 强化
```

附表：罗森伯格（Rosenberg）自尊量表（self-esteem scale，SES）

量表背景

　　自尊量表是由罗森伯格于 1965 年编制的，是目前心理学界使用最多的自尊测量工具。该量表的克朗巴哈系数[①]为 0.88，重测信度为 0.85，信度良好。

————————

① 最常用的信度测量方法。——编者注

自测题目

请仔细阅读下面的句子，选出最符合自己情况的选项。请注意保证对每个问题都做回答且只选择一个选项。

	A 非常符合	B 符合	C 不符合	D 很不符合
1. 我感到自己是一个有价值的人，至少与其他人在同一水平上	4分	3分	2分	1分
2. 我感到自己有许多好的品质	4分	3分	2分	1分
3. 归根到底，我倾向于认为自己是一个失败者	1分	2分	3分	4分
4. 我能像大多数人一样把事情做好	4分	3分	2分	1分
5. 我感到自己值得骄傲的地方不多	1分	2分	3分	4分
6. 我对自己持肯定态度	4分	3分	2分	1分
7. 总的来说，我对自己是满意的	4分	3分	2分	1分
8. 我希望能为自己赢得更多尊重	4分	3分	2分	1分
9. 我确实时常感到自己毫无用处	1分	2分	3分	4分
10. 我时常认为自己一无是处	1分	2分	3分	4分

自测报告

10—24分：自尊水平较低

你的自尊水平较低，对自己持有怀疑甚至否定的态度，认为自己没有多少价值，比不上别人，甚至在某些情况下，你会认为自己一无是处。你对自己的低评价会让你不太敢表达自己真实的感受。对你来说，在交流中表达和对方冲突的观点是比较困难的，因为你害怕冲突，一旦对方反驳你的想法，你就会不自觉地妥协。你很在意别人怎么看待、评价你。如果别人夸你，你会觉得不自在，有时候甚至想反驳他们；如果别人批评你，给你负面的评价，你又会因此而情绪低落。你很难向他人敞开心扉，所以你并没有多少真正信任的朋友。实际上，你缺乏自信，并不相信自己。你宁愿相信他人，这种相信会让你产生依赖。这种依赖会让别人觉得你缺乏主动性和责任感。回避挑战，拒绝变化是你的行动准则，但是，你有没有想过，其实你的能力比想象中要强得多。

25—35分：自尊水平正常

你的自尊水平处于正常范围。相对来说，你对自己持有较为肯定的态度，你会觉得自己还是有价值的，对自己的评价也比较客观。所以，你也能够接纳自己。尽管有些时候，你也会在意别人的评价，受到别人评价的影响，甚至影响自己的情绪和行动，但是，在大部分时候，你都能够通过各种方式从这种情绪中走出来，这一点非常棒！总体来说，你是一个懂得表达自己情绪和真实感受的人，因此，无论是在生活中还是在工作中，你都能够把自己的想法和见解表达出来，让别人感受到你的存在。就算跟他人意见不合，产生冲突，在多数情况下你还是能够客观面对。尽管别人的想法和意见会对你产生干扰，但是在大部分时候，你还是会相信自己。有时，错误和挫折并不一定是阻碍你前进的路障，反而可能是助你跳得更高、更远的跳板。

36—40分：自尊水平较高

你的自尊水平偏高。相信你是一个非常自信的人，你能够感受到自己的价值，并且对自己比较满意，自我评价也比较高。总体来说，你是一个接纳自己，懂得表达自己的人。很多时候，你会把事情往积极方面想，但也因此可能出现以自我为中心的倾向。这时候你可以思考一下，自己的控制欲是不是特别强？你会不会特别希望别人按照你的方式去做事？如果别人不按照你的想法去做，你是不是就会很生气？如果你的回答是"是"的话，那么就要小心这种高自尊带来的消极影响，小心掉入"自恋与自负"的陷阱中。

如何通过别人来了解自己？

·自我投射·

《庄子·秋水篇》里有这样一个故事：

庄子和惠施两个人在河边散步，然后，庄子跟惠施说，你看河里那些鱼儿游得从容自在，它们真是快乐啊！惠施听了这句话之后，就回了一句，你不是鱼，怎么会知道鱼的快乐呢？庄子回答，你不是我，怎么知道我不了解鱼的快乐？惠施又说，我不是你，自然不了解你；但你不是鱼，肯定也不能了解鱼的快乐！

这个故事很有意思，想必大家也都听过，其实，故事里包含了一个非常重要的心理学概念，叫作自我投射。

你以为别人这么想，是因为你自己这么想

什么是自我投射呢？简单来说，自我投射就是把自己的个性、好恶、欲望、想法、情绪这些心理特点，像投影仪一样，不自觉地投射到别人身上，认为对方也有同样的感受和认知。很多时候，别人并没有这么想，但你以为别人就是这么想的，其实，这是因为你自己是这么想的。

比如，你自己喜欢说谎，就认为别人总是在骗你；你自我感觉良好，

就认为别人也都认为你很出色；你自己十分看不起自己，就认为别人也看不起你；等等，这些都属于自我投射。

为了验证这个现象，心理学家克雷克（Kleck）曾经做过一个有意思的实验，研究人员找来一些被试，告诉他们现在在做一个实验，实验目的是想知道人们对身体有缺陷的陌生人，尤其是脸上有伤痕的人，会有什么样的反应。心理学家让专业的化妆师在这些被试的脸上画上一道假的伤痕。这道伤痕看起来非常逼真，非常明显。画好之后，化妆师又特意拿了一面镜子让被试自己看看效果，待他们看完之后就把镜子拿走了。

关键的一步来了。化妆师告诉被试为了防止伤痕脱落，需要在伤痕表面再涂一层粉末，但其实化妆师是巧妙地把之前画上去的伤痕给抹掉了。也就是说，这时候，被试以为自己脸上仍然有伤痕，但实际上他们脸上没有伤痕，跟正常人没什么两样。接着，这些被试就被派到医院的候诊室，他们需要去观察别人对自己脸上伤痕的反应。

结果非常有趣，那些被试回来之后告诉心理学家，说别人对他们比以往更粗鲁无礼、不友好，而且总是盯着自己的脸看。在这个实验中，被试就把自己的看法投射到别人身上了，其实别人并没有那样认为。

这个实验后来也被称为"伤痕实验"。

自我投射的分类

虽然人有一定的共性，在很多情况下，人们对别人做出的推测都是比较正确的；但与此同时，人与人又是不一样的，如果自我投射过于严重的话，那么我们就可能无法真正了解别人，甚至会对别人产生误解。最典型的有两种情况：第一种情况是，将自己的想法强加给别人；第二种情况是，曲解别人的意思。

第一种情况是，将自己的想法强加给别人。在日常生活中，我们经常会一厢情愿地把自己的想法和意愿强加到别人身上，而这可能根本就不是对方想要的。比如，"有一种冷叫你妈觉得你冷"，这句网络流行语就表现出很明显的投射，是父母对孩子的投射。父母强行替孩子做决定的行为都是在把自己的喜好强加于孩子身上。

心理学家罗斯（Ross）做过这样一个实验，他找来 80 名大学生，问他们是否愿意背着一块大牌子在校园里走动。结果，其中有 48 名大学生愿意背着牌子在校园内走动，并且认为大部分学生都会乐意背；而那些拒绝背牌子的学生也普遍认为，只有少数学生愿意背。由此可见，这些学生将自己的态度投射到了其他学生身上，认为别人的态度会跟自己一样。这个实验告诉我们：人们会依据自己的认知来错误地估计其他人的想法或态度。

这种现象在商业中也有体现，比如，芭比娃娃刚在日本推出时，在日本青少年眼中，芭比的胸部太大，腿也太长，眼睛是蓝色，一点也不像日本少女，因此芭比娃娃刚进入日本市场时销售不佳。于是，芭比娃娃公司重新修改了芭比的胸部和腿，将眼睛改成咖啡色。修改之后，两年内芭比娃娃就在日本卖出了几百万件。

起初芭比娃娃为什么在日本市场卖不出去？原因就是公司假定日本市场和美国市场具有相似性。在美国受欢迎的芭比娃娃在日本同样会受到欢迎，这样自然卖不出去。现在很多互联网公司的产品经理在设计产品的时候也会有这种问题，表面上觉得是用户喜欢，其实有可能只是产品经理自己喜欢。

第二种情况是，曲解别人的意思。心理学中另一个非常著名的测试叫作罗夏墨迹测验，精神病学家罗夏（Rorschach）的这个测试原理就是投射。墨迹，就是滴一滴墨水在纸上，然后把纸对折一下，这样就形成了一个对称的图案。测试中共有 10 幅图，然后心理学家把图案给被试看，问他看到了什么。有的人说自己看到了一只长着爪子的鸟，有的人说自己看到了一张戴着眼镜长着胡须的人脸，有的人说自己看到了别的奇怪的东西，等等。但其实，这个图案本身是没有什么意义的，每个人的解读都是自己内心想法的投射。

罗夏墨迹测验中的墨迹图之一

　　这种投射在我们的日常沟通中也特别常见，我们有时候会把自己的想法和感受投射到对方的话语上，结果解读出来的意思与对方原本想要表达的意思完全不一样。比如，在微信上跟别人聊天时，对方发来一句"呵呵"，对对方来说，"呵呵"可能就是一句很平常的话，但如果你是对自己没有什么自信的人，那么你可能就会认为对方发这句话是在嘲笑自己。再比如，你心里喜欢某一个男孩或者某一个女孩，就总觉得对方也对自己有好感，或许他只是很平常地对你笑一下，你却觉得这是在暗送秋波，这其实也是一种因为自我投射而产生的错觉。

通过投射了解自己

　　既然我们常常会不自觉地把自己的心理特征投射到别人身上，那么反过来，我们是不是可以通过自己对别人的投射来了解自己呢？答案当然是肯定的。以下就是一种运用投射效应来了解自己的方法。

当人们在无形中把自己不能接受的性格特征投射到别人身上，认为别人具有这些恶习或观念时，其实，人们在潜意识中是不喜欢自己这些不好的特征的，自然也会讨厌那些投射了自己的特征的人。

根据这个原理，现在请你拿出纸和笔，写下现实生活中令你讨厌的一个人的名字，并且写下你讨厌他的原因。你可能会写，他是一个自私、虚荣、脾气不好、有心机的人。然后再换另外一个人，同样写下你讨厌他的原因。你可能会发现，你所写下的原因当中，会有一些共同点，那么，这些共同点很可能就是隐藏在自己身上的缺点。换句话说，**你讨厌的人，其实是你不喜欢的自己。**

我们常常会不自觉地把自己的想法和认知投射到别人的身上，你以为别人这么想，其实可能只是因为你自己这么想。自我投射会让我们把自己的想法强加在别人身上，同时也会使我们曲解别人的想法。利用投射效应，我们能够更加全面地了解自己。

知识小结思维导图

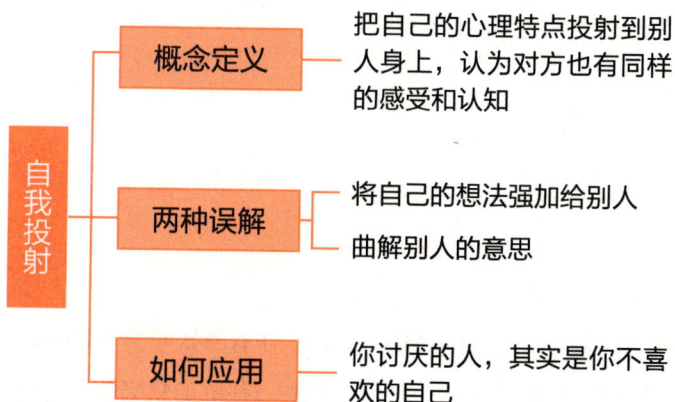

概念定义 —— 把自己的心理特点投射到别人身上，认为对方也有同样的感受和认知

自我投射

两种误解 —— 将自己的想法强加给别人
　　　　　—— 曲解别人的意思

如何应用 —— 你讨厌的人，其实是你不喜欢的自己

如何控制自己，抵制诱惑？

· 自我调节 ·

有一个希腊神话：

在遥远的海面上有一座岛屿，岛屿上住着海妖塞壬三姐妹。这些海妖唱歌非常好听，极具诱惑力。她们会对着过往的船只唱歌，凡是被她们的歌声诱惑的船员，都会被吸引到她们所住的岛上，最后撞上礁石，船毁人亡，没有一个人可以活下来。

英雄奥德修斯要经过这片海域时，为了防止自己被歌声诱惑，就命令自己的手下用绳子把他拴在桅杆上，然后吩咐手下用蜡堵住耳朵，并告诉手下，到时候，无论他怎么哀求都不要松绑。最后，他们成功抵御了海妖的歌声，顺利通过了那片海域。

这个故事告诉我们，诱惑的力量非常强大，如果我们没有像英雄奥德修斯那样的决心，就可能会掉入诱惑的陷阱。

自我调节能力

在现实生活中，我们会遇到各种各样的诱惑。比如，减肥时，面对那些高热量的食物，你是吃还是不吃？学习时，面对游戏，你是玩还是不玩？决心早睡时，面对手机，你是看还是不看？相对于减肥、学习、早睡，高热量的食物、让人上瘾的游戏、一玩就停不下来的手机都是诱惑。如果缺乏抵制诱惑的能力，那么，我们的生活最终可能就会毁于一旦。

心理学上把这种控制自己抵御冲动和诱惑，从而达到目标的过程叫作自我调节。自我调节的能力越强，就越能抵制住诱惑；自我调节能力越弱，就越不容易抵制住诱惑。

这个概念源于一个对幼儿园孩子的研究。斯坦福大学的心理学教授沃尔特·米歇尔（Walter Mischel）知道小孩子都喜欢吃棉花糖，就跑到斯坦福大学一所幼儿园做了一个实验。在参加实验的儿童面前放一颗棉花糖，然后告诉他们："现在我有事要马上离开，等我离开后，如果你想吃这个棉花糖，便可以直接吃。但是，如果你没吃的话，等我回来就再奖励你一颗，这样你就有两颗棉花糖可以吃。"这是一个需要抵制诱惑的实验，有的孩子抵制不住诱惑，马上就把糖吃了，有的孩子却能够坚持等研究人员回来，得到两颗棉花糖。

这个实验后来也被称为"延迟满足"测试。后来，沃尔特·米歇尔还做了追踪研究，结果发现，当时能够忍住不吃棉花糖的小孩，在成长过程中的学习成绩更好，有更好的适应能力和社交技能，可以更好地应对挫折和失败。而且大学毕业之后赚的钱也更多，成就更大。

如果你是一位小孩的父母，你也可以对孩子做一做这个测试，看看他抵制诱惑的能力怎么样。

自我调节对每个人来说都是非常重要的。

自我调节的力量的有限性

其实，每个人都有自我调节的能力，只不过有高低之别，有的人可以抵制住诱惑，有的人抵制不住诱惑。其中的机制是什么呢？心理学家罗伊·鲍迈斯特（Roy Baumeister）认为，这是一种心理力量，他把这种心理力量叫作自我调节的力量。打个比方，这种力量就像人的肌肉一样，有的人肌肉发达，有的人没有什么肌肉。那些肌肉发达的人，举10分钟的哑铃都不会累，而那些没有什么肌肉的人，举1分钟哑铃就累得不行。

我们知道，每个人的体力都是有限的，无论是举哑铃，还是搬东西，都要耗费体力，体力耗光了，我们就做不动了。同样，我们的心理力量也是有限的。当我们抗拒或者延迟去做某件事的时候，这件事情就会消耗我们的心理力量。等心理力量耗光了，我们也就没有办法再抵制其他的冲动和诱惑了。

为了证明这一点，罗伊·鲍迈斯特做了一个非常有趣的实验，被称为自我损耗实验（ego-depletion）。罗伊找来一群饥饿的被试，把他们随机分成两组，之后，他拿出胡萝卜条和巧克力糖放在被试面前，巧克力糖显然比胡萝卜条更好吃。但在实验中，一组被试被要求只能吃胡萝卜条，不能吃巧克力糖。因此他们就需要自我调节，这时就要耗费心理力量。另一组被试则可以随便选，想吃巧克力糖就吃，所以他们不需要进行自我调节。

实验结束后，他让这些被试去解几何题，说是看看他们有多聪明，实际上这些几何题根本无解，让他们做几何题的目的是想知道他们坚持多久才放弃。结果发现，之前可以随便吃两种食物的人坚持了更长的时间，而需要进行自我调节来抵制巧克力糖诱惑的那组人很快就放弃了。因为之前他们的心理力量已经消耗了，没有更多的力量来完成剩下的任务了。

自我损耗实验说明了自我调节的力量的有限性。大家早上起来会感觉能量满满，但用着用着就没了。为什么下班之后会对亲近的人发脾气，就是因为白天上班的时候，人的自我调节的力量被工作上的事情消耗得差不多了，没有多余的力量控制自己了。同样的道理，正是因为自我调节的力量是有限的，所以，每次确定目标、制订计划的时候，不要定得过高、过多。一次完成一个，这样才更有可能实现它。

恢复自我调节的力量

说到这里，也许你会产生疑问，既然自我调节的力量这么重要，那么这个力量损耗之后怎么恢复呢？

以下提供两种方式。

第一种方式是摄入葡萄糖。研究发现，身体内葡萄糖的含量与人的自我调节有很大的关系，补充葡萄糖可以让我们恢复自我调节的力量。而当我们的体内缺少葡萄糖时，则更有可能会情绪失控，出现攻击行为。那些饥饿的人，一般都会面露烦躁之情。所以，如果要戒烟，最好多摄入一点葡萄糖，这样更有可能戒烟成功。

第二种方式是睡觉。这个方式比较容易理解，一个人睡完觉后精力充沛，就会感到浑身舒服，自我调节的力量自然也就比较充足。当一个人睡不好觉的时候，第二天工作时都很难集中注意力，这是为什么？因为他自我调节的力量不强。这也是为什么要睡午觉的原因。

那么，怎样提高我们自我调节的力量呢？虽然它会递减，但是总量能不能增加呢？答案是肯定的。去健身房健身，通过举哑铃锻炼身体，你虽然在消耗能量，但是手臂的肌肉慢慢增加了，身体力量也就增加了。心理力量也是同样的道理，可以通过锻炼来增加，以下提供三种练习方式。

第一个练习叫作身姿练习。具体的操作是这样的：有意识地注意自己的身姿，每当想到身姿时，就努力地站直或者坐直，因为大部分人都习惯懒洋洋地站着或者坐着。研究发现，通过做身姿练习，人们在其他与身姿没有关系的任务上的自我调节力量也能变得更强。这说明，只要坚持练习，意志力就会全面增强。

　　第二个练习叫作换手练习。这个练习也很简单，如果你是左利手，那就用右手做常做的事情；如果你是个右利手，那么就用左手做常做的事情。比如，你可以训练自己用左手刷牙、开门、控制鼠标、吃饭等等。

　　第三个练习叫作说话练习。每个人的说话习惯都是不易改变的，比如，各种口音或口头禅，语速太快或太慢。这个方法就是要尝试改变这种说话习惯，比如，不说脏话、口头禅，把句子说完整，放慢语速，等等。这个练习对提高我们自我调节的力量也有帮助。

　　最后给大家留一道选择题。虽然自我调节的力量非常重要，但也有坏处。研究发现，自我调节的力量越强的人，可能没那么长寿，而"没心没肺"的人可能更长寿，你愿意做一个自我调节的力量特别强的人，还是愿意活得更长久呢？

知识小结思维导图

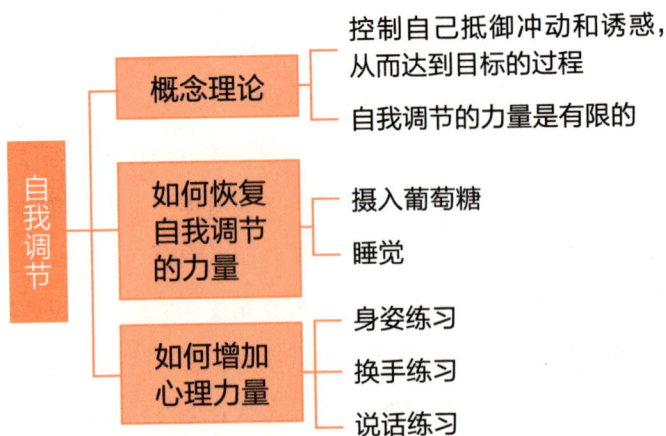

```
                         ┌─ 控制自己抵御冲动和诱惑，
              ┌─ 概念理论 ┤   从而达到目标的过程
              │          └─ 自我调节的力量是有限的
自            │
我            │  如何恢复   ┌─ 摄入葡萄糖
调 ───────────┤  自我调节  ┤
节            │  的力量     └─ 睡觉
              │
              │  如何增加   ┌─ 身姿练习
              └─ 心理力量  ┼─ 换手练习
                          └─ 说话练习
```

挖掘自己更多的可能性

· 人格动力 ·

你觉得自己是一个外向的人，还是一个内向的人？

A. 外向

B. 内向

C. 有时候外向，有时候内向

可能有些人的回答是 C，根据具体情况的不同，表现得也不同。有时候动如脱兔，有时候又静如处子。在某些情况下特别闷骚，在另外一些场合又很活泼。为什么会出现这样的情况呢？这跟我们的人格动力有关。

一个人行为背后的逻辑

简单来说，**所谓人格动力，其实就是一个人的动机或者说行为背后的逻辑。**

人格心理学中有一句话特别有道理，叫作 people have traits，but people do behaviors，意思就是虽然我们每个人都有相应的人格特质，但一个人更重要的、超脱于这个特质的是他的行为。人的行为能够直接表现、反映这个人最真实的面貌。这就好比人们在做自我介绍的时候，通常会以"我是一个什么样的人"开头，但你可能注意到人们在介绍完"我是一个什么样的人"之后，还会加一些佐证来说明"我是这样一个人"。

比如，有个人做自我介绍：我是一个特别外向的人。介绍完这句话之后，他往往会补一句，我这个人"自来熟"，可能跟某个人见面聊了几句之后，就跟他成了好朋友。

"自来熟"等这些行为，都是佐证"我是一个特别外向的人"这件事的。

因此，当我们分析人格动力时，其实要分析的是行为背后的原因，而这些行为会反映出一个人的人格，所以搞清楚原因很重要。

个人追求和可能自我

在此，我从两个角度去探讨行为背后的原因。第一个角度在心理学中叫作 personal concern，即个人追求；第二个角度叫作 possible self，即可能自我。

第一个角度是个人追求。每个人认为的自己生命中最重要的东西都是不一样的，这就使得每个人的行为模式也会不同，其反映出的人格也不一样。

举一个例子，有的人认为工作最重要，因此他可能是一个"工作狂"，只顾工作不顾家人或者说他对工作的责任心很重，上班总是很守时，而且做什么工作都十分投入。

也有的人比较顾家，觉得家庭很重要，所以他总是时不时地迟到，问他原因，他说因为今天带孩子看病了。周末他也不愿意加班，因为他觉得周末是陪家人的时光，不能加班。如果这样的行为反映到人格维度上，你可能会认为，这个人工作特别没有责任心，经常迟到，对工作不上心。

通过这个例子，你会发现，责任心的高低并不能说明任何问题，重要的是找到其行为背后的原因。

再往深一层理解行为背后的原因，就是第二个角度——可能自我。它的意思是："我觉得我可能会是一个什么样的人。"如果从这个角度来分析的话，"你到底是一个什么样的人"其实不重要，重要的是如何定义自己是一个什么样的人，即你的可能自我是什么样的。

随着一个人年龄不断增长，其可能自我会经历一个先增后减的过程，在年轻的时候，他会从不同的维度尽可能多地去创造可能自我，比如，在家庭层面，他觉得自己是一个好丈夫，所以要扮演好丈夫的角色；在工作层面，他觉得自己是一个好员工，所以要扮演好员工的角色；等等，从而表现出不同的行为。

当然，你也可以进行自测——"I am"（我是……/我……）自测，这个测验也被称为"我是谁20题自我陈述测验"，就是以"I am"开头，写下20个对自己的描述或评价。例如，我是一个热爱工作的人；我喜欢小孩；我不擅长对别人说"不"；等等。通过对"我是什么样的人"进行描述，你就可以知道自己的可能自我有多少个，你在家庭中有没有一个可能自我，你在工作中有没有一个可能自我，甚至你在学习中是否也会有一个可能自我。可能自我越多就意味着你的人格越复杂。

你还可以对重要性进行划分，你觉得哪一个可能自我更重要，而这种重要性的划分直接决定了你可能会成为一个什么样的人。比如，如果你觉得工作中的可能自我很重要，你可能会成为一个"工作狂"；如果你觉得家庭生活的可能自我更重要，你可能会成为一个顾家的人。

自我故事法

除了前面讲到的"I am"的自测，还有另外一种方法可以用来定义可能自我，叫作**自我故事法。**简单来说，就是编一个故事来描述自己的一生。记住，这是对自己的一种描述，但这种描述不是完全虚构的，自己经历过的部分必须保持真实，而未来人生的部分则可以有一些虚构的描述。

你要描述一下，在故事中，自己作为一个主体，到底经历了什么样的生活，以及你如何评价自己的生活。就像奥斯特洛夫斯基的《钢铁是怎样炼成的》这本书，最后有一段话讲得很有道理，就是"当他回首往事的时候，不因虚度年华而悔恨，也不因……"这就是自我故事法。你可以给自己编一个故事，故事有一个开头，从什么时候开始，接着是中间过程，经过了哪些奋斗，最后有一个结局或者是你想象的结局，你觉得自己的人生到终点时会是什么样子的。

你可以把自己的故事大声地念出来，这样就会对自己的可能自我有更清晰、明确的认知。因为故事中描述的事情往往是你认为最重要的，最能够定义自己的经历。有了这个故事，你就会知道，在自己的生命中哪些经历才是最重要的，而这些经历就成了你人格发展的原动力。

在此留一个思考题，"我是谁决定了我做什么"和"我做了什么决定了我是谁"，你更同意哪种说法呢？

知识小结思维导图

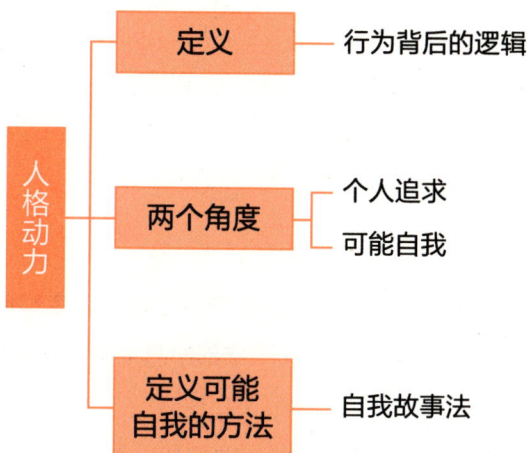

```
                    ┌─── 定义 ──────── 行为背后的逻辑
                    │
                    │                  ┌── 个人追求
  人格动力 ─────────┼─── 两个角度 ─────┤
                    │                  └── 可能自我
                    │
                    └─── 定义可能 ──── 自我故事法
                         自我的方法
```

如何科学地洞察一个人？

· 看人识人 ·

我上本科的时候，第一节课就是普通心理学，老师问我们是怀着什么样的目的来学心理学的？然后让大家都站起来回答一下自己学心理学的初衷。

我当时非常诚实，我说自己学心理学的一个目的就是要学会读心术。然后老师解释说，其实，这是大家对心理学的一种误解。

这是我学心理学的一件陈年旧事。在学术界，心理学家的确有"三不"，那就是不读心，不算命，不解梦。那么你可能会问，心理学到底能做什么？

其实，如果从看人识人的角度来说，我要收回以上的话或者我要对其进行补充：心理学家在没有任何先验知识的前提下，是没有办法读心，没有办法算命，也没有办法解梦的。但是，当心理学家了解你之后，可以在一定程度上知道你的内心到底在想什么，你到底处于什么样的心理情绪状态中，你是一个什么样的人。

通过投射和失言来读心

在人格心理学中，弗洛伊德对如何判断或者识别一个人提出了两种方法，一种是通过投射，另一种是通过失言。

第一种方法是投射。投射的方法就是让这个人把自己内心的所知、所想、所感投射到其他事物上，然后通过对他的投射进行分析，这样就可以知道这个人到底是怎么样的。

如果你感兴趣的话，可以关注一种叫作"房树人测验"的方法，画一个房子、一棵树、一个人，画完后，对自己所画的房子、树和人进行分析。简单地讲，在房树人测验中，所谓的房，代表的是你生长的环境，它体现的是你到底能不能预知环境中的一些风险，以及是不是有安全感。比如，房子偏向纸的一边是一种没有安全感的表现。其中的树，往往被称为生命树，这棵树代表的是你对自己最本质的认知。比如，你画的树是一棵有根的树还是一棵没有根的树；你画的树是茂密的，还是枯萎的；等等。这些代表的就是你的事业、学业或者身体各方面的情况。相反，房树人测验当中的人并不代表你对自己的认知，它代表的是你的"面具"，也就是你在别人眼中是一个什么样的人，它体现的是你对自己的伪装是否有认知。

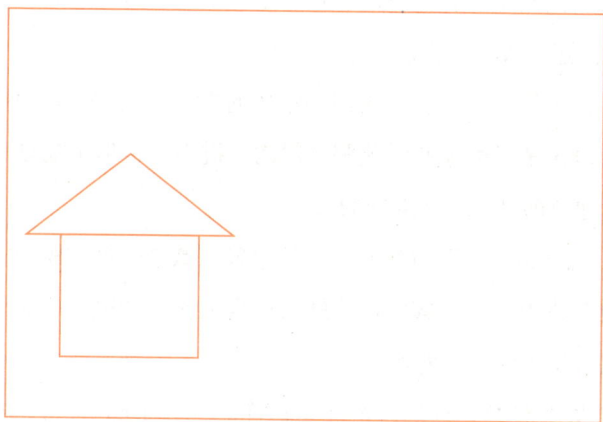

房子很明显偏向纸的一边

有人分析过甘肃连环杀人案的罪犯高承勇的"房树人"画，比如，他画中的人是裸体的，这是比较少见的。他画的树枝就像一把把刀子，从精神分析的角度来说，刀子象征着男性的性器官。

罪犯高承勇的"房树人"画

站在投射的角度，我们可以知道一个人的人格特点，而弗洛伊德的精神分析除了阐述了投射的方法，还阐述了其他的方法。

第二种方法是失言。在弗洛伊德经典的失言理论中，我们可以通过分析一个人的口误来了解他此时此刻的想法，进而分析他可能是一个什么样的人，至少他目前是一个什么样的人。

比如，玩"狼人杀"游戏时，一只"狼"藏在一群村民中，我们怎么能够把"狼"挑出来呢？其中可能就会出现失言的情况，而这种失言往往就是他在无意识中的自我表露。

比如，最经典的一种失言情况是这样的。大家都说，我是一个好人，轮到"狼"的时候，他可能一紧张就说成了"我是一匹好人"。那么，听到这个"一匹"的失言之后，就能知道这个人一定是"狼"，因为他已经将自己代入狼的角色了, "一匹" 只能用来形容狼, 而不能用来形容人。

生物学角度的方法

以上是弗洛伊德的几个精神分析的理论, 它们教会我们如何正确看人识人, 而从生物学的角度来说, 也有一些方法。

很多行为是有其生理基础的, 在此教给大家一个特别有趣的小测试, 你可以测一测同事, 也可以测一测自己到底是不是一个内向的人。

自己在家就可以做这个实验。

准备一颗柠檬, 然后将柠檬切成两半, 把柠檬汁挤到一个杯子里, 然后喝下去。喝完后, 你要做的事情就是看自己到底流出来多少口水。这是最重要的指标。什么样的人算是内向的人? 口水流得特别多的人! 口水流得特别少的人则算是外向的人。

注意, 不建议给孩子做这个实验, 因为孩子可能忍受不了柠檬的酸。

为什么会出现这种现象? 从生物学的角度来解释, 如果一个人比较内向, 他对外界的刺激会比较敏感, 他的感受性会比较高, 因此, 他的反应也会更大。

内向的人的生理作用会导致其对柠檬汁的刺激耐受性更差, 更忍受不了柠檬汁的刺激, 所以会分泌更多唾液。相反, 外向的人对这些刺激习以为常, 他的感受性很差, 反应性也很差, 所以不会有过度的反应。

在日常生活中, 你也可以很容易观察到, 那些内向的人到了陌生环境中, 往往会手脚出汗, 很不自在, 这是因为他们的感受性很强, 他们能感受到环境中的危险信号。

知识小结思维导图

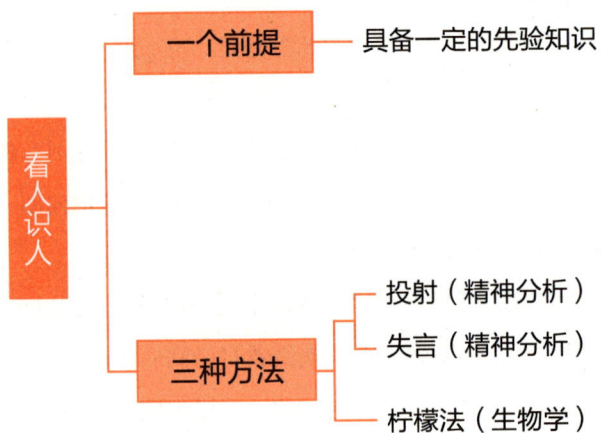

```
看人识人 ┬─ 一个前提 ── 具备一定的先验知识
         │
         └─ 三种方法 ┬─ 投射（精神分析）
                     ├─ 失言（精神分析）
                     └─ 柠檬法（生物学）
```

人的意识并没那么神秘
· 探究意识 ·

进入正题之前，先看一个童话故事：

有一天，一只青蛙遇见了一条蜈蚣，他很好奇地问："蜈蚣大哥，我四条腿走路都很困难，你有那么多条腿，走路时先迈哪条腿？"蜈蚣听后说："青蛙老弟，我一直就这样走路，从来没想过先迈哪条腿，等我想一想再回答你。"蜈蚣想了几分钟，他一边思考一边向前走了几步，最后却趴下了，他对青蛙说："请你再也别问其他蜈蚣这个问题了。我们一直都是这样走路的，可现在你问我先迈哪条腿，我就不知道了，搞得我现在都不会走路了，我该怎么办？"

大家可能还听到过类似的故事，比如，有一个人胡子很长，然后别人问他，你的胡子这么长，在睡觉的时候，你会把它放在被子外面还是放在被子里面？然后，那个人晚上睡觉的时候就发现，不管把胡子放在被子外面还是被子里面，都会不舒服，最后他失眠了。

意识在心理学上到底指什么？

通过以上两个故事，我想引出本节要讨论的主题——意识。我们经常说一个人失去了意识，也就是说这个人昏过去了或者死掉了，那么，在心理学上，意识到底是指什么呢？《科学》（*Science*）杂志曾经列举了科学家想解决的一些世纪性难题，其中，意识的本源就成为这些难题中的一个。这也告诉我们，其实，意识是一个困扰人类很久且非常重要的问题。

在心理学上，意识本身的概念很复杂，不过我们可以通过两个角度去理解它。

第一个角度，意识是一种觉知。作为观察者，你觉察到了某种现象或者事物。比如，女朋友刚刚换了一个新发型，电脑里传来了美妙的音乐，等等，你觉察到了这些外部事物的存在，这说明你意识到了它们。当然，觉察的对象不仅仅是外部的事物，觉察到内在的状态或者体验也属于意识的一部分，比如，感到疲劳、头晕、焦虑、舒服、饥饿等等。

第二个角度，意识是一种心理状态，意识在不同的状态下进行着转换。比如，虽然你正在看本书，但是在中途开了小差或者当你在专心思考某个问题时，根本就没听到或者没有听懂别人对你说了什么。再比如，你觉得上午精神特别好，做事效率特别高，但是到了下午就没什么精神，容易犯困。还有，早上起来刷牙的时候，突然想起了去年发生的某件事情，然后思绪就像脱缰的野马，瞬间转换了无数个念头，等等。如果你有过这样的经历，就表明你在日常生活中经历了不同的意识状态。

在不同的意识状态下，人对周围世界和自身变化的敏感程度是不一样的。比如，睡觉做梦是一种意识状态，它和人在清醒时的意识状态不一样。催眠又是另一种意识状态，人进入催眠状态后看似睡着了，但其实并没有睡着，因为人在催眠状态下的脑电记录和人在清醒状态时是一样的。

潜意识会对行为决策产生影响

与意识相对的另一种状态就是潜意识（无意识）。它是相对意识而言的，是人们不易觉察的一些心理活动。弗洛伊德在其精神分析学说当中就提出了人的意识的冰山模型。他认为，露出水面的冰山一角是人类的意识，那是人类可以直接观察到或者觉知到的，但它只占人类心理的很小一部分。人类更多的心理活动或心理过程都是通过冰山下的潜意识来完成的，而这些行为是不受意识控制的。

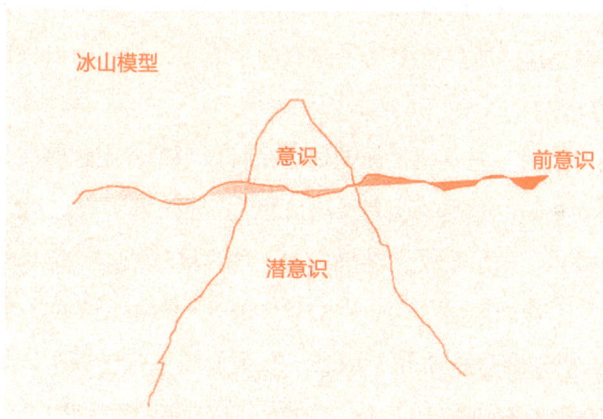

意识冰山模型示意图

比如，你在没有学会骑车之前，会觉得骑车是一件非常困难的事，需要耗费大量的精力去学习，保持平衡、保持方向感都是非常困难的。但是，当你学会骑车之后，你甚至可以一边骑车一边跟别人聊天，这些对你来说完全没有问题。为什么会这样？因为这时候骑车变成了一种潜意识下的自动化行为。

在我们的日常生活中，这种潜意识下的自动化行为非常多，你可以做一个实验，用手机把自己的日常活动录下来，然后再播放给自己看。你会发现自己的许多小动作，比如玩头发、抖腿等等。这些都是潜意识下的动作，当你看到这些录下来的视频时，说不定会对自己的行为感到惊讶。

除此之外，人类也常常会对一些刺激感到无意识，而这些刺激往往会对人类的行为或者决策产生影响。比如，有一位心理学家进行了这样一个实验，让被试的两只耳机同时播放两种不同的内容，但是要求被试只听其中一只耳机中的内容，尽量避免听另一只耳机中的内容。让被试听的内容有一个共同的特征，就是存在歧义，比如，有一个句子是：They threw stones toward the bank。bank 这个单词在英语中是一个多义词，既可以指银行，也可以指岸边，所以这个句子就有两个意思：他们朝银行扔石头；他们朝岸边扔石头。

与此同时，另一只耳机播放的内容是可以帮助确定这些歧义单词意思的内容，比如 money（钱）或者 river（河）。等被试听完之后，研究者要求他们解释听到的句子含义，结果发现，虽然被试根本不记得自己听到了哪些词，但是，他们倾向于将句子解释为与这些词更相关的意思，听到了 money 的人，会解释说这个句子的意思是他们朝银行扔石头，听到了 river 的人，会解释说他们朝岸边扔石头。这就是潜意识的强大作用。

潜意识在生活中的运用

在了解意识和潜意识这两个基本概念之后，我们就会在现实生活中发现，它们无时无刻不在发挥作用。

比如，很多广告就是利用了人类的无意识来达到宣传效果。1999 年，哈佛大学的心理学家们曾经研究了一些叫作阈下知觉的行为反应。阈下刺激并没有被人感知到，但它确实存在，它对人类的行为，尤其是老年人的一些行为可能会产生影响。

这个实验是这样的：研究人员让两组老年人玩电脑游戏，其中一组被试的电脑屏幕上时不时会快速地闪现敏捷、聪明等词语。因为闪现得太快了，一般人都没有办法记住这些词语，也就是说，这是一种阈下刺激或者叫潜意识的刺激。另外一组被试的电脑屏幕上则会闪过衰老、生病等信息。结果发现那组接受了敏捷、聪明等积极词汇的被试在玩完游戏之后，行为发生了巨大的改变，他们走路的速度变得更快了；相反，另外一组被试接受的是衰老或生病等消极信息，他们走路的速度明显变慢了。

这个实验说明，即使人在意识层面没有觉知到某些刺激，但是人的感觉器官或者说大脑还是一样会去进行相应的处理。

还有一个实验与上面这个实验相似。在一个人很口渴，想买饮料的时候，如果研究人员快速地在他眼前闪过"立顿红茶"这一信息，他就更可能在众多饮料当中选择立顿红茶，而不是其他的饮料。

这两个实验对我们生活的作用是巨大的，它说明了什么？说明了潜意识在广告中发挥着巨大的作用，它不一定能让不想买产品的人立刻产生购买的欲望，却可以影响那些购买产品的潜在人群对不同品牌的选择。

讲到这里，给大家介绍一个做清醒梦的方法，感兴趣的人可以试一试。

清醒梦是一种比较特殊的意识状态，发生的概率比较低，但是非常迷人。在清醒梦中，你会感觉自己在梦中是完全清醒的，能够正常地思考和活动。你问自己，这是在做梦吗？如果答案是肯定的，那么你就是在做清醒梦。

你可以这样试一下，当你从梦中自动醒来的时候，先用几分钟的时间回忆，并且记住它，再花10分钟左右去看书或者进行其他的活动。然后，立刻躺回床上再次睡觉，睡之前对自己说，下次做梦的时候，我要记住自已是在做梦。最后，你可能就会梦到自己躺在床上睡觉并在做刚才所做的梦。

知识小结思维导图

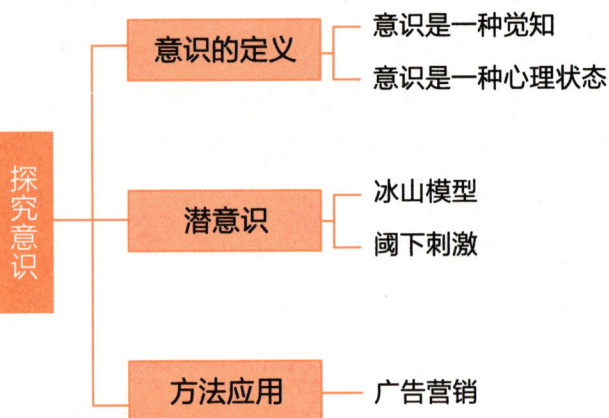

```
                      ┌─ 意识是一种觉知
        意识的定义 ─┤
                      └─ 意识是一种心理状态

                      ┌─ 冰山模型
探究意识  潜意识 ─┤
                      └─ 阈下刺激

        方法应用 ─── 广告营销
```

人的内心，常常写在脸上
· 观察微表情 ·

大家有没有看过一部著名的美剧，叫《别对我说谎》（*Lie to Me*）？这部剧主角的原型是一位著名的情绪心理学家保罗·埃克曼（Paul Ekman），他把自己在微表情识别方面的研究搬上了荧幕，塑造了一个叫作莱特曼的形象。莱特曼在剧中主要的工作就是通过识别别人的微表情进行测谎，从而帮助警察破案。

其中有一集很有趣，莱特曼发现一个人在撒谎之前会下意识地摸一摸鼻子，他就通过这个动作去判断这个人是不是在撒谎，而他给出的理由是，男人的鼻子有海绵体，当他们想要掩饰什么的时候，鼻子就会痒。

人类的基本情绪

在心理学上，表情是情绪或情感的一种外部表现。研究发现，人类的表情，无论是中国人还是外国人的表情，都是高度一致的。达尔文认为，面部表情是天生的、固有的，并且为全人类所理解，也就是说，世界上的人都有相同的面部表情。

达尔文的观点也被心理学家埃克曼验证了。埃克曼最著名的一项研究是在太平洋的一个岛国巴布亚新几内亚独立国上做的，他在小岛上和当地的原住民一起生活了一年多。在这一年多的时间里，他主要的工作就是观察当地的原住民如何表达情绪。

你可能会好奇，观察原住民的情绪到底有什么用？美国有那么多大城市，那么多人口，为什么不观察那些城市中的人，而要去观察一个岛国上的原住民？这牵涉到一个很有趣的心理学问题：人一共有多少种基本情绪？

所谓基本情绪，就是达尔文研究的天生的、与生俱来的情绪，和基本情绪相对应的叫作后天习得的情绪。因为后天习得的情绪是高度社会化的，大部分只有在社会情境下可能才会出现，不属于基本情绪。

比如，嫉妒这种情绪只有在有其他人在的情境当中，尤其是牵涉到社会比较的情境中，才会表现出来。埃克曼的目的是研究人到底有多少种基本情绪，城市中的人受到太多社会化的影响，观察结果可能不准确。而他在太平洋小岛上进行观察，能更好地达到目的，因为那些原住民的社会化程度相对来说比较低。

通过一年多的观察，埃克曼发现，人类的基本情绪大概有六种。第一种是愉快，对应的面部表情是嘴角向上翘起，面颊向上抬起并且起皱，眼睑收缩。第二种是恐惧，人在恐惧的时候，脸色苍白，眉毛上扬，嘴巴和眼睛张开，鼻孔张大。第三种是生气，生气的面部表情一般就是前额紧皱，眉毛下垂并拢，嘴唇紧锁，面部发红。第四种是悲伤，悲伤的面部表情一般是眼眉拱起，嘴巴朝下，流泪。第五种是惊讶，嘴唇和嘴巴张开，眼睛张大，眼睑和眉毛向上抬起。第六种是厌恶，厌恶的面部表情是额眉内皱，嘴巴微张，牙齿紧闭，嘴角上提。

发现这六种基本情绪之后，埃克曼便找来居住在城市里的人，让他们表达这六种基本情绪。之后他在全世界的各个国家和地区，让被试对这些情绪进行识别，结果从中发现了高度的一致性，所有的被试都能够准确地分辨出这六种基本情绪。

微表情：对人的面部肌肉的分析

埃克曼的贡献远不止研究这六种基本情绪，他另外一个很重要的贡献就是微表情。埃克曼和他的同事华莱士·弗里森（Wallace Friesen）受一位精神病学家的委托，对一位抑郁症患者进行测谎。那位精神病学家说，这位抑郁症患者一直声称自己不会自杀，所以精神病学家想请埃克曼和弗里森来判断一下该患者到底不会自杀。

埃克曼和弗里森观察录像的时候，并没有发现任何异常，因为这个患者表现得非常乐观，笑着跟他们说，我不会自杀，我没有问题。从表面上看，他身上没有显现出任何企图自杀的迹象，但很不幸的是，他最终还是自杀了。

埃克曼和弗里森很自责。接着他们又对患者生前的那段录像进行分析，这一次他们并没有以正常的速度播放、观察，而是以非常慢的速度逐帧分析。结果发现患者在回答一个关于未来计划的问题时，产生了非常强烈的痛苦表情，而这个表情持续的时间大概只有 1/12 秒，也就是不到 100 毫秒的时间。

这两位学者把这样一个持续时间非常短的表情称为微表情，后来又把微表情理论发扬光大，利用微表情做出了非常多的贡献。微表情就是一种还没有完全表达出来的情绪，持续的时间很短，大概在 500 毫秒以内，可能表情并没有做完就被掩盖过去了。

讲到这里，如果大家真的想去看一看《别对我说谎》，我还要提醒一下：其实，微表情是一个非常复杂的概念，它和影视作品中表达的微表情还是有一些差异的。

在测谎过程中，它只能作为一种线索，而不能作为真正的证据。即使警察在对犯人进行审讯的时候，可以通过微表情来判断他是否说谎，也无法保证这种判断的准确度达到100%。另外，观察微表情，真正做到科学、权威地读心，光靠肉眼是不行的，还需要借助更高级、精密、尖端的仪器设备，当然，观察者也需要一些相应的训练。

下面给大家介绍埃克曼开发的一套系统，叫作面部动作编码系统（FACS），这在微表情领域是非常重要的训练系统。在这套训练系统中，他规定，每个微表情的持续时间在500毫秒以内，同时，它是基于生理学家对人的面部肌肉的解剖来实现的。系统把人的面部肌肉划分成大概46个动作单元，然后通过大量的实证性工作，以及观察大量的影像资料，总结出来一套行之有效的动作编码系统。

其实，微表情不光有一定的动作基础，还有一些生理基础。正如前文所说，男人在说谎的时候会摸鼻子。生理学上认为，鼻子里有一个海绵体。在一些皮下血管成像的最新研究中，研究者发现了这个现象。这可能与人在说谎的时候，血液会流向鼻尖有关系。因为血液都流向鼻尖之后，鼻尖就会发热，进而导致人会试图通过摸鼻子来降温。或者说因为发热，所以人会感到痒痒的，就去摸鼻子。发现这个现象的心理学家把这个效应称为匹诺曹效应，也就是说这与匹诺曹说谎后鼻子就会变长类似。

如何分辨真笑和假笑？

识别微表情对人们的现实生活到底有什么作用？有一个最简单的应用就是可以分辨真笑和假笑。

真笑和假笑的区别主要在于眼睛。想一想，自己不太开心但又要强作欢颜的时候会怎么做？人们通常会把嘴角往上扬，而面部其他的肌肉则不会动。但人在真正高兴时绽放笑容，除了嘴角向上扬之外，还有一个非常明显的特征就是眼睛周围的肌肉会动，甚至会出现明显的鱼尾纹。

所以我经常会被妻子嘲笑，她说我现在已经有鱼尾纹了。我当然知道这是为什么，其实就是我笑的频率比较高，而且我的笑都是发自内心的真笑，所以才会有鱼尾纹。如果你发现一个人笑的时候，总是简单地嘴角上扬，没有任何眼部的动作，就能知道，他可能只是出于礼貌对你微笑，而不是真的见到你很开心。

在此留给大家一个小练习，感兴趣的读者可以观察一下影视剧中的演员在笑的时候，到底是在真笑还是在假笑。虽然都是在演戏，但是那些演技好的演员在用面部动作表达情绪的时候会更加准确。

知识小结思维导图

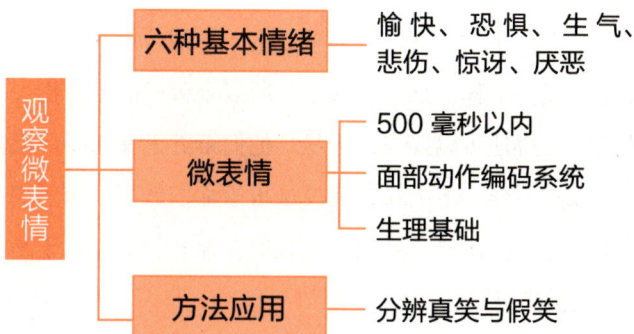

观察微表情
- 六种基本情绪 —— 愉快、恐惧、生气、悲伤、惊讶、厌恶
- 微表情
  - 500 毫秒以内
  - 面部动作编码系统
  - 生理基础
- 方法应用 —— 分辨真笑与假笑

人的每个行为都有动机

· 推测动机 ·

大家可能都听过这个故事。

一群孩子经常在一位老人的家门前吵闹。老人的儿子说，我去把他们赶走。老人说不用，你越赶，他们越来，我有办法。第二天，老人给每个孩子三块钱，并对他们说，你们在这儿玩，让我家门口变得很热闹，我很开心，这点钱是表示对你们的感谢。孩子们很高兴，第三天依旧来，一如既往地吵闹，老人再次出来，还是给他们三块钱。

第四天，孩子们又来了。这时候，老人愁眉苦脸地说，我的退休金没有那么多了，没法给你们那么多钱了，所以今天只能给你们一块钱。孩子们听了之后，觉得还可以接受，于是，他们第五天又来了。但是到了第六天，孩子们来的时候，老人说，我没法再给你们钱了。孩子们一听，非常生气，觉得一分钱都不给，就别想让我们在你家门前玩，于是头也不回地从老人的家门前离开了。

老人没有费太多功夫，就把一群吵闹的孩子打发走了。

从这个故事中我们可以发现，起初，孩子们在老人家门前玩并不是为了钱，只是单纯地想在那里玩。但是，当老人开始给他们钱的时候，"玩"的动机就被"金钱"取代了。在孩子们看来，自己是为了钱才在老人家门前玩的。在心理学中，这被称为动机。

动机唤起水平和行为表现之间的关系

动机就是指让我们去做一件事情的驱动力。满足需求就是驱动力之一，比如，我们之所以做出喝水这个动作，是因为我们口渴了。

在一般情况下，整个动机的过程会包括几个部分。首先是产生需要，也就是内部的一种缺乏状态，比如，我们寻找食物的行为是因为我们身体内能量的缺乏。然后需要会导致内驱力，内驱力是一种被激发的动机状态，比如，饥饿就是一种内驱力，内驱力继而会引发反应，也就是一个或一组行动，最后推动我们去实现特定的目标。当目标实现之后，这个动机的过程就结束了。

关于动机的概念在此不再赘述，接下来重点了解动机唤起水平和行为表现之间的关系。是不是动机唤起水平越高，行为表现就越好呢？答案是不一定。

心理学研究发现，**动机唤起水平和行为表现之间呈一种倒 U 形的关系，也就是说，在中等程度的动机唤起水平时，人的行为表现最好，人们在这个状态下发挥最出色。**举一个例子，假如你明天要考试，如果唤起水平太低的话，你对这场考试不够重视，提不起精神，就很难考好。但是，如果唤起水平太高的话，你过于重视这场考试，就会导致焦虑，影响正常发挥。

最佳的动机唤起水平也不是固定的，它会因为任务难度的变化而变化。对于那些比较简单的任务，要求的动机水平高一些比较好；对于那些复杂的任务，要求的动机水平低一些比较好。

当然，高低其实也是相对的。比如，如果是短跑比赛的话，相对来说比较简单，只需要尽快跑到终点就可以了，所以运动员的动机唤醒水平就要高一些。但是如果是打高尔夫球的话，相对来说就复杂得多，如果运动员的动机唤醒水平很高的话，往往会出现失误。

内部动机和外部动机

所谓内部动机指的是发自内心的、出于兴趣去做某件事情的动机。而外部动机是为了外在的奖励或者为了避免外部的惩罚而去做某件事情的动机。

行文至此，笔者想起北京大学咨询中心的徐凯文老师在一次演讲中提到过大学生的"空心病"现象。本书不对徐老师提出的"空心病"现象进行评判，而只是客观地来看待这个现象。其实，这背后就是动机的问题，而且和前面提到的内部动机、外部动机是互相关联的。

所谓的"空心病"，指的是很多大学生在上了大学之后，发现自己一下子没有目标了，觉得生活好像都没有意义了，无法保持像高三准备高考时的那种动力满满的状态，从而引发的一系列严重的心理问题。通过分析，我们可以发现一个问题，很多人考大学的动机主要来自外部。很多父母会跟孩子说，只要考上大学你就自由了，我们就不管你了。

这些人其实是为了父母而考大学。还有一些人则是为了学到更多、更深入的知识，为了未来能实现自己的某个目标而考大学。他们一定是在非常强烈的内部动机驱动下学习的，他们会认为学习使他们快乐。

这也是很多高中老师经常会说的一句话，从"要我学"转变成"我要学"。所有"要我学"的行为背后是外部动机，而"我要学"这个行为背后就是内部动机。

内部动机和外部动机此消彼长

了解了外部动机和内部动机的概念后，应该如何在生活中灵活运用它们呢？

首先是外部动机的合理使用。并不是不能用外部动机，而是很多时候我们的行为塑造离不开外部动机，离不开外部的奖励或惩罚。举例来说，在马戏团里，驯兽师会用可口的食物来引导野兽做出一些行为；在学校里，老师会通过发奖状、小红花、小奖品来提高学生学习的积极性；在公司里，管理者会通过涨薪或发奖金来调动员工的工作热情。

但过分使用外部动机可能会适得其反。因为内部动机和外部动机之间是此消彼长的关系，外部奖励越多，内部动机可能就会越弱，甚至变成做任何事情都是为了获得奖励，就像本节开始的故事中的那些孩子一样。

心理学家爱德华·L. 德西（Edward L. Deci）做过一个非常著名的实验，他让大学生在实验室里解一些有趣的智力难题。实验分成三个阶段，第一阶段，所有的被试都没有奖励；第二阶段，将被试分为控制组和实验组，实验组的被试每完成一个难题就得到一美元的奖励，而控制组的被试还是没有奖励；第三阶段，不让被试继续做题，而是让他们自由休息，但在这一阶段中，研究人员会测试，看看被试会不会主动继续解题。结果发现，在控制组，也就是始终没有奖励组的被试，他们更愿意在休息的时间去解题。而实验组，也就是有奖励的一组被试，在休息的时间绝对不会去解题。这个实验证明了一件事情，当人们在做一件他认为比较愉快的事情，比如这种智力测验时，给他提供奖励，反而会减少这项活动对他的内在吸引力。

因此，我们需要明确一点，外部动机可以施加，但是不宜过多。使用外部动机仅仅是为了提高或者激发内部动机，而绝对不是为了塑造或者控制他人的行为。

其次是关于动机的应用体现在儿童教育方面。比如，应该怎样表扬儿童？这也是有不同需求的。心理学家齐格勒（Zigler）和坎策尔（Kanzer）

在 20 世纪 60 年代做过一个实验，实验对象是中低年级的学生。他们将这批学生分为两个组，要求学生做一些相同的练习。对其中一组学生都给予表扬，不管他们做得如何；而对另一组学生，则着重于纠正他们的错误。

几周之后，他们对这两组学生进行测验，结果发现，表扬组的低年级学生的学习成绩有更明显的进步；而在矫正错误的组中，中年级学生的成绩有更大的进步。

其实这就表明，对于小学生，尤其是低年级的，像一二年级的小朋友，要以鼓励、表扬为主，激发他们学习的热情；但对于中高年级，也就是三四年级的学生，表扬可能就没那么有效，实事求是地纠正、指导更有效果。

知识小结思维导图

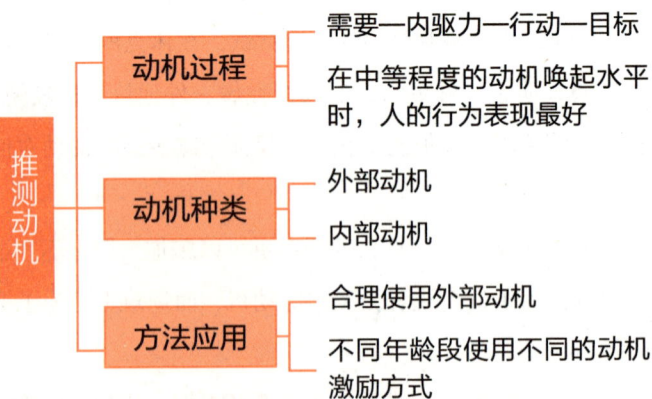

```
                    ┌─ 动机过程 ─┬─ 需要—内驱力—行动—目标
                    │           └─ 在中等程度的动机唤起水平
                    │              时，人的行为表现最好
        推                        
        测 ─────────┼─ 动机种类 ─┬─ 外部动机
        动          │           └─ 内部动机
        机          │
                    └─ 方法应用 ─┬─ 合理使用外部动机
                                └─ 不同年龄段使用不同的动机
                                   激励方式
```

如何提高自己的情商？
· 情绪智力 ·

春秋时期，齐景公带着大臣出去游玩，在玩的过程中，齐景公触景生情，感叹道："我的国家多美啊，而我已经老了，如果我能长生不老该多好啊！"说完之后，齐景公就痛哭流涕。

看到国君哭了，齐景公的宠臣梁丘也赶紧大哭起来，和齐景公一起悲痛。看到此情此景，另一位大臣晏子反倒乐了，而且还笑出声来。看见晏子笑，齐景公非常不满，就责问他："你不哭也就算了，反而发笑，是在讥笑我多愁善感吗？"

晏子不慌不忙地解释说："假如这大好河山都应该让贤明的人长期拥有的话，那么齐太公、齐桓公、齐灵公、齐庄公这些先祖就仍然会活着，我的国君您又怎么会成为如今齐国的君主呢？正是因为先祖一代代地用智慧治理齐国，然后又一代代地离去，如今才轮到您用自己的智慧将齐国治理得国泰民安。假如古人都长生不老，现在哪能轮到您住在皇宫里呢？"

晏子解释得非常好，一方面赞扬了齐景公是贤明的人，另一方面又宽慰齐景公不必伤怀。由此可见，晏子是一个情商非常高的人。

情商的五个维度

提到情商，大家肯定不陌生。人们经常说一个人处事圆滑，会"来事儿"，很会讲话，也就是说他情商高，与他相处起来让人觉得非常舒服。**在心理学上，情商又叫作情绪智力。**这个概念是由心理学家彼得·萨洛维（Peter Salovey）和约翰·梅耶（John Mayer）在 20 世纪 90 年代提出的。**它指的是识别、理解自己和他人的情绪状态，并利用这些信息来解决问题和调节行为的能力。**

比如，女生经常会吐槽自己的男朋友：太"直男"①了，我明明已经很生气了，他居然一点反应都没有。显然，这是因为男朋友没有很好地识别和理解女朋友的情绪状态，并根据这些信息做一些相应的行为改变，比如适当地哄一哄女生。

其实，大众对情商的理解和心理学上对情商的定义是有很大差别的。实际上，有不少相关的培训课程以及大众媒体，都把情商简单化了，他们认为情商指的就是一个人处理人际关系的能力。而实际上，情商并不是单一维度的概念，除了处理人际关系的能力之外，还包括其他方面的能力。

哈佛大学心理学家丹尼尔·戈尔曼（Daniel Goleman）把情商概括为下面这五个维度的能力，主要是面对自己的情绪和面对别人的情绪这两大类。

情商的第一个维度是了解自身情绪。这是情商的核心。能意识到或者监控情绪时刻的变化，并察觉某种情绪的出现，这是人最基本的能力。如果连这个都做不到的话，人就会被情绪牵着鼻子走而不自知。

情商的第二个维度是管理情绪。也就是调节自己的情绪，它建立在意

---

① 网络流行语。原指异性恋男性，后指思想传统，审美僵化，情商低，活在自己的世界观、价值观、审美观里的男性。——编者注

识到情绪的基础之上。比如，有的人性格暴躁，容易生气，过度焦虑，等等，这些都是缺乏情绪管理和调节能力的表现。

情商的第三个维度是自我激励。它指的是能够根据自己的目标，控制、调动和指挥情绪的能力。它能够使人走出生命中的低潮，重新出发，也能够使人集中精神，抑制内心的冲动。

以上三个维度是面对自己的情绪的能力，以下两个维度是面对别人的情绪的能力。

情商的第四个维度就是识别他人的情绪。这一点很容易理解，指的就是能够通过细微的社会信号，敏锐地感受到他人的需求与欲望，认知到他人的情绪。这是与他人正常交往，实现顺利沟通的基础。心理学中经常说的共情，其实就建立在识别他人情绪的基础之上。

最后一个维度才是处理人际关系，也就是我们以往所说的情商。处理人际关系在本质上属于管理他人情绪的一部分。

可能你会好奇情商和智商之间的关系。智商和情商不是相互对立的，并不是情商高的人，智商就低；智商高的人，情商就低。情商和智商之间，反而是高度正相关的。意思就是，情商高的人，智商很可能也高。

如何提高情商？

那么，如何提高情商呢？有一个很重要的观点是，并非所有的情商维度都能通过训练得以提高，只有部分可以通过训练提高，比如管理自己的情绪，而识别他人的情绪的能力则并不那么容易提高。因为情绪识别和很多基础的认知功能是相关的，比如，一个人的执行能力比较差或者抑制能力比较差，那么，他在情绪识别方面可能就会差一点。

在此，先分享两个关于如何提高处理人际关系能力的技巧。一个是如何说话，另一个是如何倾听。

高情商的人如何说话？ 有一个技巧就是将"你"变成"我"。比如，"你快把我逼疯了，我真想打人""你太让我生气了，我简直不想再理你了"这些话都有共同之处，它们都表达了某种情绪：气愤、失望或沮丧。而且每句话都以"你"字开头，带有强烈的指责和批评的意味。任何人听了这些话之后都会感到不舒服，甚至还可能用相同的话"回敬"你，导致更大的分歧。

但是，当我们把开头的"你"字，换成"我"字时，就更容易关注自己，准确地描述自己的感受，并以不带批判的口吻表达出自己的想法，这样更能让对方共情，得到他的同情和理解。比如，将"你快把我逼疯了，我真想打人"变成"我感觉快疯了，我快控制不住自己了"。后一种说话方式比前一种少了批判和指责的味道。

高情商的人如何倾听？ 有一个技巧就是总结对方的话。如果你在倾听的过程中不能真正理解对方的感受和愿望，可以直接问他："我不确定你对这件事的感觉，你能再解释一下吗？"在倾听的过程中，可以简单复述对方的话，说明对方遇到的事情、情感、原因等等。通过总结对方的话，将信息反馈给对方，获得确认和澄清。也就是说，当朋友向你倾诉了一大堆事情时，你可以简单总结，并且用对方说过的词语或同义词，问他是不是这样，他可能会觉得"对，我就是这样想的，你真懂我"。

关于情商其他的几个维度的能力要如何去训练，此处先卖个关子，在后文中再逐一重点阐述。

有人认为，情商高就是圆滑世故。你赞同这种说法吗？为什么？

知识小结思维导图

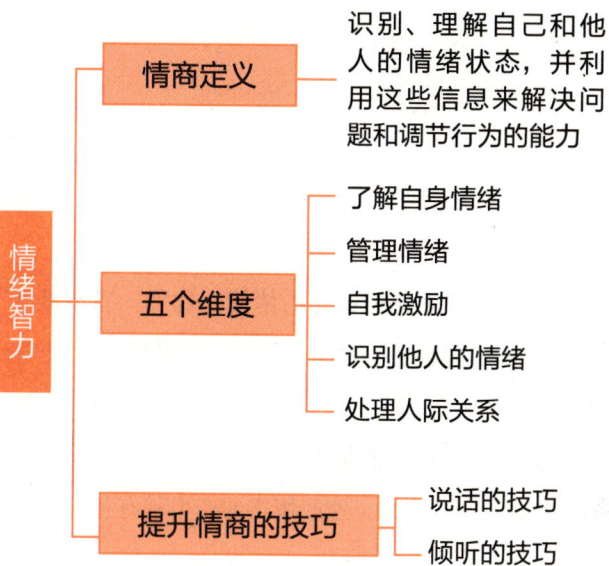

情绪智力
- 情商定义 —— 识别、理解自己和他人的情绪状态，并利用这些信息来解决问题和调节行为的能力
- 五个维度
  - 了解自身情绪
  - 管理情绪
  - 自我激励
  - 识别他人的情绪
  - 处理人际关系
- 提升情商的技巧
  - 说话的技巧
  - 倾听的技巧

你是如何变得不快乐的?

· 情绪产生 ·

在生活中，人会产生各种各样的情绪。比如，打游戏输了，会感到郁闷；听到一首歌，勾起了对过去的回忆，不禁会伤感起来；被人批评了，会气得说不出话；等等。

大家可能会好奇，这些情绪都是怎样产生的？一个最基本的认识就是，情绪来自大脑，换句话说，这些情绪的产生都有各自的生理基础。

情绪是怎样产生的

大脑分成两大部分，一部分叫作边缘系统，包括杏仁核、扣带回、下丘脑等，主要负责情绪、记忆、动机等，因此又被叫作"情感的大脑"。另一部分叫作大脑皮层，主要负责思考、决策、计划等高级的认知功能，因此又被叫作"理性的大脑"。

情绪就是由边缘系统和大脑皮层共同产生的。边缘系统可以产生迅速的、模糊的本能情绪；而大脑皮层则负责理性判断，然后再用理性去干预本能情绪。随着年龄的增长，人们会变得越来越理性，这是因为随着人的成长，大脑皮层对边缘系统的控制越来越强，因此本能情绪的表达就越来越受到调控。比如，小孩子肚子饿了会一直哭，但成年人会理性地控制自己的行为。

以下是早期情绪研究中的三个很重要的理论。

第一个理论认为：人是先对事物有一定的理解，之后才会产生相应的情绪。比如，看到老虎，人产生的是害怕的情绪，再由害怕的情绪引发逃跑的行为。

第二个理论认为：人不是先有情绪再有行为的，而是先有了行为之后，再去解释行为，从而产生了情绪。比如，看到老虎之后，人本能地先逃跑，开始跑了之后，大脑再去分析这个跑的行为：一定是产生了害怕情绪，所以才会逃跑。同样的道理，人不是因为开心了才笑，而是因为笑了才觉得开心。

第三个理论认为：情绪的产生是两个独立的路径，第一个路径是人对事件的理解，第二个路径是相应的生理唤醒的状态。还是拿看到老虎后逃跑这件事来说，看到老虎之后，一方面，人产生了害怕这种情绪状态的一些生理表现，比如，发抖、冒汗等；另一方面，人也产生了逃跑的行为。两者是同时发生的。

由情绪引发的情绪

有时候，情绪并不是那么纯粹的，它可以分成**原生情绪**和**衍生情绪**两大类。原生情绪是人对触发事件的第一反应；而衍生情绪，顾名思义，就是由原生情绪衍生而来的，是对原生情绪的情绪化反应，也可以说，衍生情绪是对感受的感受，是由情绪引发的情绪。

　　举一个例子，假设有一天你开车回家，突然另一辆车变道开到了你的前面。那一瞬间，你感到很危险，也很害怕，于是，你打方向盘快速躲开了那辆车。但是，几秒钟之后，你可能会想："太过分了！那个人是不是故意的？"之后，害怕的情绪就变成了愤怒的情绪，而这种愤怒的情绪可能会引发你的攻击行为——开始狂追那辆车。

　　在这个例子中，最初的害怕情绪就是原生情绪，后来的愤怒情绪则是衍生情绪。原生情绪是单一的情绪，是对你所经历的事情的一种本能的情绪反应。比如，遇到危险时，本能地产生害怕的情绪，而害怕又让你采取了躲避的行为。衍生情绪则要复杂得多，可能愤怒中又包含了被欺负的感觉，最后可能导致产生违章超速的行为。

　　你可以想想，在生活中哪些是原生情绪，哪些是衍生情绪。很多时候，问题不在于原生情绪本身，而在于衍生情绪，它让人失去了理智，从而做出一些错误的行为。

学会觉察自己的情绪

　　了解了情绪是如何产生的之后，在生活中，我们该如何觉察自己的情绪呢？对应前一小节的内容，情商的第一个维度：了解自身情绪。其实，很多人之所以情商不高，无法控制自己的情绪，是因为根本就没有觉察到自己的情绪状态，结果沦为情绪的奴隶。

　　有一个故事是这样的：

　　一位好斗的武士去问一位禅师，什么是极乐世界，什么是地狱。结果这个禅师就骂他："粗鄙之辈，何足论道！"意思是，你这个粗俗的人也敢来和我论道？武士听了之后很生气，觉得自己受到了侮辱，于是暴跳如雷，拔出刀要杀了这个禅师。这时候，禅师就跟他说："此为地狱。"意思就是，这就是地狱。武士突然领悟，禅师所说的地狱就是指被情绪控制，当他意识到这一点时，马上就平静下来，向禅师致歉鞠躬。这时禅师又说："此为极乐世界。"

很多时候，我们根本没有意识到自己处于某种情绪状态之下，只是被动地做出最习惯的反应。要避免这种情况的发生，就需要在平时有意识地去训练"第三只眼"，利用"第三只眼"来觉察自己的情绪，也就是把自己作为一个目击者或者旁观者，来察觉自己的情绪。先察觉，不着急做出情绪反应。比如，当你生气的时候，在发怒之前，你脑子里有一个自我意识，察觉到"这件事激怒了我，我感到了愤怒"，这便是自我觉察。

在生活中，做到这样并不容易，但我们可以有意识地去练习。

知识小结思维导图

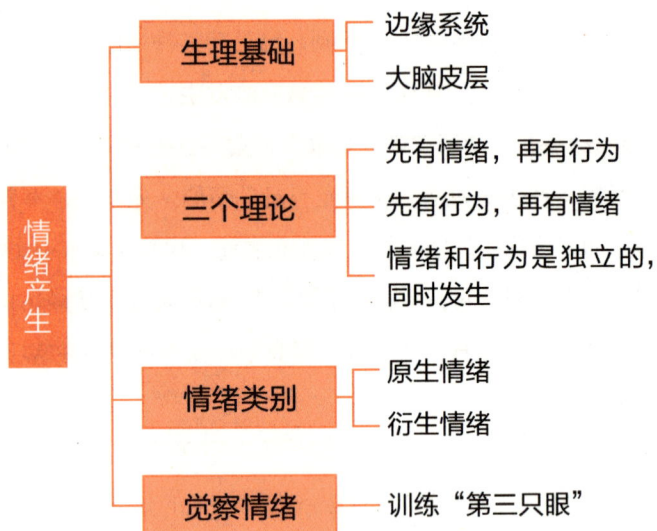

```
                    生理基础 ┬── 边缘系统
                            └── 大脑皮层

                    三个理论 ┬── 先有情绪，再有行为
                            ├── 先有行为，再有情绪
情绪产生 ┤                  └── 情绪和行为是独立的，
                                 同时发生

                    情绪类别 ┬── 原生情绪
                            └── 衍生情绪

                    觉察情绪 ─── 训练"第三只眼"
```

如何抓住他人的情绪信号？

·情绪识别·

近几年，人工智能（AI）的话题非常火爆。在人工智能领域，有一个主题就是研究情绪识别。荷兰的阿姆斯特丹大学和美国的伊利诺伊大学就联合推出了一款情绪识别软件，研究人员用这个软件去给名画《蒙娜丽莎的微笑》中的蒙娜丽莎做情绪识别，结果发现，蒙娜丽莎的微笑中带有83%的喜悦，9%的厌烦，6%的恐惧和2%的愤怒情绪等。

除此之外，目前市场上已经出现了专门针对审讯领域的情绪识别系统，它的工作原理就是建立人类表情数据库，然后通过一定的算法系统，来测试人的真实情绪。比如，当被问到一些关键问题的时候，观察被审讯人的微表情、微动作、声音的强弱、心率变化等，从而掌握其真实的心理反应和生理反应。

情绪识别对人们生活的作用

情绪识别的人工智能研究听上去很厉害，但其实我们每个人都有情绪识别的能力，只不过没有办法做到像人工智能那样非常快速地识别别人的微表情而已。如果一个人缺少情绪识别的能力，那么可以推测，他的人际关系可能处理得不太好。

达尔文说过：有些陌生人十分友好，愿意帮助你；而有些陌生人则充满敌意，随时攻击你。是否能够意识到这两种人之间的不同，将决定你会继续生存下去还是会丢掉性命。达尔文的这句话说明，情绪识别对我们的生存来说有重要意义。

人类之所以可以识别他人的情绪，是因为大脑中有一个叫作镜像神经元的系统在起作用。从进化的角度来说，当大脑中进化出有相应的脑神经回路来专门负责情绪识别时，这本身就说明了这件事的重要性。

从社会性角度来说，成功地识别他人的情绪，对人适应社会也是非常重要的。

情绪识别能力有性别差异，且带有个人投射

你可能不知道，情绪识别能力有性别差异。也就是说，男性和女性的情绪识别能力是不一样的。相对于男性，女性的情绪识别能力更强。

研究发现，不管是面部表情，还是一些场景图片中的情绪，女性都能更准确、快速地识别。女性对情绪的敏感性更高，而且这种优势在各年龄段都有体现，从 13 岁开始，一直延续到更年期。比如，孩子在外面遇到不开心的事情，于是非常生气，回到家后，爸爸根本没意识到，而妈妈就会立即问发生什么事了。恋爱中男生总是被吐槽为"直男"，女朋友已经非常生气了，但男生一点反应都没有，那是因为男生的情绪识别能力天生比女生弱。

另外，在对他人情绪进行识别的过程中，会带有个人的自我投射。先看一看下面的图片，你能看出图片中最左侧的表情代表什么情绪吗？答案是没有情绪的中性表情。但有些人可能会把这种表情识别为愤怒、生气、

抑郁等其他情绪，这很可能是自我内在的一种投射。

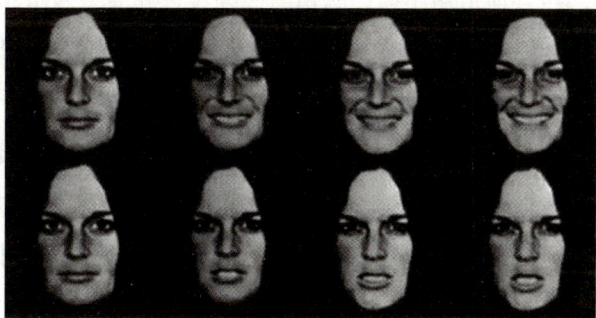

情绪图片

来自佛蒙特大学的心理学教授埃莉丝·舍默霍恩（Alice Schermerhorn）对 99 个 9—11 岁的孩子做了这样一个实验：她首先通过问卷的方式来筛选出那些父母经常吵架的孩子，然后，测试他们在判断一系列人像照片上的情绪的能力。研究人员原本的假设是，这些孩子不善于解读高兴的表情，结果却发现，父母经常吵架的孩子在识别高兴和愤怒的表情时，与其他孩子的能力一样强，唯独不能准确地识别中性的表情。研究进一步发现，那些童年时期遭受过暴力、情感忽视甚至身体虐待的成年人更容易从中性的表情中解读出并不存在的敌意。

无法识别中性表情只是父母经常吵架造成的影响之一，其他原因同样也会让一个人无法准确地识别中性表情。

识别情绪的技巧

第一，通过语言中的代词来识别情绪。比如，有研究发现，积极的情绪能让人们以开阔、发展的方式思考，当人们描述开心的经历时，倾向于使用"我们"。而悲伤的情绪会让人们更关注自己，这时人们倾向于使用"我"。同时，与其他情绪不同，悲伤与回顾过去和展望未来相关，所以，悲伤的人可能会更多地讲述过去和未来。另外，当人们变得愤怒时，会更多地使用第二人称代词以及第三人称代词。

第二，通过身体语言来识别情绪。比如，观察人们身体倾斜的方向，一般来说，人们会倾向于自己喜欢的人，而不是那些自己不喜欢的人。另外，像交叉的手臂代表着防御、愤怒或自我保护的态度；当人们咬嘴唇或舔嘴唇时，其实是试图在压力之下或在尴尬的情况下安抚自己。

知识小结思维导图

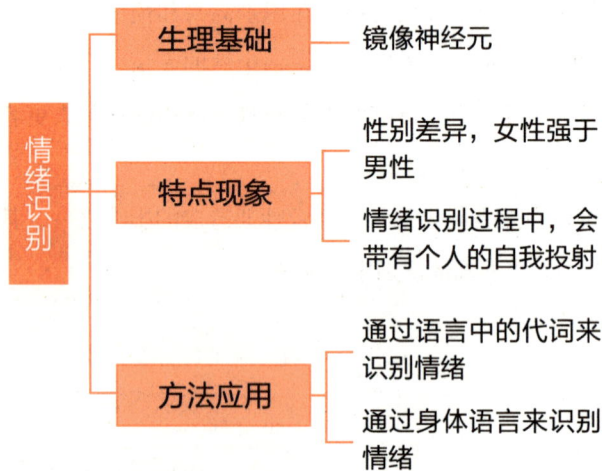

情绪识别

- **生理基础** —— 镜像神经元
- **特点现象**
  - 性别差异，女性强于男性
  - 情绪识别过程中，会带有个人的自我投射
- **方法应用**
  - 通过语言中的代词来识别情绪
  - 通过身体语言来识别情绪

如何控制好自己的情绪开关?
·情绪调节·

你可以试着做一下这个测试:

现在请你在接下来的 30 秒之内,不要去想一只白色的熊,如果你想到一次白熊,就掐自己一下,最后,看看大概掐了自己多少下。

除了这个测试之外,我还想再问你几个问题:你在生活中是否存在失眠的情况?是不是越想睡,就越睡不着?你最后是怎样让自己睡着的?此外,你会如何安慰一个有情绪困扰的朋友?是跟他说不要胡思乱想,还是用别的方法?

情绪调节的五个阶段

本小节的主题是如何进行情绪调节。大部分人的认知可能是，把情绪表达出来，宣泄出来就好了。比如，一个人失恋了，很郁闷，你可能会对他说，哭出来就好了。其实，这种说法不一定正确。因为研究发现，有时候，尽力表达情绪并不能有效地调节情绪。实验发现，如果鼓励人们在观看悲伤的电影时哭泣，哭泣的人比起尝试抑制泪水的人的感觉会更差；感情不和的夫妻，如果彼此宣泄愤怒，反而会导致双方更加不和。

但是，压抑情绪也不好，它会消耗认知资源，还会对身体产生不好的影响。实验发现，逃避着不去想近期负面事件的人比其他人在工作记忆测试中会表现得更差。有一个实验，研究人员让女性观看有关第二次世界大战中广岛和长崎原子弹爆炸的电影片段，然后要求她们讨论电影中的内容。在讨论过程中，要求一组女性自然地流露情绪反应，另一组女性抑制自己的情绪，结果发现，抑制情绪的女性出现了明显的血压升高的现象。

因此，无论是尽情地表达，还是一味地压抑，都不是有效的情绪调节手段。那么，怎样才是有效的情绪调节手段呢？在情绪调节领域，有一个非常重要的模型，是由心理学家詹姆斯·格罗斯（James Gross）提出来的，即情绪调节过程模型。格罗斯发现，人们在情绪发生过程的每一个阶段都会产生情绪调节，主要包括这五个阶段或者说五个步骤，它们分别是情境选择（situation selection）、情境修正（situation modification）、注意分配 [1]（attentional deployment）、认知改变（cognitive change）、反应调整（response modulation）。其中，前四个阶段产生自情绪产生之前，第五个阶段产生自情绪产生之后。

---

[1] 也译为注意转换。

第一个阶段是情境选择。它是指人们主观地提前靠近或者避开某些人、事件、场合，以此达到调节情绪的目的。这是人们经常用到的策略，也是人们会首先使用的一种情绪调节策略，主要用来避免或降低负面情绪的发生，增加积极情绪体验的机会。比如，一个人对社交很恐惧，那么他就会努力避开各种社交场合，以减少焦虑。

第二个阶段是情境修正。它指的是针对情绪事件进行初步的控制，努力去改变这个情境。比如，当人处于一个令人尴尬的境地时，他会努力去改变这件令人尴尬的事情。

第三个阶段是注意分配或者叫注意转换。意思是关注情景中许多方面的某个或某些方面，包括努力使自己的注意力集中于一个特定的话题或任务，避开原来的话题或任务。比如，当谈到令自己不愉快的话题时，人们就会忽略这些话题，转而去关注别的事情。

第四个阶段是认知改变或者叫认知重评。意思就是去改变对可能会让人产生负面情绪的事情的看法，换一个角度看待它。认知改变经常会被用来减小或增大情绪反应，甚至直接改变情绪的性质。比如，当别人踩了你的脚时，如果你认为对方不是故意的，可能就不会生气。

最后一个阶段是反应调整。它是指情绪被激发以后，通过你的心理体验、行为表达、生理反应等，对情绪反应的趋势施加一定的影响。比如，别人踩了你的脚，并且没有道歉，尽管你很生气，但是你会努力控制自己的愤怒情绪，这就属于反应调整。

调节情绪的方法

了解了情绪调节的五个阶段之后，你会发现，其实，每个阶段都有对应的调节情绪的方法。

比如，**我们会把情境选择和情境修正视为同一类情况，这两个阶段都体现了我们对情境有预先的判断，进入情境之后，还可以实时修正。**这两个阶段都涉及情境内容的细化。

人有一种本能，即会预先判断一个情境会让自己产生什么样的情绪，是否希望体验这种情绪。如果不想体验，那人很可能就不会进入那个情境。

第三个阶段是注意分配，其实就是转移注意力。比如，有人失恋了，如果你让他不要继续想，这对他来说就没有用，你不如陪着他去运动、购物，把他的注意力从失恋这件事上转移到别的事情上。但是，这种转移并不是解决问题的策略，因为转移注意力之后，引发情绪的刺激并没有消失，压力源还在。所以，在一些场景下，转移注意力可能会产生反效果。如果出现这样的情况，就不建议用转移注意力的策略，而是要选择真正能解决问题的策略。

第四个阶段是从解决问题的角度看，即认知改变。我们可以重新定义引发你负面情绪的事件。比如，你发信息给男朋友，他没有回复你。这时候，你可以有两种解释：一种解释是他不像以前那么爱你了；另一种解释是他现在正在忙，没有看到。后一种解释能够使人的负面情绪减少，所以这是更有效的一种调节情绪的策略。

最后一个阶段就是反应调整。当产生情绪以后，我们应该怎么控制自己的情绪？比如，与朋友吵架后感到非常生气。一个好的方式就是关注自己的呼吸，让呼吸慢下来，通过身体反应来调节情绪。

其他调节情绪的方法

从格罗斯的情绪理论模型出发，可以得到以上调节情绪的方法，除此之外，在日常生活中还有一些行之有效的方法可以尝试。

第一个方法是通过吃咖喱和黑巧克力来调节情绪。因为咖喱中含有一种叫作姜黄素的物质，研究发现，姜黄素可以通过其抗炎和抗氧化的特性调节情绪。另外，来自加利福尼亚州洛马林达大学的研究人员发现，可可含量高的巧克力不仅可以调节情绪，还可以增强记忆力，提高免疫力，减少压力和炎症。所以，可以适量地吃可可含量高的黑巧克力。

第二个方法是表达性写作（expressive writing）。阿莉西娅·恩斯特（Alycia Ernst）博士通过实验发现了这一方法。实验要求学生在三到五天内每天花半个小时，写下自己与不幸创伤体验有关的最深层的想法和感受。实验组的学生写下了人生中的创伤性事件，比如，朋友或亲人的离世，遭遇身体虐待或性虐待的经历。后续的跟踪研究发现，实验组的学生比控制组的学生更少酗酒，更少生病，并且取得了更好的成绩。因为实验组的学生在书写的过程中尝试着重新理解压力事件，并且调整自己对事件的反应。

第三个方法是想象挑战应对法。想象一下，当挑战来临时，我们如何应对，这样可以增加我们的控制感。比如，在一项研究中，首次怀孕的女性被要求想象和描述分娩的场景。那些描述得既精确又详细的女性对即将到来的分娩担忧更少。这种想象并不是"白日梦"，它更像是一种认知排练，可以用来应对压力情境。

第四个方法是冥想。平时可以每天抽几分钟静静地坐下来，什么事情都不干，把自己的注意力放在呼吸上或者训练自己保持专注，无论出现什么想法都不要采取行动。越来越多的研究结果显示，冥想对缓解抑郁、焦虑等负面情绪都有一定的帮助，甚至还能增强幸福感。

知识小结思维导图

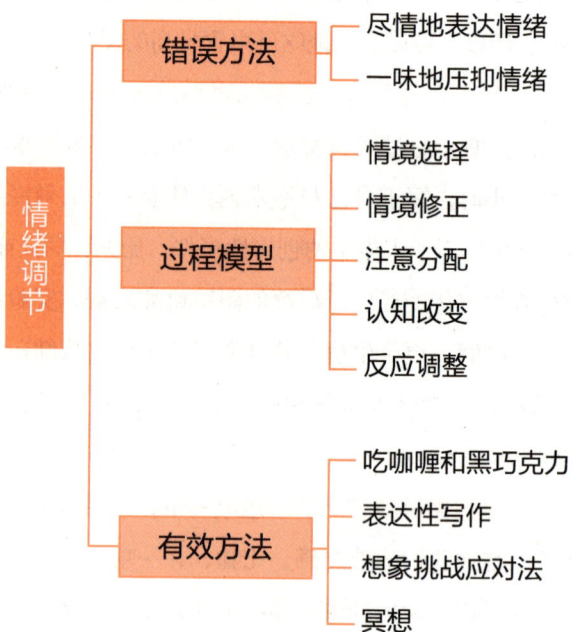

情绪调节

错误方法
- 尽情地表达情绪
- 一味地压抑情绪

过程模型
- 情境选择
- 情境修正
- 注意分配
- 认知改变
- 反应调整

有效方法
- 吃咖喱和黑巧克力
- 表达性写作
- 想象挑战应对法
- 冥想

理性评价是一种能力

· 消除偏见 ·

如果让你描述一个成年男性，你会用什么样的形容词？如果让你描述一个成年女性，你会用什么样的形容词？请你对比一下，这两个形容词是否相同？如果不同，它们有什么区别？

再出一道题，这次限定形容词的范围，第一个是友善的维度，第二个是能力的维度，再分别给女性、男性、富人、穷人这四类人打分，如果是1—10分的话，你会分别给他们打几分呢？

现在，我来公布第二道题的答案。研究发现，男性和富人友善的维度得分普遍比女性和穷人的得分低，但他们能力的维度得分比女性和穷人高。

这涉及社会心理学当中很重要的一个模型，即刻板印象内容模型（stereotype content model）。具体来说就是，这个模型把人们对其他人的刻板印象分成两个主要维度，第一个是友善的维度，第二个是能力的维度。很多研究都发现，对男性和富人来说，人们对他们的刻板印象一般都是高能力、低友善；而对女性的刻板印象往往是高友善、低能力。

但在现实中，你会发现有很多与这个结论不一样的例子。比如，我周围的很多女性，她们不光待人和善，工作能力也很强。很多富人并不一定就对人不友善，比如，比尔·盖茨就是能力强，也很友善的典型。

这就是非常典型的偏见，但说到偏见，还想给大家强调一点，存在即合理。偏见的存在是有其合理性的，偏见或者刻板印象为大脑节约了很多认知资源。

根深蒂固的偏见往往是负面的

那么，到底什么是偏见呢？它指的是对一个群体及其成员的一些预先判断，而偏见的这种预先判断往往是负面的。为了简化对世界的认知，大脑会形成各式各样的预先判断。

你会看到，所谓的偏见，是针对特定群体的一种习得性的态度。这样的态度对生活中的很多方面是有负面影响的。最显而易见的负面影响就是，由于这种先入为主的习得性态度，人们不会再花心思去了解真相。真实的世界可能会被这些刻板印象、偏见掩盖。

既然偏见有很多负面影响，那为什么人们还是会形成各种各样根深蒂固的偏见呢？

综合来看，偏见形成的根源，一方面是大脑需要节约认知资源，因此才形成了各种各样的预先判断。

另一方面涉及社会心理学中的内群体和外群体的概念。人们会自动地把世界分成内群体和外群体。让人们有归属感的就是内群体，比如，我们都是某所学校的学生，我们都是某个地区的人，我们都是中国人。这种群体的概念就是内群体。而所谓的外群体就是指不属于这个圈子的人，不属于内部的人。比如，我是中国人，这就是内群体，而外国人就是外群体。当然，内群体和外群体有很多不同类型，而且内群体、外群体会随着情境与认知的不同而发生变化。

这种内外群体的区分，其实是为了维护个体的自尊。自尊对每个人的心理健康来说都是非常重要的，如果一个人没有稳定的自尊的话，这种区分就可能会对他的心理健康产生不利的影响。

也就是说，如果我在某个群体中一直处于被贬损的状态，而在其外群体处于被褒奖的状态的话，这样的状态就不会持续很久，因为这会影响这个群体以及个体的自尊。

为什么年轻人与老年人之间会有隔阂？其实这是一个内外群体的区分问题。对年轻人来说，与他年龄相近的都是内群体，年龄更大的都是外群体。而这样的划分，其实是为了帮助年轻人对抗焦虑，比如，衰老甚至死亡的焦虑。

既然区分内外群体就会产生偏见，反向思考一下，是否可以通过拉近内外群体的距离来消除偏见呢？这个思路一直是社会心理学家研究的重点。这是社会心理学中很重要的一个理论——接触理论所强调的一点。也就是说，如果要消除偏见，必须要和这个群体的人有相应的接触。比如，你可以和他成为朋友、同事或者至少与他一起生活一段时间。当我们能够对外群体有直接的接触、认识、了解时，就给消除偏见提供了很大的机会和可能性。

如何消除偏见？

要想消除偏见，具体来说该怎么做呢？

根据接触理论，第一，我们可以去旅游，去某一个地方实际接触当地的人。假如你对某地的人持有偏见，就可以去那里旅游，你可能会意识到其实那里的人和大家都一样，大家都是人类。这类旅行体验对我们更好地了解其他人来说都是非常有帮助的。

第二，与外群体的人建立共同目标。心理学家曾经做过一个经典的实验，他们带着两组男孩去夏令营，将他们分成"老鹰队"和"响尾蛇队"，让他们在营地分别活动。一周之后，让他们进行了一系列的竞争活动：拔河比赛、篮球、足球等等。结果，两个组的竞争越来越激烈，成员之间产生了很深的敌意。眼看这种敌意越来越深，研究者把竞争活动改成了合作活动。比如，两组男孩必须一起把有故障的卡车推上山坡，一起生火做饭，一起准备食物，等等。在这种紧密的合作中，两队人彼此依赖，敌意也渐渐消失了。

设立共同目标本质上也创造了深度接触的机会，在合作完成目标的过程中，双方需要彼此相互接触，这样他们就有机会消除偏见和敌意了。

这种接触还包括信息上的接触。拿最简单的例子来说，在教室里多挂几幅女性成功人士的画像，就能够有效鼓励女生追求成功。华盛顿大学的沙普纳·切理恩（Sapna Cheryan）把计算机科学系教室的《星球大战》和《星际迷航》的图片换成了没有性别暗示的艺术和自然图片。这样一来，女生就不会认为学好计算机是男性的优势，从而认为自己也可以在计算机方面有一番成就。结果，她们的平均成绩真的提高了。

知识小结思维导图

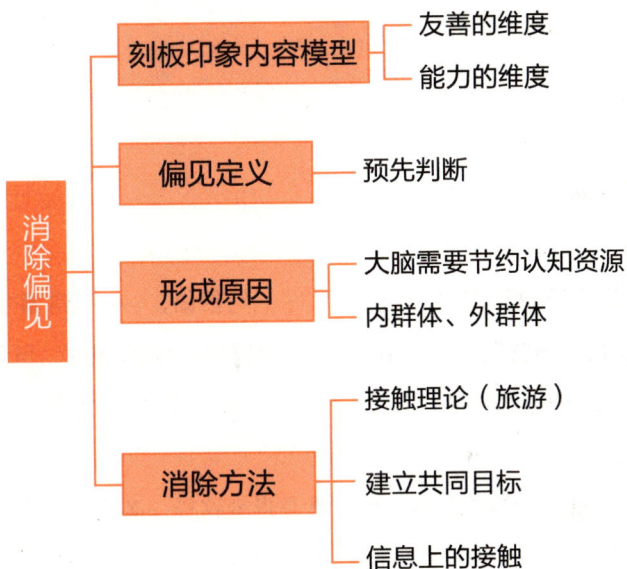

刻板印象内容模型 ── 友善的维度
　　　　　　　　 └─ 能力的维度

偏见定义 ── 预先判断

形成原因 ── 大脑需要节约认知资源
　　　　 └─ 内群体、外群体

消除方法 ── 接触理论（旅游）
　　　　 ├─ 建立共同目标
　　　　 └─ 信息上的接触

消除偏见

内心平衡是一种智慧

·认知失调·

关于认知失调，想必大家都听过一句俗语，"吃不到葡萄就说葡萄酸"。狐狸路过葡萄架，上面结满了硕大的葡萄，狐狸想吃，可怎么也摘不到，于是，狐狸就气愤地走开了，一边走一边说："我敢打赌，这些葡萄肯定是酸的！"

由此引申出来的酸葡萄心理，就是形容这样一类人，在自己的真实需求无法得到满足，产生挫折的时候，就编造一些理由来自我安慰，以从这种得不到的难受状态中解脱出来。酸葡萄已经很形象了，网友还发挥聪明才智给了它一个更加形象的称呼——"柠檬精"。其实，这就是认知失调的一种情况。

认知失调是内心失衡导致的

认知失调这个概念是利昂·费斯廷格（Leon Festinger）提出来的。他注意到，我们在生活中难免会遇到让自己的内心处于冲突状态的事情，比如，一个人在做出决定、采取行动或者接触到一些新信息时，假如这些新信息违背其原有的信念、情感或价值，那么就会出现这种问题。就像想吃葡萄的狐狸那样，它一开始觉得葡萄甜，好吃，于是就想得到，但是尝试了很多办法都得不到，那么，"我想要"与"我得不到"之间就产生了心理冲突，狐狸会很难受，于是认知失调的感觉就产生了。

这是态度和行为不统一时产生的认知失调情绪。比如，很多烟民都知道吸烟有害健康，假如给他们一份关于"吸烟导致癌症"的医学报告，那么，"我吸烟"和"吸烟导致癌症"之间的冲突就会引发烟民强烈的负面情绪，于是，他们为了消除这样的感觉，就会尝试各种各样的方法。最常见的方法就是戒烟，戒了烟，他们就不属于烟民了，其认知失调的情况自然就好了。但是，戒烟是很困难的事情，不一定能成功，那么，烟民可能就会换一个方向思考，列举很多吸烟且长寿的名人来证明医学研究并不完全可信，从而继续心安理得地吸烟。

你有没有注意到，不管是狐狸的故事，还是日常生活中各种可能出现的认知失调，人们的第一反应都是想办法化解这种失调的状态。这是因为，**当人自身的行为与态度产生冲突或者自己的态度与外在的信息产生冲突时，这种冲突会引发一种令人厌恶的状态。**厌恶是一种基本情绪，而远离不安全的事情是我们的本能。所以，我们的第一反应就是化解失调，想办法给自己的行为找到合理的理由。

比如，有些人在"双11"网购被骗之后并不会承认"我被骗了"，因为"我被骗了"引发的是一种负面情绪，他们反而会自我安慰"我觉得其实自己没有被骗"，相信自己手上的次品是好东西。这很可能是因为他们在购物的时候，花了很长时间去研究优惠券的组合，仔细挑选，收藏商品。那么，他们会想，都花了这么多心思，居然还被商家坑，这就太说不过去了，于是选择相信自己的眼光：我挑中的东西就是好东西。

心理学家费斯廷格做了一个很有意思的研究来证明这一点。研究者让学生参加一个非常无聊的活动，做完之后要求他们说谎，告诉别人这个活动很有趣，很好玩，推荐别人也参加。有一半学生在做完这些事情之后能获得 20 美元的报酬，但另一半学生的报酬只有 1 美元。结果，得到 1 美元报酬的学生产生了认知失调，他们改变了自己的看法，真的认为这个活动就是有趣、好玩的，并不觉得自己在撒谎。原本研究人员认为，得到 20 美元的学生有很正当的理由去做这件事，"撒一次谎能挣 20 美元"，这理由很充分。但得到 1 美元的学生为什么也会愿意做呢？明明活动很无聊，他们也花时间去做了，结果还要撒谎，并且只有 1 美元的报酬，他们做这件事的理由是什么？自己做的事太说不过去了，于是，他们的内心就产生了认知失调，为了减少失调的焦虑，他们居然甘愿改变态度，硬是相信一个无聊的活动是有趣的。

由此可见，认知失调对人的影响有多么大。为了逃离认知失调的状态，人们能够在态度上做出截然相反的改变，甚至不惜自欺欺人。那么，在减少认知失调方面，有哪些方法呢？

第一种方法就是以上例子中的改变态度。改变对人或事物的态度，使态度与行为一致。心理学家费斯廷格的实验中的学生就是采取了这种策略。

第二种方法是增加认知。当两个人的认知不一致的时候，我们可能会通过增加更多一致的认知来减少失调。有过考试经历的人可能会有这种情况：每次考完试都会和别人对答案，当你发现同一个题目，自己的答案和别人的答案不一致时，你会再去找其他人，直到找到和你的答案一致的人，并且互相鼓励和确认，"我们的答案才是正确的"。

第三种方法是改变认知的重要性。人们会认为一致性的认知更重要，而那些不一致的认知没那么重要。比如，股民在选择股票的时候，会更相信利好的消息，而对于风险性的消息，他们即使看到也不会重视，而是选择性地屏蔽它们。

第四种方法是减少选择感。你会让自己相信，之所以要做出与态度相矛盾的行为，是因为自己别无选择。比如，明知道作弊不对，但考试的时候还是偷偷藏了小纸条，事后就安慰自己：没办法，这次考试特别重要，要是考不过，自己就会遭殃。自己给自己一种"我迫不得已""我别无选择"的感受。

第五种方法是改变行为。你会让自己的行为不再与态度相冲突。比如，烟民戒烟就是改变行为。

虽然减少认知失调看起来有很多方法，但其实，人们在面对认知失调的时候并不会进行那么多理性思考，通常都是出于本能来减少认知失调的。如果说在选择方法上有什么原则的话，那就是简单、快速、有效。越快、越有效地让自己摆脱冲突的痛苦越好。

消除受害者有罪论

受害者有罪论是一种很典型的认知失调的表现。受害者有罪论指的是当某个人成为犯罪受害者时，大家会产生一种是这个人本身有问题，所以他才会成为受害者的看法。比如，如果周围有人被骗了，很多人的第一反应是：这个人怎么这么傻。他们会责备受害者，而不是谴责骗子。这种情况在女性受到侵犯这类事情上更明显，网络上的舆论经常是"肯定是你穿得太少"或者是"大晚上，没事瞎走什么夜路"，"别的女孩子都没有这么晚还在外面逛，人家就没有出事"，等等。

这些言论给人一种"受害者会遭遇伤害，都是他们自己的原因"的感觉，虽然人们可能知道这样说没有道理，但还是会忍不住这么想。

其实，人们之所以会这么说，也有认知失调的原因。因为大多数人可能认为世界是公正的，那些受害者是和我们一样的普通人。但真相太恐怖了，不免产生恐惧：难道我们每天都生活在危机里吗？太危险了，要找到合理的原因才行。于是便把目光投向被害者，就是因为她穿的衣服少，就是因为她晚归，在这一点上，我们跟她不一样。这样一解释，自己就安全了。

举这个例子是想告诉大家，当我们遇到一些事情的时候，不要急着下判断，思考一下，到底是不是自己内心的认知失调在作祟，导致自己产生了不合理的想法。

除此之外，巧用认知失调，还可以帮助我们**有效说服别人**。单身人士难免会遭遇父母逼婚，这时候，就可以运用一些技巧来劝说他们。比如，你的父母自认为很通情达理，那你就可以这么讲："哎呀，爸妈你们不知道，我有一个同事，她妈妈三天两头打电话催婚，真是太不通情达理了。"父母一听，为了表示自己和孩子同事的父母不一样，证明自己是通情达理的，就不好时刻催你了。

另外，巧用认知失调还可以**帮助吸烟者戒烟**。对烟民来说，他们可能时时刻刻都处在"我想吸烟，但是吸烟有害健康"这种认知失调的状态中。通常情况下，他们会找一些简单的理由来麻痹自己，然后继续吸烟。但是，如果在短时间内提高认知失调，他们就不得不主动戒烟。比如，组织烟民制作反吸烟的广告和宣传片，交给他们指导别人戒烟的任务。一方面，自己暗暗地想吸烟；另一方面，自己又在做反吸烟的事情。这种认知失调的冲突会很激烈。在大多数情况下，他们会强迫自己开始戒烟。

知识小结思维导图

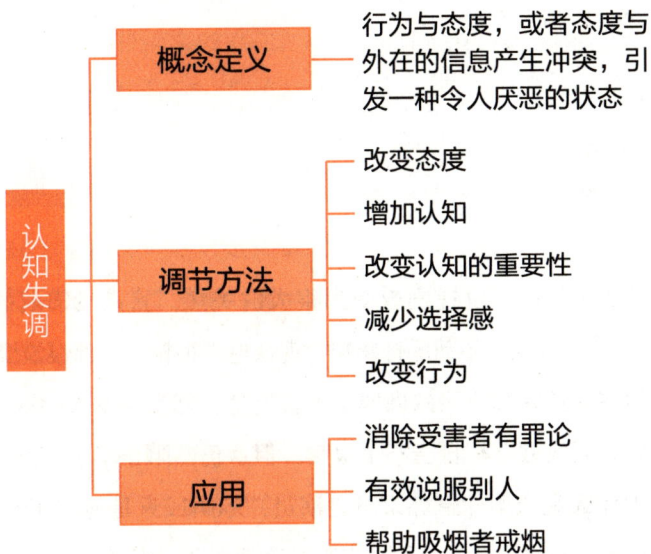

认知失调

- 概念定义 — 行为与态度，或者态度与外在的信息产生冲突，引发一种令人厌恶的状态

- 调节方法
  - 改变态度
  - 增加认知
  - 改变认知的重要性
  - 减少选择感
  - 改变行为

- 应用
  - 消除受害者有罪论
  - 有效说服别人
  - 帮助吸烟者戒烟

正确归因是一种理性

· 合理归因 ·

《都挺好》这部电视剧曾受到很大的关注，郭京飞饰演的苏明成很渣[①]，妈宝[②]，啃老，还动手打妹妹，观众追剧很投入，都恨他恨得牙痒痒，甚至有很多人还在郭京飞的微博上留言骂他。郭京飞本人幽默地在微博上说，看到苏明成被骂，自己心里很爽。但这仍然阻止不了愤怒的观众跑去骂他。为什么观众明知道郭京飞是演员，苏明成只是他饰演的一个角色，还是会把角色与演员本人等同起来呢？这就涉及归因了。

归因理论的三个维度

1958 年，弗里茨·海德（Fritz Heider）提出了归因理论，他发现人们总是会把他人的行为归因于其内在的个性或外在的情境。比如，老师通常会想知道一个学习不好的学生考试成绩突然提高，究竟是因为他这段时间刻苦学习了，还是他投机取巧作弊了，这就是归因。简单来说，归因就是

---

① 网络流行语。形容行为或动作或思想不符合常规伦理道德。——编者注

② 网络流行语。指听妈妈的话，并总认为妈妈是对的，以妈妈为中心的男人。——编者注

人们对事件的解释，即寻找导致某一事件发生的原因。

韦纳（Weiner）通过研究，进一步把归因理论细化成三个维度。

第一个维度是归因来源[①]，**即一件事情的发生是由内部因素还是外部因素导致的。**比如，与男朋友约会，结果他迟到了。这时候，假如女生问"是不是路上堵车了"或者"是不是又加班了"，把原因归结为外在的环境因素，这就是外归因；假如女生生气地说"你就是一个不守时的人"，认为迟到是男朋友本身有问题，这就是内归因。

第二个维度是稳定性，即一件事情的发生，其影响因素在性质上是不是稳定的。比如，公司开复盘会讨论一个项目的成效好坏，领导说"这个项目之所以成功，是因为团队有能力"，能力这个因素是相对稳定的；接着，他又说"能力之外，主要还是你们努力、肯干"，努力就不是稳定因素了，可能所有人都很重视这个项目，都很努力，下次可能就会有人偷懒、磨洋工，不努力工作；如果领导说"你们就是运气好"，运气也不是稳定因素，这次运气好，下次可能就没那么好了。

第三个维度是可控性，即一件事情的发生，其影响因素在性质上能不能由个人意志决定。比如，男朋友迟到这个例子，如果是因为堵车，那就是不可控的，他不能决定道路是不是通畅；如果是因为不守时，那就是可控的，下次他提前安排好时间，就能准时赴约。而在复盘会这个例子中，如果是能力问题，那就是不可控的，短时间提升能力是比较困难的；如果是工作态度问题，那就是可控的，个人可以决定自己付出多大程度的努力去做一件事情。

---

① 也有学者称之为控制点。——编者注

归因偏差

有一个比较有意思的现象，即人们在找原因的时候，通常都做不到客观。**为了维护自己内心的稳定性，以及维护自己的自尊，人们通常都有一种自我服务的倾向。**也就是说，自己做的事情，找原因的时候，如果做得好，就会做内部的稳定归因，认为是因为自己能力强、聪明；如果做得不好，就会做外部的不稳定的归因，认为是因为自己运气不好，是别人使绊子，等等。

如果你做成了一件事，然后说，这是因为我运气好；而如果你做失败了一件事，你说，这是因为我人品不好，能力不好。这样归因也是不客观的，基本上不会有人这样归因。如果一直这么归因，可能没多久就会陷入抑郁，觉得自己一无是处。

这就是在归因上经常出现的自我服务偏差，目的是提高自尊。

不仅如此，**同一件事情，在进行其他人的行为归因时，往往会把别人的行为，尤其是不好的行为，归为内在因素，从而低估环境的影响。**这就是在归因上经常出现的基本归因偏差。

有研究者专门做过一个实验，让被试与一个女孩交谈。这个女孩有时候表现得冷漠挑剔，有时候表现得热情友好。交谈结束后，实验员告诉其中一半的被试，说女孩是自然表现，告诉另一半被试真相：女孩这么做，都是实验员安排的，与她自己的态度无关。结果，知道真相的被试也完全没有考虑实验员告诉他们的真实信息，被热情友好对待的就认定女孩是一个性格温柔的人，被冷漠挑剔对待的就认定女孩是一个不好相处的人。

此外，为了进一步分析基本归因偏差，有社会心理学家研究过一支球队在输球和赢球之后其所在地的报纸发表的评论文章。因为当地居民基本是这支球队的支持者，社会心理学家发现了一个非常有意思的现象：如果这支球队赢了，当地报纸的评论文章就会写是因为球队特别优秀，都是内归因；如果球队输球了，当地报纸的评论文章大部分时候会使用外归因，说因为裁判不行，对方的球迷闹事或者比赛的场地不行，等等。

学会正确归因

自我服务偏差和基本归因偏差虽然能帮助人们维持自尊，保持良好的自我感觉，但这种偏差也会带来麻烦。所以，学会审视自身和环境，学会正确归因是很重要的。

正确归因可以帮助我们更清醒地认识自己。首先，从内外因素入手，看看影响自己的内部因素有哪些，能力水平、努力程度、身心状态，这些都是我们需要考虑的内部因素；再看影响自己的外部因素有哪些，任务难度、运气好坏、环境状况，这些都属于外部因素。其次，查看所有这些因素的稳定性。最后，判断这些因素的可控性，如果是稳定可控的，就可以重点着手改善；如果是不稳定但可控的，就提升自己；如果是不稳定、不可控的，那就放下不管，放过自己。

当然，我们不需要在遇到每件事时都这么考虑，但是对自己来说比较重要的工作或者事情，多使用这种方式思考、判断，能够有效提升对自己的掌控与判断。

正确归因能帮助我们改善亲密关系，特别是在婚姻中。人们经常会分析伴侣的行为，特别是伴侣的消极行为。比如，不接电话，不回微信，约会迟到。看到这里，有些读者可能已经忍不住要说"这是渣男"了，这就是内归因。等两人好不容易见面了，对方都还没来得及解释，两人可能就已经开始吵架了，这样一来，双方都很痛苦。假如想一想，是不是因为对方在忙，是不是路上不方便，是不是对方要给自己准备惊喜，见面之后，对方就有机会解释。这样一来说不定还能增进感情。

当然，不仅在亲密关系中，在任何关系中，正确归因都能有效减少摩擦，增加人际关系的融洽程度。

正确归因能帮助孩子健康成长。家长在教育小孩的时候，可能经常会说"你真棒"或者"你怎么这么调皮"，不管孩子做得好坏，都把原因归于孩子的性格特质、人格特征。这种内归因往往是批判的、判断式的，很容易让孩子觉得：原来我是这种人。

相反，把事情或问题归因在孩子的行为上，而不是个性上，则能帮助孩子形成发展的态度，增加改变的可能性。比如，把"你怎么这么调皮"改成"你怎么把小明的玩具弄坏了"，把"你真棒"改成"你能独自完成这个拼图，很厉害"。具体到行为上的奖惩更有利于孩子的健康成长，帮助他们形成完善的自我认知。

知识小结思维导图

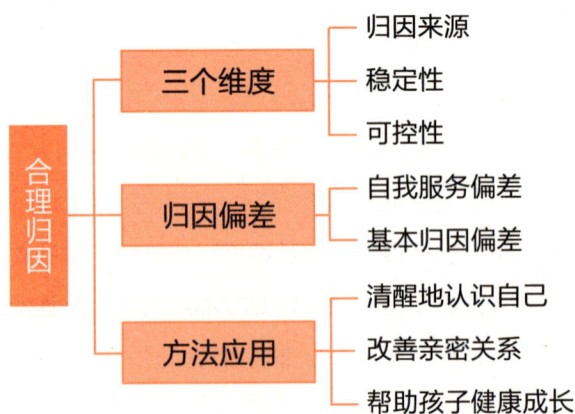

- **合理归因**
  - **三个维度**
    - 归因来源
    - 稳定性
    - 可控性
  - **归因偏差**
    - 自我服务偏差
    - 基本归因偏差
  - **方法应用**
    - 清醒地认识自己
    - 改善亲密关系
    - 帮助孩子健康成长

第二章

社会规范：
洞察社会的第三只眼

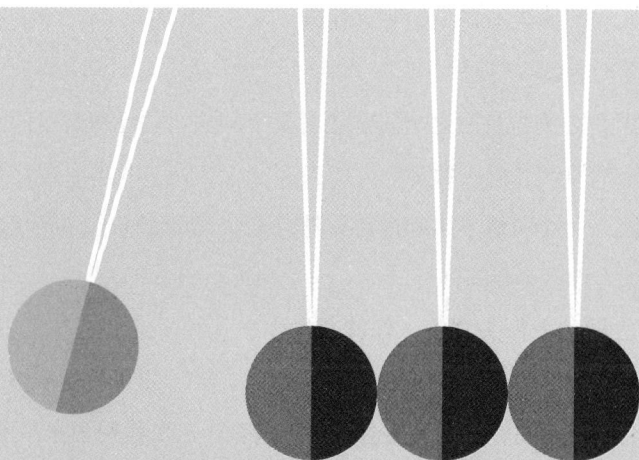

你是如何失去个性的？

· 去个体化 ·

你过马路时会闯红灯吗？

大家可以在心里问自己这个问题或者换个问法：你觉得自己闯红灯的次数多，还是不闯红灯的次数多？可能大部分人会说，我不会闯红灯或者我很少会闯红灯。同样地，如果在街头随机采访，可能也会得到相同的结论。多数人认为自己不会闯红灯。

但如果去做一个街头观察，你就会发现，其实闯红灯这件事很普遍，以至于有一个词专门形容它，叫作"中国式过马路"，意思就是凑够了一群人就走，和红绿灯无关。有人可能会说，你这是在抹黑我们国家！事实上，这种过马路的方式没有国界，全世界都普遍存在。

但是，本节要讨论的一个话题就是，为什么很多人都说自己不会闯红灯，实际上却随人群一起闯呢？

去个体化是一种群体效应

有一个很有意思的现象，而且它背后的心理学原理同样很有意思。说"我不会闯红灯"与跟着大家一起闯红灯过马路的人可能是同一批人，只是这批人前后的个人状态不一样罢了。

你可能会追问，他们哪里不一样呢？

当我问你这个问题时，是把你作为一个单独的个体，这时候，你有充分思考的时间，同时，你的个性、个人意识是非常强的，当然会说出符合自己特点或社会规范的答案。

但是，当你站在马路上的时候，情况就变得复杂了：可能马路很宽，你着急要去某个地方或者在马路边等红灯的人特别多，有一瞬间，你发现车很少，几乎没有车了，这时，你前面的人开始走了，你后面的人也开始跟着走了，你夹在中间，走还是不走？可能在大多数情况下，你连想都不想就跟着一起过马路了。

回过头来看，你头脑清醒地认为自己不会闯红灯和跟着一群人一起闯红灯，这两种情况的差异很大，实际上，其背后就是个体化和去个体化这两种极端状态。

个体化是一个人的自我意识水平和自我控制能力都很强的状态，你会自主地自我调节；而去个体化则是在群体情境下，个体自我意识水平和自我控制能力降低的状态，这时，个体会放弃正常的约束，转而服从群体的力量。一般来说，当一个人身处群体中，并感觉到自己被激发，而且是在匿名的状态时，去个体化就有可能发生。

网络暴力是去个体化的一种发泄

你注意到去个体化的关键因素了吗？也就是匿名性、被激发和群体的淹没性。

20世纪70年代，在菲利普·津巴多（Philip Zimbardo）的研究中，匿名性这个特点第一次得到重视。研究者用一个编造的故事来测试一个人在压力下的创造性，这个压力就是被电击的恐惧。研究者让被试相信，在实验中，被试真的在给两名女士做电击，并且是很痛苦的电击，这些被试全程都能看到被电击的人的状态。实验采取小群体的方式，每组有四名被试同时作为电击执行人。其中有一半被试处于匿名状态，即穿着统一的实验服，只露出眼睛，彼此都不认识，名字都改为数字编号；而另一半被试则别上姓名牌。结果，在匿名情境下的去个体化小组比个体化小组按电钮的次数多达将近两倍，并且每次按下电钮的持续时间也更长。

实验中的另一个细节则更加证明了去个体化对人性影响的严重性。两名实际上是"托儿"的被电击的人，一个被设计成非常和善的性格，一个被设计成非常不讨人喜欢的性格，让被试对这两个人产生了不同的态度。在电击开始前，所有人都说更喜欢那个和善的女士。结果，个性化小组的被试给和善的女士的电击次数和时间的确更少，态度上的差别显现出来；而去个体化小组的被试给两名女士的电击次数一样多，时间也一样长。也就是说，在去个体化的情境下，人们即使对态度和善的人也下得了狠手，这个实验结论是不是听上去就让人毛骨悚然？

被激发这个特点，一方面是人在去个体化的情境下感受到的自己对其他人的支配能力，另一方面是情绪上的激动。比如，在公共的、群体的事件中，一些平时温和且彬彬有礼的人，可能会变得非常粗暴、有攻击性。

群体的淹没性和匿名性有些类似，但更侧重一个人在群体中体会到的安全感。因为去个体化的研究最早来自对暴动和群体暴力行为的关注。相关理论认为，人们之所以会做出极端的行为，尤其是极端暴力的行为，是因为人们处在去个体化的状态下。

在通常情况下，如果每个人都保持自身的个性化，人们会意识到彼此之间的不同。别人会做出的极端暴力行为，自己则做不出来。但是，当大家都穿上相同的衣服或者都戴上相同的棒球帽时，如果个体觉得自己跟他人是一样的，那么其行为就很可能超出大家的预想。这也是为什么在很多骚乱游行中，大家要统一着装。统一着装的目的就在于抹除自己的个性，让个体意识到自己和其他人是一样的。在这样的情况下，有一个成语叫法不责众，讲的就是，如果人数众多，且大家都一样的话，就很难追究其中某一个人的责任，那么个人就会觉得自己安全了。

近年来，比较受关注的网络暴力，就是以上这些特点结合的产物。网络上实施网络暴力的人都特别毒舌①，什么难听的话，什么恶毒的诅咒都骂得出口。如果注意一下这些人的账号，其头像、昵称往往都和真实的长相、姓名无关，这就是匿名的作用。另外，网络上的帖子往往很有煽动性，比如，在一些善于煽动情绪的作者的文章评论区，人们很快会进入被激发的状态。同时，读者又觉得，那么多人都在骂，别人肯定不会只关注到自己，而且骂完还很痛快，往往不知道一件事情的真相就急急忙忙站队了。

事实上，那些读者很可能平时并不是那种被激发状态的人，他们的行为只不过是去个体化状态下的一种发泄。

避免去个体化所激发的人性之恶

怎样才能避免去个体化所激发的人性之恶呢？

记住名字。美国伊利诺伊大学教授爱德华·迪纳尔（Ed. Diener）设计了一个巧妙的实验。在万圣节前夕，研究人员在西雅图观察了1352个孩子玩"不给糖吃，就恶作剧"的游戏，发现结伴的孩子比单独的孩子多拿糖的可能性要高一倍，匿名的孩子比那些被问及姓名和地址的孩子违规的可能性也高一倍。

---

① 网络流行语。指挑他人的缺点进行中伤或者打击他人自信心的行为。——编者注

我们可以利用匿名的特点瓦解去个性化。比如，你站在一个小群体的对立面，可以通过叫出他们中每个人名字的方式来瓦解小群体的去个体化状态，就像这个实验中被叫到名字的孩子那样。如果你是某个群体中的一员，就要时刻记得你是谁。就像动画电影《千与千寻》中一样，记住自己的名字，才能知道要做什么，要走什么样的路。

布置环境。这里的环境既可以指外部的社会环境，也可以指一个人周围的环境。千篇一律的环境容易造成去个体化的暗示；而独特的环境，如办公环境、着装、发型等，这些可以帮助你保持自我觉察，维持高水平的自我意识唤醒状态。另外，在环境中安装镜子、摄像机等，可以有效提升一个人在环境中的自我意识。

企业管理。十多年前，很多大工厂流行统一化管理，厂服、规则、制度，什么都是千篇一律的，于是，夸张的发型就流行了起来，因为全身上下能够表达个性的地方就只剩下头发了。这并不是说张扬个性不好，而是说，追求个性化本来就是每个人基本的需要。普遍来说，统一化会带来不必要的心理损耗，如果太过压抑的话，严重时甚至会造成心理上的扭曲。所以，这就提醒一些管理者，不能只是一味追求统一化和制度化，也要适当尊重员工的个性化需求，做人性化的管理者，这样才能让员工发挥最大的潜能。

在群体中容易出现去个体化的现象，而很多时候我们又不得不处在群体当中，那么，有什么办法可以帮助我们发挥群体的积极作用吗？这一点后文中还会提到。

知识小结思维导图

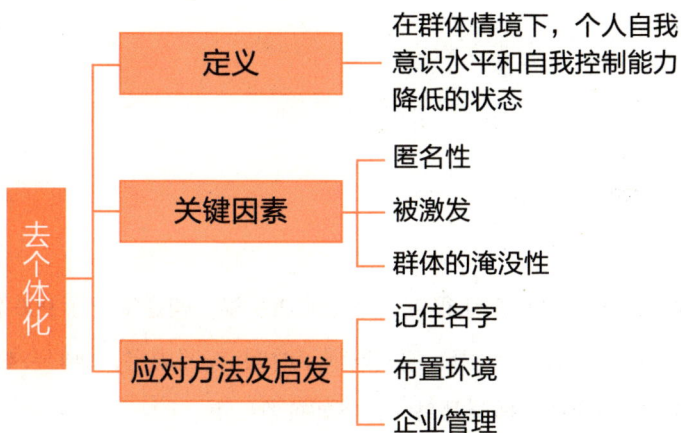

```
              ┌─ 定义 ──────────── 在群体情境下，个人自我
              │                    意识水平和自我控制能力
              │                    降低的状态
              │
              │                  ┌─ 匿名性
      去      │                  │
      个 ─────┼─ 关键因素 ───────┼─ 被激发
      体      │                  │
      化      │                  └─ 群体的淹没性
              │
              │                  ┌─ 记住名字
              │                  │
              └─ 应对方法及启发 ──┼─ 布置环境
                                 │
                                 └─ 企业管理
```

好人是怎么变成恶魔的？
·权威服从·

秦朝时期，赋税刑法很重。公元前 209 年，朝廷征调了 900 名农民前往渔阳防守。因为连日大雨，他们耽误了时间。按照规定，他们会被判死刑。陈胜和吴广一合计，横竖都是死，不如抗争一下。

于是，陈胜把大家召集起来，说，男子汉不能白白去送死，死也要死出个名堂来。王侯将相，难道是命中注定的吗？（王侯将相，宁有种乎！）大家纷纷赞成，一致推选陈胜、吴广为首领，900 人很快把大泽乡占领了。临近的农民听到消息也纷纷响应，没有武器，他们就砍树木做刀枪，削了竹子做旗杆，队伍很快壮大起来。

这个故事可以引导大家思考一个心理学问题：为什么陈胜、吴广有魄力反抗呢？你可能会说，秦暴政，人们受压迫久了肯定会反抗。但是，面对压迫，并不是所有人都能起来反抗，否则陈胜、吴广也不会名垂青史了。

再比如，"二战"时期，德国迫害犹太人，进行了惨绝人寰的大屠杀，但很多人还是没有反抗。"二战"结束后，迫害犹太人的执行者阿道夫·艾希曼在军事法庭上接受审判时，不仅不认罪，还辩称自己只是在执行命令，上级让他做什么，他就做什么。但是，数百万的犹太人因他而死。

在我们的现实生活中，很多人都会像艾希曼那样，重视权威的意见。

权威是一个相对的概念，可能是某个人，也可能是某个机构。比如，对孩子来说，父母、老师是权威；对一般大众来说，教授、名人、政府机关等都可能是权威。

我们对权威重视到了什么程度呢？有些人甚至都没怎么思考就直接相信权威，当然，可能思考了之后也仍然继续相信权威。

人类有服从权威的天性

对于这个问题，美国社会心理学家斯坦利·米尔格拉姆（Stanley Milgram）最早着手研究。在做了一系列实验后，他提出了一个在当时非常有震撼力的观点：人类似乎有一种服从权威命令的天性，甚至在某些情况下，人们会背叛自己一直以来遵守的道德规范，听从权威人士去伤害无辜的人。这个观点一经提出就震惊了整个美国，因为人们意识到，原来每个普通人都是有可能像纳粹一样屠杀手无寸铁的人或者做出非常不道德的行为的。

我们先来看看著名的米尔格拉姆服从实验（Milgram's obedience experiment）是怎么做的。这个实验与上一节中的实验都涉及对别人电击。米尔格拉姆做了很长时间的准备工作，设计了一个看起来很高端的电击设备，上面有一排按钮，代表了从安全级别的电流到高危致命的电流。接着，他发布了一个很高级的记忆研究实验的广告，还聘请了一个扮演学生的实验助手。

实验正式开始了，被试都是在看到广告之后才来参加这个叫作"惩罚会如何影响记忆"的实验的。他们来到实验室之后，偶遇了和自己"一样"的参加者，当然，这个人实际上是实验设计者的助手。他们抽签决定自己的角色，其中一个角色是老师，负责惩罚实验中做得不太好的学生，另一个角色就是学生。

在被试不知情的情况下，他们每次都会抽到老师的角色，而助手是学生。研究员告诉他们，学生要坐在特定的椅子上，身上贴上电极，老师则负责在外面教学生一些特定的字符。如果学生没有记住那个字符，老师就要对学生进行电击惩罚。观察在有惩罚的情况下，学生的记忆是否会有所提高。同时，还有一个要求就是，学生如果一直犯错的话，就要加大电击的强度，直到学生不再犯错为止。

毫无意外，学生总是出错，电击强度越来越高，学生开始喊叫，不停地说自己心脏不好，感到很疼。现在我们都知道，学生其实是实验助手，他们的行为是演出来的，但是扮演老师的被试不知道。同时，学生还会求饶：求求你，请你不要再对我进行电击了，我不会再犯错了。

有的老师不忍心继续电击学生，开始犹豫迟疑，但研究员要求他们继续对犯错的学生进行惩罚。在这种情况下，有65%的老师还是选择了执行命令。

不知道你有没有一种细思极恐的感觉？如果这个实验真的在研究惩罚与记忆的关系，学生会不会真的被电死？而且，要知道那个"高危致命"的提示很明显，实验的被试是知道后果的，可他们还是按照研究员的命令，按下了电流按钮。

对权威的服从影响着我们的生活

究竟是什么原因让这些被试冒着"杀人"的风险也要服从权威呢？在米尔格拉姆的服从实验震惊了学术界之后，很多人也加入了服从研究的行列，并且得出了一系列可以解释人类为什么会服从权威的结论。

第一，与受害者的情感距离。在实验中，如果扮演老师的人无法看到扮演学生的人，他表现出来的同情就最少。试想一下，如果你有能力阻止令25000人丧命的洪水，有能力阻止家乡250人丧命的事故，以及有能力阻止让至亲死亡的车祸，这三种情况，你会首先阻止哪一种呢？我相信很多人可能会选择第三种。这就是情感距离对一个人的影响。

第二，权威的接近性与正当性。 接近性指的是我们在心理感觉或者物理空间上与权威靠近的程度，越靠近权威，服从权威的概率就会越大。比如，获得了知名教授亲笔签名的著作和自己网购了某个作者的书，对其理论的信服程度通常会有差异，人们可能更愿意相信有那位知名教授亲笔签名的著作中的内容。

正当性指的是权威本身必须是正当合理的。拿服从实验来说，如果不是实验教授给他们发出命令，而是让一个助手代替实验教授，随意给出指导命令，那么可能大多数被试会提出抗议。

第三，群体影响的释放效应。 就是看有没有人率先提出与权威不同的意见或者抗议。比如，在实验中增加反抗研究员的"托儿"，当"托儿"表达了不同意见之后，大约有90%的被试都表达了反抗的态度。就像本节开始时讲的那段历史，在反抗秦暴政这件事上，陈胜、吴广起义之后，秦国各地都爆发了农民起义。

看到这里，你可能会有一种感觉：难道服从权威就不好吗？必须要反对和规避吗？其实也不尽然。从客观的角度来说，权威的存在对我们是有很多帮助的，我们应该理性地看待。比如，儒家传统文化所提倡的长幼有序、尊师重道的理念，在某种程度上算是对权威的维护。尤其是尊师重道，老师给孩子们树立的不仅是学习的榜样，更是道德规范的榜样，这也是学校重视师德师风建设的原因。

再比如，医疗领域的权威可以给我们在健康生活、疾病防护上提供正确有效的指导和建议。我们也可以通过努力学习、提升自我，让自己变成某一方面的权威或者有一定影响力的人，从而让周围的人甚至大众都受惠。

所以，服从权威的研究结论的核心并不是说权威不好，而是说盲目地、不加思考和选择地服从权威可能会产生问题。

如何避免盲目服从权威？

那么，我们怎样才能消除权威在自己心中的光环，战胜盲目服从权威的天性呢？

有两个思维训练。一个是问题法。在面对权威的时候，多问问自己这几个问题：这个权威是不是真正的专家？他在哪一方面有专长？他表达的意见或让你做的事情是出于什么目的或者利益？

另一个是想象法。想象一下，专家和自己一样也是人，会吃饭、睡觉、去厕所，也会犯错。摘除专家的头衔，再分析一下他讲的话还可靠吗？

研究发现，穿制服能够建立和提升权威感。研究人员让一名 31 岁的男子在不同地方闯红灯，横穿马路。在一段时间里，他穿着一套熨烫得很平整的西装，系着领带，而另一段时间，他穿着工作服，也就是普通蓝领的衣服。结果发现，当他穿着西装闯红灯时，跟随他闯红灯的人数是他穿工作服时的几倍。

仅仅是穿一套合身的西装，就能获得陌生人的尊敬和追随。我们也可以在职场中利用这一点，在特定的场合，提升自己的权威感、成熟感，让工作进展得更顺利。

在教育方面，服从权威的研究结论给我们的启示也很重要，那就是不要培养一味听话的孩子。我们常常能从父母嘴里听到他们对孩子说"你要乖，要听话"，"听话才是好孩子"，但实际上，这种教育方式是非常危险的，因为一个从小听话的孩子长大后很可能变成一个顺从、没有主见的人。要鼓励孩子说出自己的想法，鼓励孩子表达，特别是在孩子的想法与父母不一致的时候。因为敢于在父母面前坚持自己意见的孩子，更能抵抗压力。所以，要多训练孩子问"为什么"或者要多问问孩子"你认为怎么样"，"如果让你选，你会怎么选"，等等，把主动权交到孩子手里。

有一本关于米尔格拉姆的传记，叫作《电醒人心》，副标题是"20 世纪最伟大的心理学家米尔格拉姆人生传奇"，主要记述了米尔格拉姆的生平及其重要研究背后的故事。书中除了介绍了这个实验，还有他的另一个非常知名的理论——小世界理论，说的是想要认识一个人，通过 6 个人就可以联系到他。如果你有兴趣，可以找来读一读。

知识小结思维导图

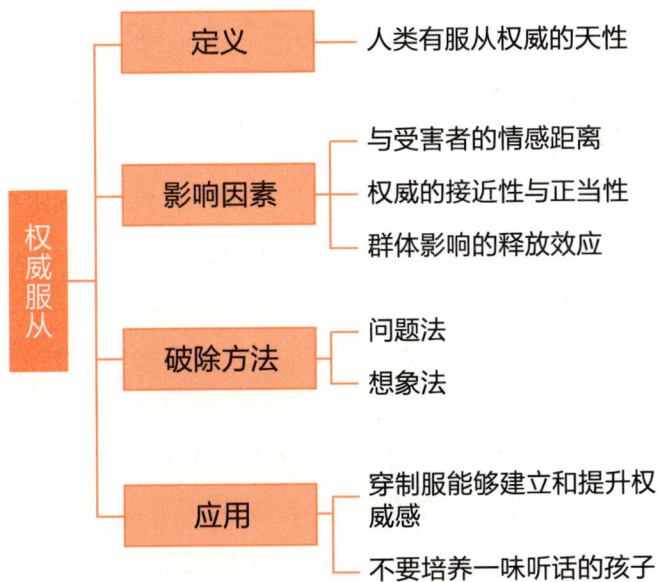

权威服从

- 定义 —— 人类有服从权威的天性
- 影响因素
  - 与受害者的情感距离
  - 权威的接近性与正当性
  - 群体影响的释放效应
- 破除方法
  - 问题法
  - 想象法
- 应用
  - 穿制服能够建立和提升权威感
  - 不要培养一味听话的孩子

你的判断是如何被别人左右的？

· 信息从众 ·

先来看一则网络上的笑话。2003 年"非典"的时候，大家抢着买盐；2007 年流感的时候，大家又在疯狂抢着买盐；2011 年日本福岛核事故的时候，大家热情依旧，继续抢着买盐。只有一位大妈甚是淡定，别人问："阿姨啊，别人都在抢着买盐，你怎么不去呀？"大妈说："我家里 2003 年时买的盐还没吃完呢！"

尽管专家说，吃盐不防辐射，可是"造谣一张嘴，辟谣跑断腿"。你有没有想过，为什么谣言总是传播得特别快、特别广呢？

我们会不自觉地融入群体

这个现象与从众有关。可能有些读者对"从众"这个概念并不陌生，它指的是，为了消除真实的或者想象出来的团体压力而改变自己的行为或者信念，并且团体并没有提出直接要求，个体也没有改变行为的充分理由。

从众这种现象最早是穆扎弗·谢里夫（Muzafer Sherif）通过一个自主运动效应的实验发现的。实验人员要求参与者判断一个光点的运动范围，这个光点出现在一个全黑的背景上，没有任何参照点。虽然它实际是静止的，但看上去像是在运动，这是一种知觉错觉，称为自主运动效应。

一开始，每个人单独判断时，所看到的光点运动轨迹和范围都是各不相同的。但当参与者聚集在一起时，他们的判断则趋向一致。即使再让他们重新独自回到房间判断，他们仍然遵从在集体判断时形成的群体规范。后来，研究者每做一轮自主运动测试，就更换一名小组成员，直到群体中都是新成员。先后经过几代小组成员的传递，群体的自主运动规范依然和最早那一批的观点一样。

在这个实验中，被试互相参照彼此看到的光点运动轨迹，就存在对信息的从众，也就是对答案一致性的看法。我看到的点和大家看到的是不是一样，如果不一样，那我就听大家的。其中，也包含对群体规范的从众，小组已经迭代好几轮了，但新来的成员还是做出了与老成员一样的判断，也就是说，新成员融入了其他人。

信息从众容易滋生谣言

信息和群体规范是从众的两个基本机制。说起信息从众，不知道读者对前文提到的"造谣一张嘴，辟谣跑断腿"有没有什么想法？其实，很多人之所以相信盐能防辐射，就是信息从众这种心态搞的鬼，因为人们总是习惯参照周围其他人的想法、观点和知识来探索自己所处的世界。

放在"非典"的情境下，疫情那么严重，大妈就会想，我和家人的健康都没有保证，得做点什么才行，可是自己什么都不懂，做点什么才有用呢？这时候，突然有人说，"因为缺碘才会得病"，大妈就激动了，赶紧囤几袋盐，以后做菜多放盐，补充碘，就不会得病了。于是，就有了第一批开始抢着买盐的人。接着，周围人发现有人在囤盐，虽然不知道为什么，但是别人都买了，自己跟着买肯定没错。进而，更多甚至连囤盐的原因都不清楚的人也跟风起来。一来二去，市场就供不应求了，甚至还出现了哄抢现象。

所以，在信息稀缺的情况下，只要有一点信息传播出来，大家就倾向于相信，因为我们有获取信息的需要。

为什么辟谣的信息没人从众呢？

主要是两个因素。第一，人们首先获取的信息是谣言，对信息的需要已经满足了，因此，这时人们对了解信息没有紧迫性了，自然也就听不进去了。这也是信息一定要第一时间发布的原因，这样才能不让谣言有机可乘。

第二，谣言一般是通过边缘路径让人相信的，而辟谣往往只能依靠中心路径。专家辛辛苦苦讲了半个小时，解释"非典"到底是什么，为什么补充碘元素不能预防这种疾病，很多人听完之后可能还是云里雾里的，自己也没有这些生物学和流行病学的知识储备，怎么会相信专家呢？甚至因为已经对谣言的信息有信任基础，反而抱着防备心在听，那么，辟谣自然就困难重重了。

另外，我们常说的"参考一下别人"，也是一种信息从众。比如，朋友 A 让你评价一下他的自拍照，可能你刚看了一眼照片，旁边的朋友 B 就抢着说："哎呀，好帅，好有气质。"你本来觉得照片中的朋友 A 比现实中更丑了，但听了别人的话之后，心里就会想"是不是我眼光不行"，于是又多看了几眼，然后告诉朋友 A："嗯，挺帅的。"

你不仅改变了说法，内心也真的认同了朋友 B 的话。

实际上，类似这种情形的信息从众，在生活中非常普遍。信息从众会在心理层面同时改变人的信念与行为，让你相信它，并且根据信息的内容做出符合它的行为。

值得注意的是，性别和自信程度这两个因素会影响人们是否产生信息从众。因为男性普遍认为，拥有独特的看法能够证明自己是有能力的，所以男性普遍较少出现信息从众；而女性普遍认为，与人合作并且达成一致意见才能展现出自己的魅力或能力，所以女性相比男性，会较多地出现信息从众的心理。当然，我要强调，这种差异来自大样本的调查，而不是个体化的，如果你问我特定的某个男人和女人，那是无法回答的。

自信这个因素则指的是，如果你对某个领域很熟悉，并在这个领域掌握很多知识，那你大概率不会信息从众。比如，"非典"时期，跟风的人里面，大概率不会有医生这个群体；一个时尚达人对妆容和服饰的美丑评判也不会人云亦云。但是，如果一个人学了很多知识，但是本身不自信，那么，即使他很熟悉某个领域，也还是会从众的。

面对信息爆炸，如何保持理性？

那么，怎么做才能减少信息从众的影响，做到不盲从呢？毕竟，在信息爆炸的时代，人们每天都会接受很多信息。比如，谣言大多数会激发人们的情绪，并利用人们的知识盲区，给人造成不可估量的损失。谣言具有信息模糊的特征，在信息不确定的情况下更容易引发从众现象。

首先，我们要克制自己的情绪；其次，寻找信息来源；最后，判断是否符合常理。比如，听到"日本核泄漏污染海洋，影响盐的质量"的谣言时，要保持冷静，查找一下信息来源——原来是你妈妈听隔壁大妈说的；再上网搜索一下，发现"本地市场七成是井盐，储备量够吃三年"；最后，得出结论：不用囤盐。所以，警惕情绪性影响，保持理性和判断力是避免信息从众的好方法。

做理性的消费者。商场以及网站常常将它们要卖的产品标识为热销产品，在购物网站上，还能看到已有多少人购买了某个产品的信息。消费者开始时并不清楚自己要买什么，看到广告后，可能就会受到广告的影响，从而购买产品。作为消费者，要反思自己是否真正需要该产品，产品的广告是否具有真实性。贴一个热销的标签，标示已有一万人购买，大家一看觉得划算，别人都买，自己也买，本来不是热销产品也变成热销产品了，而你也就被收了"智商税"①。

　　你有没有轻信谣言的经历呢？后来又是怎么发现并破除谣言的？

知识小结思维导图

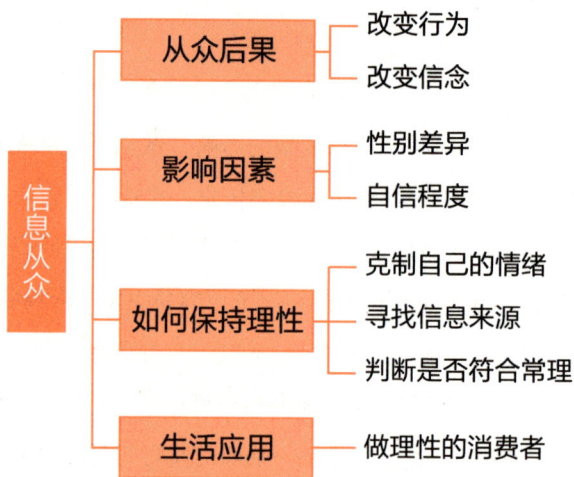

- 信息从众
  - 从众后果
    - 改变行为
    - 改变信念
  - 影响因素
    - 性别差异
    - 自信程度
  - 如何保持理性
    - 克制自己的情绪
    - 寻找信息来源
    - 判断是否符合常理
  - 生活应用
    - 做理性的消费者

---

① 网络流行语。指由于在购物时缺乏判断能力，花了冤枉钱。——编者注

你的行为是如何被别人控制的？

·规范从众·

前文阐述了信息从众，本节要介绍的是规范从众。

2019年的伦敦时装周，发生了一个很有意思的恶作剧：几个年轻人用市面上的廉价衣服把一个男生打造成伦敦时装周的新秀模特。第一天，这个男生穿着伙伴们给他的衣服去秀场外走了一圈，有一个假装是摄影师的人一边追着他喊"别走啊大模特，来拍几张照呗"，一边疯狂拍照，结果很快就引来了一群摄影师拍照。第二天，他们如法炮制，给这个男生打造了另一套廉价服装，他穿的鞋子甚至是监狱发给犯人的那种。结果，在秀场外围引发了一股摄影师拍摄风潮，人群甚至一度把拥挤的马路都堵塞了。很快，男生直接和一众名人、模特一起走进了秀场，而他的伙伴则因为没有入场券被拦在了外面。

听完这个荒谬的新闻，你是不是觉得匪夷所思？为什么那群摄影师会那么疯狂？为什么没有工作人员指出该男生并不是受邀去走秀的模特？为什么没有人站出来点评这个男生的服饰？

你会发现，这个男生被一众摄影师注意到，是从那个"托儿"开始的。那个"托儿"开始对着他疯狂拍照之后，其他摄影师才注意到他，并且很快也加入了拍照的行列，而没有一个人留意或者怀疑这个男生不是模特。

群体规范会使我们产生从众行为

群体规范是人们希望获得别人的接纳与喜欢而从众，包括表面上采纳某一团体的主导标准或者规范，以获得（或者避免失去）来自团体的正向情感——喜欢、尊敬和接纳，也就是**为了追求归属感以及与别人的相似性而从众的一种表现。**

一般来说，一旦人们偏离了群体规范，往往需要付出非常惨烈的代价，包括情感代价，例如被社会拒绝而产生的痛苦感。在伦敦时装周的恶作剧里，那些争着拍照的摄影师其实是害怕自己错过一次时尚新潮，哪怕有人在心里想"这个男生是从哪里冒出来的，怎么穿得这么丑"，也不会因此停止拍照。

规范从众是心理学家所罗门·阿施（Solomon Asch）通过从众实验发现的。研究者招募了一些被试，告诉被试，他们参加的是一个视觉研究，分小组进行，每个小组有 8 个人，每个被试的任务都是判断第一张卡片上的线段和第二张卡片上的 A、B、C 三个线段中的哪个一样长。每个被试轮流回答。

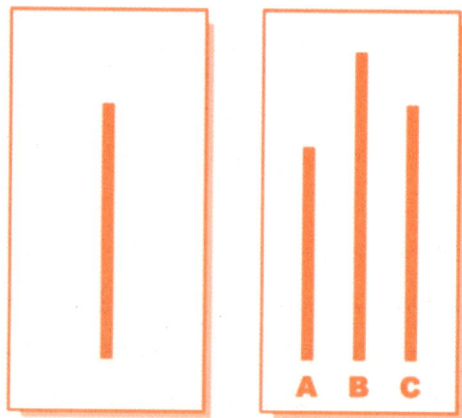

　　在阿施的这个实验中，只有一个人是被试，其他 7 个人都是"托儿"。这个实验中有一个关键的操作，即让唯一真正的被试，要么第一个回答，要么最后一个回答。结果发现，如果真正的被试第一个回答，他的答案基本上都是对的。如果他最后一个回答，就会经历一个非常波折的过程，因为前面 7 个人的答案都明显是错的。实际上，正确答案是 C，但是这 7 个人都说，"我觉得 B 和第一张卡片中的线段一样长"。这时候，如果你作为第 8 个回答的人，会怎么办？你会继续坚持说 C 是正确答案，还是说 B 是正确答案呢？

　　结果，阿施发现，有 70% 的人都屈服于群体压力，他们现场回答的答案和前面 7 个"托儿"的错误答案相同，认为 B 是正确答案。如果真正的被试是第一个回答，其答案则都是正确的，认为 C 才是正确答案。

　　那么，在发现自己的答案和其他人的不一样的时候，被试身上什么东西发生改变了呢？从上一小节中可以知道，信息从众会让一个人的行为和信念都发生改变。而在阿施的实验里，我们发现，被试在独自答题时没有出错，但是现场答题时却出现了规范从众，**在这种规范性影响的情况下，从众只改变了人们的行为，而没有改变人们的信念或者说主观判断。**既然其他 7 个人都这么说，那被试也只好这么说。但实际上，被试的心里仍然觉得自己的判断才是对的，前面 7 个人都很莫名其妙。

人们都渴望被认可，希望有归属感

　　那么，为什么会产生规范从众呢？可能你已经发现了一些线索，群体压力会迫使我们行为从众，去做一些违心的事情。但话说回来，研究人员并没有像之前米尔格拉姆实验中的研究人员那样要求被试服从或者要求大家的答案必须一致，而只是要求被试依次把自己认为正确的答案说出来，为什么被试就感受到群体压力了呢?

这是因为人们普遍具有被认可的渴望。也就是说,人们希望融入一些圈子,希望得到他人的认可。这种来自群体压力的真相是,人们害怕失去社会支持,失去社会关系。就好像参加实验的被试,心里会想"和我一组的其他7个人都是来参加实验的,我们都是被试"。在实验室这个小环境里,短暂地形成了同一种身份的共同体,假如自己的答案和其他人不一样,而其他人的答案都一样,自己不就相当于被孤立或者说被排斥了吗? 但是被试不想被这么对待,因此就表现得和其他人一样了。

同样地,阿施通过更进一步的实验来证明了这一点。

1—7号都是"托儿",假如其中一个"托儿"充当了少数派,坚持回答正确答案,那么轮到真正的被试时,他有勇气说出正确答案的可能性极大地提高了,有94%的人选择说出正确答案。也就是说,即使还有一个同伴,被试觉得自己没有被完全孤立,哪怕自己处在少数派的状态下,心理上都是相对安全的。

在更严重的情况下,规范从众会削弱一个人拒绝的勇气与魄力,变得不敢说"不",从而一味顺从,即对于被拒绝存在恐惧。比如,一些青少年不良团体,可能刚开始因为大家都是同班同学,就玩在一起。后来,其中一个人发现其他人都抽烟,这时候,他还没有抽烟的打算,因为他知道抽烟不好。但是,某一天,大家一起出去玩的时候,其他人掏出烟来递给这个人,说"就试一下"。这时候,这个人就抽了,心里想:反正就这一次。结果,每次出去玩其他人都给这个人递烟,这个人慢慢地就变成了烟民。其实很多时候,我们的想法、态度和行为就是在这种看似很平常的生活事件中,被群体的规范从众控制了。

虽然从众分为信息从众和规范从众,但**很多时候,资讯性信息和群体性规范是交织在一起影响人的。**

比如，有一项研究就考察了信息类型对人们节能减排态度的影响。研究人员在加利福尼亚州居民的门把上分别贴了 5 类信息：①通过最近对你社区的调查，研究者发现 77% 的住户在夏天都用风扇而不是空调来纳凉。这是一种描述群体规范的信息。②研究者发现，如果你利用风扇纳凉，每个月会比用空调纳凉节约 54 美元。这是与自我利益相关的信息。③研究者发现，利用风扇纳凉，每个月你可以减少排放 120 公斤的温室气体！这是环境保护取向的信息。④研究者发现，利用风扇纳凉，每个月你的用电量可以减少 29%！这是社会责任取向的信息。⑤今年夏天你怎样才能节能？请使用风扇，而不是空调。这是只给出对照组的信息。

研究的结果非常有趣。研究人员首先询问居民的态度，问他们在看到这五类宣传信息的时候，哪一类信息对他们的激励作用最大？在统计结果里，第①类信息的影响最少，也就是说，被问到的居民觉得，在节能减排这件事上，他们不会在乎邻居是怎么做的。结果一个月后，读取了电表发现，规范性信息，也就是第①类信息使居民的能耗最低。你会发现，在这个实验里，这 5 类信息都仅仅是宣传标语，属于同一种信息。但是，第①类信息的内容和群体规范有关，虽然它不一定直接影响个体的态度，但是它能实实在在地影响个体的行为。

少数派如何坚持自己的想法？

既然规范从众的影响这么大，少数派该怎么坚持自己的意见呢？

一种办法是全力以赴，用 100% 的努力坚持。有一项研究表明，实验中的"托儿"坚持把绿色识别成蓝色，但他们是少数，多数真正的被试并没有理会他们，看起来对实验结果没有产生什么影响。可是，在接下来的单独测验中，这些原来没有被影响到的真正的被试，在遇到蓝色和绿色两种颜色接近的色卡时，都把绿色说成了蓝色。虽然少数派没有立即影响到人数居多的真正的被试，但是，真正的被试后来的态度仍然受到了影响，这说明坚持很重要，哪怕是微弱的声音。

另一种办法是多认识人，增加影响力。 假如你是一个少数意见的持有者，如果你只认识 10 个人，就只能说给 10 个人听，但是如果你认识 1 万个人，认识 100 万个人呢？即使你是少数派，但当你认识的人很多时，你的影响力也就更大。比如，微博名人说图片是蓝色的，那么由于他们在网络群体里的地位，很多人也就会认为图片是蓝色的。

假如你是一个团队的管理者，学习本节之后，建议你在团队内部找一个人来"唱黑脸"。 如果公司或者团队总是在重大决策的讨论过程中意见高度一致，其实是存在风险的，万一一个看起来完美的风险方案，因为这种规范性从众而被通过了，怎么办呢？所以，如果有一个习惯"唱黑脸"的角色，像那些实验中的假被试一样是个"托儿"，他得到你的授意了，团队里始终有一个不同意见，其他人发表真实看法的可能性就会大大提高，而不是一味地赞同或一味地反对。

还有，商家可以利用信息从众和规范从众相结合的方法，来吸引顾客。 比如，"我们每个人都欠周星驰一张电影票"的宣传语就是信息性和规范性结合的好例子。不可否认的是，并不是所有人都是周星驰的粉丝，但是这个广告语一经推出，有些对周星驰的电影持可看可不看态度的人也会走进电影院。尽管他们可能会说："我看不看都行。"类似的还有在广告语上写"已有 ×× 人购买该产品"，在小区里写上"已有 ×× 比例的家庭正在进行家庭垃圾分类"，都可以很好地诱导人们做出广告中的行为。

知识小结思维导图

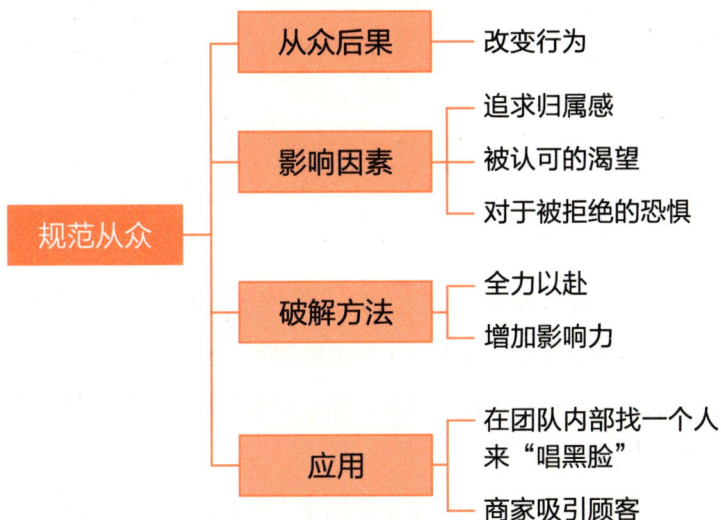

```
                    ┌──────────┐
          ┌─────────┤  从众后果 ├────── 改变行为
          │         └──────────┘
          │                            ┌── 追求归属感
          │         ┌──────────┐       │
          ├─────────┤  影响因素 ├───────┼── 被认可的渴望
          │         └──────────┘       │
┌────────┐│                            └── 对于被拒绝的恐惧
│ 规范从众 ├┤
└────────┘│         ┌──────────┐       ┌── 全力以赴
          ├─────────┤  破解方法 ├───────┤
          │         └──────────┘       └── 增加影响力
          │
          │         ┌──────────┐       ┌── 在团队内部找一个人
          └─────────┤   应用   ├───────┤    来"唱黑脸"
                    └──────────┘       └── 商家吸引顾客
```

如何识别身边的危险分子？

· 攻击行为 ·

2013 年 7 月，在北京某公交车站，两个男子因为停车和一个女子发生了冲突。在争执过程中，其中一个叫韩磊的男子打了这个女子，还抓起婴儿车内的女童，举过头顶摔在地上，导致女童严重受伤最终身亡。韩磊最后也被判了死刑。

一般来说，人们在路上可能会跟陌生人争吵两句，但不会闹到杀人的地步。韩磊称，他 14 岁时第一次被行政拘留是因为偷了一辆自行车；18 岁第二次被拘，是因为跟朋友坐公交车时，"一个男子用胳膊肘跟我们较劲，下车后我们就打了他一顿"。他在监狱里，曾反思自己从小脾气不好、特别冲动，他觉得主要是因为自己文化程度不高。他朋友说起他，"一开始也没觉得他有多愤怒，但过了一会儿，我再一看，他俩已经动上手了"。

为什么有的人攻击性这么强呢？像韩磊，他朋友说一开始也没觉得他有多愤怒，那么，准备发起攻击的人有什么信号是能够被识别出来的吗？

人为什么会产生攻击行为？

说起攻击，你可能会想到战争，可能会想到两个人之间互相打骂，等等。没错，攻击指的就是一个人给其他个体造成了心理或生理上的伤害的行为，包括所有有意进行的伤害他人的肢体与言语行为。

是什么让人们产生攻击行为的呢？这个问题也一直是心理学的热门研究课题，不同的理论流派有不同的解释。

第一种，精神分析理论。弗洛伊德认为，攻击是人的本能之一，人的"力比多"①的积累可能是产生攻击行为的根本原因。

第二种，生物学的流派。该流派认为一个人攻击性的大小与生理因素有关，也就是大脑中的神经递质或者某些特定的脑区。比如，如果人体的神经递质5–羟色胺的水平出现问题的话，可能会削减大脑调节消极情感和冲动行为的能力，从而使人们更容易做出高危行为。大脑的额叶有抑制攻击的作用，如果该系统受损、未发挥作用或被切除，人也更容易产生攻击行为。

第三种，挫折—攻击理论。该理论流派认为挫折是先于攻击产生的，如果人们经历了挫折，就会诱发攻击行为。这里说的挫折是一种广义上的挫折，不仅仅指人生经历中的不顺利或者失败，而且与情绪类似，当人们有一些负性的感觉时，包括身体上或心理上的，比如身体疼痛或者遇到燥热的天气，等等，更容易诱发攻击行为。有研究人员根据相关数据总结出，在其他条件不变的情况下，全球温度每升高约2摄氏度，就会使美国增加大约5万起攻击和谋杀事件。

---

① 弗洛依德认为，力比多是一种本能，是一种力量，是人的心理现象发生的驱动力。——编者注

暴力游戏对人的影响

关于为什么会出现攻击行为，相关的研究、理论不仅仅有以上三种，在此再重点介绍两个理论流派，**其中一个认为，我们的攻击行为是对外界线索的一种解释；另一个则是阿尔伯特·班杜拉（Albert Bandura）的社会学习理论。**

首先看第一个理论流派，即认知流派。攻击行为的线索解释，也就是说，如何解读外界环境与他人的行为，决定了人在这个情境下的攻击性的强弱。比如，本小节一开始的"摔婴案"，可能其他人只会将新闻中的争执解读为中性的行为，但韩磊会将之解读为有攻击性，甚至有挑衅意味，而当他觉得别人在挑衅的时候，第一反应就是要打回去。他可能把"女子看了他一眼"这样的行为，解读成了"这个女人在挑衅我"。一个攻击性强的人，会把更多的中性线索解读成有攻击性的线索，因此他觉得自己应该反击。

比如，一个熟人从你面前走过而没有打招呼，你会觉得他忽视你，看不起你，于是在心里愤愤不平；你要是暴躁一点，可能还会追上去质问他，甚至打他。但换作另外一个人，可能就会想"他是不是太忙了才没看到我"，从而将其当成一件很小的事情，根本不在意。

其次是第二个理论流派，即班杜拉的社会学习理论。这个理论认为，**人的攻击行为是后天习得的，是通过学习而获得的一种认识或者说处理事情的方式。** 班杜拉曾经做过一个非常经典的实验来论证这个理论——波比娃娃实验。

研究人员让幼儿园的一些小朋友做一项有趣的绘画活动，同时，在房间的另一个角落里有一个成年人，那里有组合玩具——万能工匠、一个锤子和一个波比娃娃。在玩了一分钟万能工匠之后，成年人站起来用锤子对波比娃娃进行了十分钟的攻击，一边还大叫着："揍他的鼻子，把他打翻，踢死他！"目睹了这次突然爆发之后，小朋友们被带到另一个屋子里，里面有很多漂亮可爱的玩具。但在两分钟之后，研究人员打断了小朋友，说这些是他最好的玩具，他必须"把它们留给别的小朋友"。遭到拒绝的小朋友再次被带到另一个房间，里面有各种各样的玩具。没有看到成年人富于攻击性的示范的小朋友很少表现出攻击性的言语和行动。但是，那些观察到成年人攻击行为的小朋友，更有可能学会拿起锤子击打玩具娃娃的行为。

这个社会学习的实验让我们明白了观察学习对一个孩子行为的塑造有多重要，而这个结论对我们的现实生活有很大的指导意义。比如，很多研究者关注的暴力游戏对孩子和成人的影响都基于这个理论。的确，也有研究者发现，玩过暴力游戏的大学生面对真实世界中的暴力视频，诸如杀人、射击和监狱斗殴等，会表现出较弱的反应，也就是说，这些大学生不再觉得那是不应该发生的事情，他们可能觉得这很稀松平常。这说明，游戏让他们对暴力影响脱敏了。这种影响会使生活中产生更多的暴力行为，也会使人们对暴力的反应更加麻木。其他人看了杀人报道、社会案件之后会非常愤怒；但是，经常玩暴力游戏的人可能就没有这种反应，他们对真实世界的暴力行为不再敏感。

用技巧缓和对方的攻击性

那么，在生活中我们该如何识别周围那些攻击性很强的危险分子，以及万一遇到这种人，该怎么办呢？

既然生物学相关的理论证明了攻击性有生理因素的存在，我们就能从这个人的外表和行为上观察出一些端倪来。尽管无法看到他身体里的肾上腺素，以及大脑里神经递质的变化，但是，只要细心一点，还是能观察出这个人外显的生理变化。比如，有没有出汗、牙关紧咬、颤抖、呼吸急促、握紧拳头、瞪大眼睛、坐立不安、声调变化等现象。此外，更容易发现的还有行为上的改变。比如，大声讲话或叫喊，用手指或戳，咒骂，辱骂，对言语过于敏感，做出具有攻击性的姿势，语调改变，跺脚，敲打或踢东西，等等。这些都是线索，而这些线索提示我们，这个人的情绪可能产生了波动。而能不能提前注意到，关键就在于自己的观察能力和细心程度了。

如果遇到有攻击性的人，该怎么面对？可以设法缓和对方的攻击性。具体来说，通过一些肢体、眼神上的操作，稳住对方。比如，注意自己的肢体语言，摆出一个没有威胁、开放的姿态。而双手抱拳、俯视对方就是非常危险的攻击姿态，一定不要轻易尝试，双手摊开、面露微笑可能都是非常有益的尝试。还可以保持良好的眼神交流，但要确保你的眼神不会显得有对抗性，比如，温和地看着对方，但是不能盯着对方看。如果你和他离得太近的话，可以尝试缓慢平稳地移动，在这个过程中，要尽量保持身体动作平和。

有的读者可能会问，那些天生就比较好斗的人是不是攻击性就一定很强？如何知道人群中谁的攻击性更高呢？

其实，一个人攻击性的大小是可以通过测量得出的。Buss-Perry 攻击性量表是检测人的攻击性的量表，一共有 30 道题目，分别从身体攻击性、言语攻击性、愤怒、敌意和自我攻击性这五个维度探讨了一个人攻击性的高低。当然，这个量表的计分方式有点复杂，在此不展开解释，可以简单理解：总分越高，攻击性可能就越高。

以下 30 个问题有关你的行为和思考的方式，请从"不符合""较少符合""一般符合""较多符合""完全符合"5 个答案中选择一个最适合自己情况的答案。答案不存在对与错，请不要花太多时间思考每个问题。如果你不太清楚如何回答，请尽量估计。

Buss-Perry 攻击性量表

问题条目	不符合	较少符合	一般符合	较多符合	完全符合
1. 在某些情况下，我会因控制不住而打人	1分	2分	3分	4分	5分
2. 我不同意朋友的意见时，就当面反对	1分	2分	3分	4分	5分
3. 我的脾气一点就着，但一会儿就好	1分	2分	3分	4分	5分
4. 我的嫉妒心较强	1分	2分	3分	4分	5分
5. 当我很烦躁时，我会想伤害自己	1分	2分	3分	4分	5分
6. 如果有人故意找我麻烦，严重时我会揍他	1分	2分	3分	4分	5分
7. 我喜欢否定他人的意见	1分	2分	3分	4分	5分
8. 当事情不顺利时，我的烦躁之情会表现出来	1分	2分	3分	4分	5分
9. 我觉得自己遇到的不公平的事较多	1分	2分	3分	4分	5分
10. 当我很生气时，我会因不小心而受伤	1分	2分	3分	4分	5分
11. 如果有人打我，我会还击	1分	2分	3分	4分	5分
12. 当人们干扰我时，我会毫不客气地指责他们	1分	2分	3分	4分	5分
13. 我生气时就像个火药库，随时会爆炸	1分	2分	3分	4分	5分
14. 陌生人对我过于友好时，我会怀疑对方另有目的	1分	2分	3分	4分	5分
15. 当我特别激动时，我会忽视自身安全	1分	2分	3分	4分	5分
16. 我比别人打架的频率稍高一点	1分	2分	3分	4分	5分
17. 当人们与我意见不同时，我会忍不住与其争论	1分	2分	3分	4分	5分
18. 我难以控制自己的脾气	1分	2分	3分	4分	5分
19. 我对某些事情感到耿耿于怀	1分	2分	3分	4分	5分
20. 当我很自责时，我会惩罚自己	1分	2分	3分	4分	5分
21. 必要时我用武力维护自己的权利	1分	2分	3分	4分	5分
22. 我容易与人发生争吵	1分	2分	3分	4分	5分
23. 当看到不顺眼的事情时，我很容易发火	1分	2分	3分	4分	5分
24. 我认为有"朋友"说我的坏话	1分	2分	3分	4分	5分
25. 当我情绪不好时，我会做出诸如大量吸烟、喝酒或不注意饮食等危害自身健康的行为	1分	2分	3分	4分	5分
26. 如果周围的人为难我到一定程度，我会和他们动手打架	1分	2分	3分	4分	5分
27. 我会无缘无故地发脾气	1分	2分	3分	4分	5分
28. 当别人对我特别时，我觉得他们有所企图	1分	2分	3分	4分	5分
29. 当我很生气时，会当着他人的面摔东西	1分	2分	3分	4分	5分
30. 我怀疑有人在背后嘲笑我	1分	2分	3分	4分	5分

知识小结思维导图

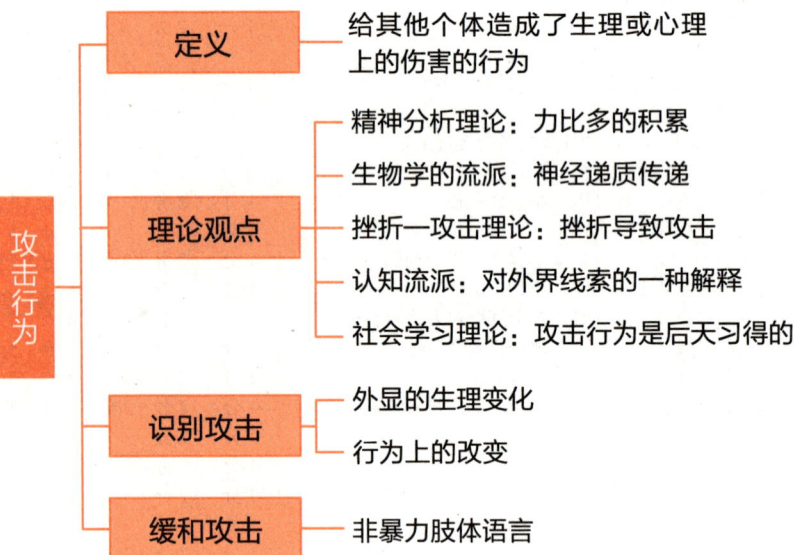

- 攻击行为
  - 定义 —— 给其他个体造成了生理或心理上的伤害的行为
  - 理论观点
    - 精神分析理论：力比多的积累
    - 生物学的流派：神经递质传递
    - 挫折—攻击理论：挫折导致攻击
    - 认知流派：对外界线索的一种解释
    - 社会学习理论：攻击行为是后天习得的
  - 识别攻击
    - 外显的生理变化
    - 行为上的改变
  - 缓和攻击 —— 非暴力肢体语言

如何让别人更愿意帮助自己？

· 利他行为 ·

2008年，汶川地震。灾难面前，出现了很多非常值得赞扬的人和事迹。

比如，四川汶川映秀镇小学的数学老师张米亚：在大地震来临时用双臂紧紧搂住两个小学生，以雄鹰展翅的姿势护住孩子，以自己的死换来两个孩子的生。救援人员赶到时，由于时间太久，张老师紧抱孩子的手臂已经僵硬，救援人员只得含泪把他的手锯掉，才把孩子救出来，两个孩子得以生还。张米亚老师以自己的实际行动诠释了自己生前最喜欢的那句话："摘下我的翅膀，送给你飞翔！"他是每个人心目中的英雄！

面对危险，有人选择牺牲，但是也有人选择了坚持自我。本小节介绍一下心理学是怎样解释利他行为的。

人性自私与利他行为是矛盾的吗？

利他行为指的是人们在没有考虑自身安全或利益的条件下进行的亲社会行为。我们从小就被教导要乐于助人，与人为善。人类用文化和道德规范的方式把利他行为一代又一代地传承下来。可是，如果认真思考的话，仍然会有疑问，为什么利他行为会被传承？利他行为是人类独有的行为吗？该怎么解释这一类行为呢？

其实这个疑问也一直困扰着心理学家，为什么人类会出现利他行为？从进化心理学的角度来说，有一个核心观点是，人都是自私的。《自私的基因》这本书里系统地传达了这样的观点，生命的本质是使得我们的基因存活下来，但是，它是有条件的，自私和利他并不完全矛盾。

在人类资源比较丰富的情况下，自私的基因可能会更容易发挥作用。因为资源充足，所以每个人都想着让自己的生命能够存活、延续，因此是相对自私的。但是，如果在资源匮乏的情况下，情形就完全不同了。你可能会以为，在资源匮乏的情况下，大家是不是会更加自私？彼此之间拼个你死我活，抢个头破血流？但是，真实的情况恰恰相反。当资源比较匮乏或环境比较严酷的时候，利他反而会成为主导的因素。大家互帮互助，才能战胜困难，一起活下去。

关于这一点，2011 年中科院心理所的李纾研究员曾经做过一个研究，考察在严酷程度不同的环境下，个体的助人行为或者利他行为到底是怎么样的。结果确实证明，环境越严酷，个体的利他行为就越多。

社会规范对利他行为的影响

在社会心理学当中，还有其他的理论可以对此做出解释。比如，社会交换理论就把利他行为看作和其他社会行为一样，是由代价最小化和收益最大化的追求驱动的。也就是说，很多利他行为并不纯粹为了利他，而是用利他的形式做利己的事情。就好像我们在为别人做一件好事的时候，往往心里会有一个内隐的想法，这次我帮助了他，下次他可能也会来帮助我。

人类已经把这种利他行为以文化和道德规范的形式传承了下来，也就是说，除了原始的心理本能倾向的利他，人类还发展出了一套规则，被称为**互惠规则**或者说社会责任下的规则。

在真实的场景下，我们帮助别人之前，并不会在心里计较他下次会不会也帮自己，反而会理所当然地感觉到自己应该帮他。比如，隔壁搬来一个女孩子，正在拎一个大行李箱上楼，我出门刚好看到了，肯定会上去搭把手，因为我感觉自己应该帮新来的邻居搬行李箱。其实，我并不一定期望她以后也会帮助我，我只是在遵循一种社会规范。

类似的这种社会规范可以是我应该帮助新来的邻居搬行李箱，也可以是男生应该帮助女生，或者在路上捡到钱包时应该交给附近的警察，因为我们应该归还捡到的钱包。这些所谓的"应该"其实就是我们内化了的社会期望，是社会责任下的规则。

除此之外，最近，我跟合作的研究者还发现了另外一个可能的影响因素，我们把它总结为**自我控制**。这里所谓的自我控制，是指人们会不会在深思熟虑之后再做选择。

在研究过程中，我们发现，当一个人自我控制比较低的时候，同时恰好又在比较不利的环境中，比如充满危机的情境下，就更容易利他。而相反，一个人处于安全情境，同时自我控制比较低的情况下，则可能表现出更多的利己行为。

比如，在有危机，同时自我控制较低的情境下，人们大脑深处激活的是进化论所提到的——在危机中人们应该更团结，保证大家的基因都有机会传递下去。而自我控制低，指的就是这种利他是人们不假思索做出来的行为。

相反，在安全情境下，如果自我控制低，就会本能地觉得，自己已经有足够的资源可以活下去了，没必要帮助他人，就会更利己。但是，如果自我控制比较高的话，即经过了深思熟虑，这时社会规范开始起作用了，人又会变得更加利他。

如何让别人更愿意帮助你？

以上讲解了为什么会产生利他行为，以及在什么条件下更容易诱发利他行为。那么，有没有一些小技巧可以使其他人更愿意帮助自己或者更能激发别人的利他行为呢？

第一，人们倾向于帮助与自己相似的人。这是因为人们更容易设身处地地与自己相似的人发生共情。因此，当你需要帮助的时候，找那些和你有共同点的人求助更容易成功。比如，同龄、同乡的人，或者通过谈话，挖掘相同的特点、爱好等，这些人可能更容易帮助你。

第二，人们更愿意帮助那些对自己敞开心扉的人。这也是我们在研究中发现的一个结论。我们让一些人去向他人求助，其中一部分人跟被求助者分享一些自己的私人信息，比如自己的经历或者现状，而另一部分人没有分享，只是客观表达自己需要帮助。这时，我们发现人们更愿意帮助那些分享了私人信息的人。所以，如果下次你需要别人帮忙，不妨多说一些自己的人生故事，这样更可能打动别人，从而使别人愿意对你伸出援手。

第三，站在一棵树下，因为敬畏感能够减少人们对自身的关注，从而更愿意表现出利他行为。在一项实验中，志愿参与实验的大学生被随机分为两组，一组被要求仰望一幢高楼，另一组则被要求仰望一片茂密的树林，持续时间为 1 分钟。研究者发现，仰望树林的学生感受到了更高水平的敬畏感，感受到超越自身的更宏大的存在。之后，当一名实验主持者假装不小心掉了一支笔时，那些仰望树林并体验到敬畏感的学生比那些仰望建筑物的学生更有可能帮忙捡起笔。研究者推测，敬畏的感觉让人们将注意力从关注自身中转移，从而增加了助人的行为。以后，如果你在街头需要问路或者求助的话，不妨多走两步，站在比较茂盛的树下向人求助，这样你获得帮助的概率可能会更大。

第四，选一个好时机。这个好时机包括环境因素，以及我们选择的求助对象。有研究显示，在天气好、温度适宜的情况下，人们的助人行为会更多。具体来说，可以通过求助对象的特点，比如，对方的神色、动作来观察他是否悠闲、有时间。最好选择有时间、不匆忙的人求助，如果是熟人，要选择他有时间的时候求助。早在1973年的时候，普林斯顿大学的心理学家丹尼尔·巴特森（Daniel Batson）就通过实验发现，在特定的情况下，会不会帮助别人其实根本不取决于这个人善不善良，而是看他有没有足够的时间。

研究者招募了一批神学研究班的学生作为被试，对他们的要求是，去一个地方做一个简短的即兴演讲，并且告诉其中一些被试，你们已经迟到了，观众在等你们来；而对另一些被试说，他们时间还非常充裕，可以慢慢走过去。这个研究中最关键的不是被试怎么去做这个即兴演讲，而是研究者在这些被试去演讲的必经之路上，安排了一个需要帮助的人，他坐在门口，低着头，闭着眼，也不能动弹。这些被试经过他的时候，能够清楚地听到咳嗽声和呻吟声。结果，在迟到组，只有极少数人停下来帮助他，而时间充裕组中有2/3的人停下来帮助他。

知识小结思维导图

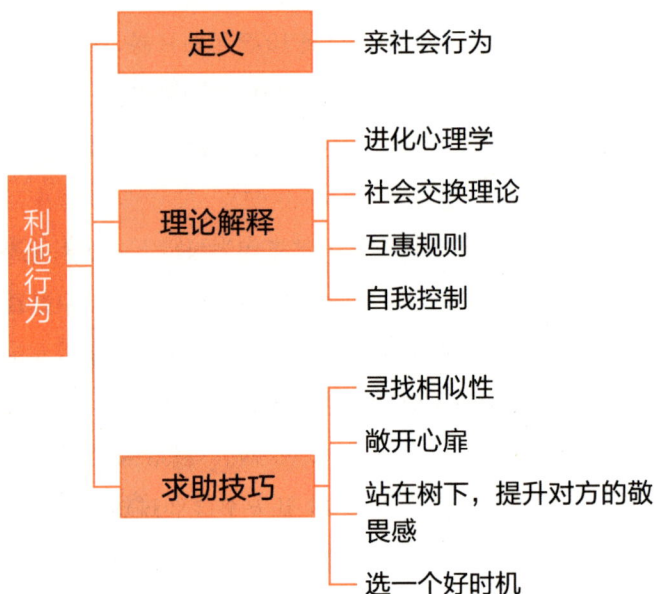

```
                    ┌── 定义 ──── 亲社会行为
                    │
                    │            ┌── 进化心理学
                    │            ├── 社会交换理论
        利他行为 ────┼── 理论解释 ─┤
                    │            ├── 互惠规则
                    │            └── 自我控制
                    │
                    │            ┌── 寻找相似性
                    │            ├── 敞开心扉
                    └── 求助技巧 ─┤
                                 ├── 站在树下，提升对方的敬畏感
                                 └── 选一个好时机
```

如何获得别人的好感?

· 人际吸引 ·

提到人与人之间的吸引力,你有什么想法呢?你认为人的哪些方面容易吸引别人的注意?是外貌、气质,还是其他?

我们先来看一个春秋时期的故事:

春秋时期,卫国有一个外貌非常丑的人,名叫哀骀它。虽然他很丑,甚至丑得会让人产生不适,但是,他特别受欢迎。他受人喜欢到了什么程度呢?据说,男人和他相处,经常见到他就不舍得离开,仿佛要追随他一样。女人要是和他相处,甚至会跟自己的父母请求做他的小妾。

你可能会想,开什么玩笑,长得这么丑,还有人喜欢他,是不是因为他是一个思想家或者是一个博学多才的人呢?查了相关资料之后,我发现史料中并没有记载他有什么特别之处,既不是商业奇才,也没有身居高位,更没有巨额财富。这可真是个迷。

这样一个相貌丑陋,各方面可能又很普通的人,到底是凭什么受到男男女女的喜爱,让众人愿意接近的呢?我虽然也还没想通,但是,在本节想探讨一下人际吸引的话题。

影响人们吸引力的因素

所谓人际吸引，说得直白一点就是接近某个人的渴望。人际吸引几乎是所有社会关系的前提和基础，尤其是爱情。

外貌的确会影响一个人的吸引力，因为我们认识一个人的第一眼，往往就看他的长相。在印象形成的初期，外貌的刺激是唯一起作用的因素。也就是说，只有外貌引起他人的注意之后，人们才会有进一步交往的可能性。而前文提到的哀驴它，并不是看第一眼就会喜欢的那种人，这也是大家不理解他那么受欢迎的原因。

有研究发现，不管是成年人还是儿童，都普遍喜欢漂亮、有吸引力的人。这一点，在进化心理学上有很强的证据体现。在人类进化的早期，人们需要找到生育能力强、健康的伴侣。但是，远古时代并不像现在有非常发达的医疗系统，那么，祖先怎么判断一个人是不是健康呢？在大部分的情况下，只能通过外貌来判断，身材丰满匀称，脸蛋长得好看，这些都是身体健康、没有疾病的标志。

可能有读者会产生疑问，难道长得丑就是原罪吗？就注定一辈子单身吗？而且生活中有很多情侣、夫妻，他们从外貌来看，也并不那么般配，但他们在一起了，而且过得很幸福，这是怎么回事呢？

外貌在印象形成过程中只是第一步或者说是第一步中的一个重要影响因素。而后续还有很多其他方面的影响因素，这些因素会对外貌进行补偿。

研究者针对这一点做了一个实验。研究者让学生先阅读关于讨人喜欢或不讨人喜欢的人格描述，然后再让学生看一个人的照片。结果发现，一部分人先阅读了为人热情、乐于助人和善解人意等积极的描述，再去看照片的时候，会把照片上的人评价为更加有吸引力；相反，如果阅读到的描述不那么讨人喜欢，甚至是有一些负性的人格特点，即使是同一个人的照片，照片上的人也会被评价为不那么有吸引力。

俗话说，情人眼里出西施，也就是说，在爱人的眼里，被爱的那个人会被自动加上"滤镜"，怎么看都有魅力。

虽然外貌很重要，但在人际吸引上，可能也只是一个敲门砖。除了外貌因素，还有很多因素也影响着一个人的吸引力。因此，我们可以做一个假设，哀骀它的人际吸引力可能就是长相以外的其他因素。

比如，有一个几乎与外貌同等重要的因素，就是接近性。在两个人认识之前，必须有认识的机会；在友谊关系变得亲密之前，必须得有友谊基础。

空间的接近性是一个重要因素，尽管现在网络发达，但是，物理空间上的接近仍然很重要。比如，我们更可能认识校友，而不是其他学校的学生。有一个比较经典的笑话就说明了接近性的重要，讲的是，一位小伙子曾给女友写了几百封信，恳求她嫁给自己，而她最后确实结婚了——新郎是那位送信的邮差。由此可见，物理空间的接近性是多么重要。

还有一些因素，比如之前提过的，我们往往会喜欢那些喜欢我们的人。这一点很浅显易懂，当我们知道某人可能喜欢自己的时候，往往也会对对方抱有好感。如果是微妙的爱情，一旦知道了对方也喜欢自己，就可能会对他更加念念不忘，觉得对方非常有吸引力。而且，一项速配研究也表明，当某些人尤其喜欢你而不是别人时，这种情感反馈也会让人有更强的自尊，你会更愿意和对方继续交往。

这里涉及人际吸引的一个最基本的假设：让我们感到被吸引的人，他们的出现往往能给我们带来回报。这种回报可能是直接的，比如，与对方交往所带来的积极结果——享受对方把注意力全部放在自己身上的感觉；也可能是间接的，比如，第一次认识某人的时候，自己关注的球队赢了球，于是你很开心。那么下次再见到这个人时，你可能依然会感到开心，这种因为环境带来的情感基调也会让你觉得某人是一个有吸引力的人。记住这个间接的回报，就可以合理地运用这一点，来提高自身的人际吸引力。

真正影响吸引力的是相似性而非互补

还有什么可以提高人际吸引力的方法呢？有人问，性格上的互补是一个因素吗？其实，**从心理学的研究上来说，真正在人际吸引上起作用的不是互补，而是相似性**。兴趣相同、品味相同、成长经历相似，甚至性格相似，等等，这些都可以提高你和对方的吸引力。"物以类聚，人以群分"说的就是这一点。

我们可以把相似性归结为价值观相似。回想一下，上高中时，你的好朋友与自己在态度和价值观方面一定有很多相似之处；后来，随着去不同的地方读书、工作，彼此的态度和价值观都发生了很多改变，而一旦发生了这样的改变，可能你们的关系慢慢地也就疏远了。那些维持下来的友谊，双方在某些方面——比如三观——是相似的，大家的成长步调大致是接近的。

这一点在爱情关系中的作用更大。当两个人的相似点足够多之后，彼此之间的吸引力并不会减少，也就是说，不存在"共同点太多"而阻碍了关系进展这一说。相反，双方的共同点越多，就会越喜欢彼此，不管是爱情还是友情，都能维持得更加长久。

可能有些人还是不死心，会问，互补真的一点作用都没有吗？我们之所以会形成互补也会促进人际吸引的印象，往往是因为看到一对情侣，两个人感情很好，但是他们会说彼此哪里不同。这可能是相似性给人带来的误解，因为相似不等于相同。而这种误解放大了不同的影响，让我们误以为互补对关系有益，其实不一定是这样的。

　　还有一个影响因素就是承诺。比如，情侣双方会有对爱情的承诺，如果这个承诺往深了发展，就会变成婚姻关系。如果承诺发生在同性之间，又无关爱情，可能就会发展成死党关系。承诺让彼此的关系更加紧密，彼此在对方眼中自然就与别人不同，凸显了两个人之间的吸引力。

如何提高吸引力？

　　怎么做才能提高人际吸引力呢？

　　第一点，变色龙效应，适当地模仿别人的动作可能会让对方更加喜欢你。自然地模仿他人的姿态和语言，这能促使别人喜欢你，但模仿他人的消极表情（如生气）除外，要模仿他人高兴的表情或者不经意的小习惯。模仿他人的行为有利于人与人之间的交往，人们往往会模仿自己读过或听过的句子中的语法，又因为行为会影响态度和情感，这种模仿还会令你对他人感同身受。

　　比如，在和别人线上沟通的时候，适当地模仿对方的标点符号以及表情包的使用习惯，可能就会促进彼此顺畅地沟通，甚至促进感情升温。

　　第二点，富兰克林效应，通过提出请求的方式提高人际吸引。本杰明·富兰克林很想与宾夕法尼亚州立法院的一个议员合作，但这个议员是一个难缠的铁石心肠的人。那么，富兰克林是怎么做的呢？是死缠烂打，还是向他示好？其实都不是，富兰克林用了一种完全不同的方法。

　　富兰克林知道这个议员的私人藏书中，有一本稀有的书，于是就询问议员是否能把那本书借给他看两天。这位议员同意了，接下来发生的事，富兰克林是这样描写的：当我们再次见面时，他主动对我说话了，（他以前从来没有这么做过）而且很有礼貌。后来，他还向我表明他随时愿意为我效劳。

富兰克林把他借书所带来的成功归结为一条简单的原则：曾经帮过你一次忙的人，会比那些你帮助过的人更愿意再帮你一次忙。换句话说，要使某个人喜欢你，那可能就要请他帮你一个忙。

第三点，将关系与美好的事物联系在一起。这也就是前面我提醒大家记住的那个知识点：间接的回报。人们通过条件反射形成了对那些与奖赏性事件有关的事和人的积极感受。举一个例子，在一周的紧张工作结束之后，当人们围坐在篝火前，享受着可口的食物、醇香的美酒和美妙的音乐时，就可能觉得身边的一切都那么温馨，包括身边的人。可能平时人们并不觉得那些人多么有吸引力，但是，在那种温馨的环境下，则可能会觉得对方是有吸引力的，更让人喜欢的。

而相反，如果某人正在头疼焦虑，那么他可能就对遇到的人没那么有好感了。浪漫的晚餐、在剧院观看演出、在家共度夜晚、度假，这些对增强人际吸引都很重要。如果你希望维系与伴侣的关系，那么就将你们的亲密关系与美好的事物联系起来吧。

知识小结思维导图

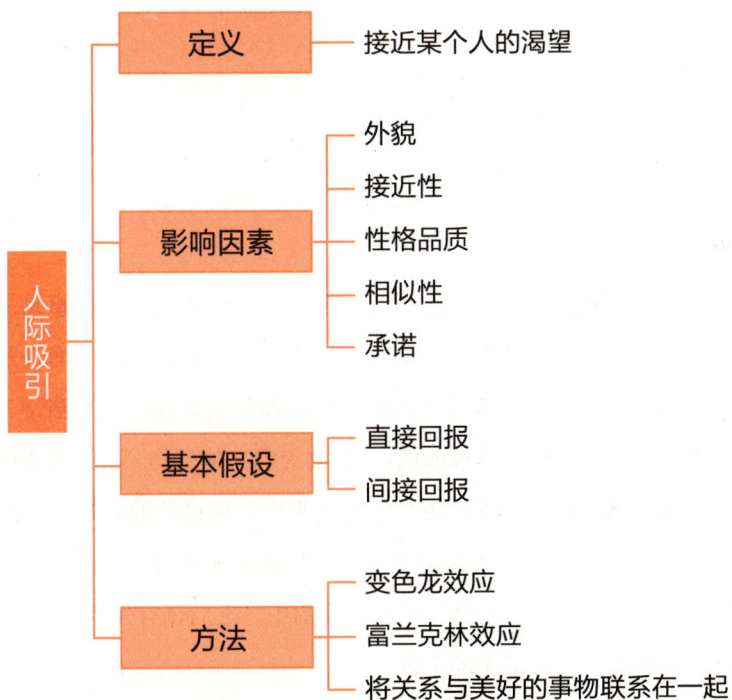

```
                    定义 ——— 接近某个人的渴望

                                 外貌
                                 接近性
                    影响因素 ———— 性格品质
                                 相似性
                                 承诺
人际吸引
                    基本假设 ———— 直接回报
                                 间接回报

                                 变色龙效应
                    方法 ———————— 富兰克林效应
                                 将关系与美好的事物联系在一起
```

集体冷漠是如何发生的？
·责任分散·

曾有媒体报道过 20 世纪 60 年代的一个震惊美国社会的事件，标题很耸人听闻——"38 人目击凶杀者没有报警"。1964 年 3 月 13 日凌晨 3 点左右，纽约的某酒馆经理基蒂·吉诺维斯在即将到达寓所时遭到持刀暴徒的侵犯，她惊恐地尖叫并恳求帮助："我的天啊！他刺伤了我！来人啊！请帮帮我！请帮帮我！"声音回荡在宁静的夜中，显得分外刺耳，吵醒了部分邻居，很多人走到窗户边观望了片刻，目睹歹徒去而复返。直到有人打电话报警，歹徒才离开，吉诺维斯倒在血泊中。之后调查发现，一共有 38 人目睹了这场暴行，却都无动于衷。

这场惨案引发了社会心理学家研究的热潮。是什么原因让这 38 个人都无动于衷，不施以援手，也没有报警呢？是因为他们都是一群冷漠无情、见死不救的坏人吗？

"这事跟我无关"

现在我们都知道，造成这个悲剧的很大一部分原因在于责任分散这一现象，它指的是，旁观者增加却无人插手的现象。当有不止一个人能够在紧急事件中帮忙的时候，人们经常会假设其他人愿意或应该帮忙，于是，他们自己就会退缩或选择不插手。所以，我们可以推测，那些听到了呼救声的邻居并非没有同情心，他们当时可能在想，"住所离受害者更近的人可能已经报警了或者其他人可能已经报警了，我就不需要多此一举了"。

在这桩惨剧发生的 4 年后，心理学研究者比博·拉塔纳（Bibb Latane）和约翰·达利（John Darley）考察分析了各种紧急情况，从决策的角度发现了旁观者在面对紧急事件时的决策过程。

旁观者是否注意到了这个紧急事件呢？如果都没注意到，那么根本就没有救助的可能性。这也是 2011 年"小悦悦事件"发生时，一部分人从她身边经过但没有停下脚步的原因，因为 2 岁的小女孩身材太小了，忙着赶路的行人中有些人很可能就没有注意到她。

如果注意到了呢？就像这个事件一样，受害者深夜里惊恐的尖叫和求助声一定惊醒了很多人。旁观者在注意到之后会进一步对情况做出分析：这是不是一个紧急事件，情况有没有非常紧急？如果旁观者判断，这件事不紧急，求助者早一点或者晚一点获得帮助影响并不大，那旁观者就很可能不提供帮助。

如果把这个事件解释为紧急事件，旁观者会怎么做呢？他们会进一步判断，我在这件事情里有责任吗？如果他们判断自己没有责任或者即使有也非常小，小到不影响大局，那么也会选择不提供帮助。旁观者只有认定自己在这个事情上有非常大的责任时才会伸出援手，提供帮助。

旁观者的内心判断

引发责任分散的因素

从这个决策路径中，我们可以看到，只有一条路径能够让旁观者采取行动，但是有很多个分叉会使他们不提供帮助，这些分叉就是引发责任分散的关键因素。总结一下，有 3 个关键因素，分别是注意、解释和责任。以下对其逐个详细分析。

首先是注意因素。同一个场景中，人越多，旁观者注意到事情发生的可能性就越小，这导致在有更多人在场的情况下，那些受害者却更少有机会得到帮助。比如，有一名研究人员和 145 名合作者一共测试了 1479 次，他们在乘坐电梯时装作不经意地掉落了硬币和铅笔。当旁边只有一名乘坐者时，他们得到帮助的可能性有 40%；当旁边有 6 名乘坐者时，他们得到帮助的可能性只有 20%。研究人员猜测，当旁观者的数量增加时，所有旁观者都会更少地注意到事件的发生，更不容易把它判断为一个重大问题或紧急情况，更少地认为自己有采取行动的责任。

其次是解释因素。1976 年，研究人员设计了一项实验，他们让一名男子和一名女子假装在打架。结果发现，当女子大叫"走开，我不认识你"时，有 65% 的概率会得到别人的帮助；但当她说"走开，我不知道我怎么会嫁给你"时，只有 19% 的概率得到别人的帮助。类似的情形也真实地发生在生活中，曾经有受害女生被歹徒当街骚扰，当歹徒向周围人说"吵架呢，这是我老婆"的时候，原本准备了解情况，提供帮助的路人就都摆摆手走开了，最后导致受害女生在公共场所陷入无人帮助的困境。

这个研究的基本结论是，求助者应该给出足够有力的解释，为什么需要别人的帮助？以让旁观者判断自己是否应该卷进事件中，伸出援手。"我不认识你"就是一个有力的解释，这让旁观者知道男子在"欺负"或"侵犯"女性；而"我不知道我怎么会嫁给你"，这个解释会让旁观者觉得，这是别人的家事，就不要插手了吧。

最后是责任因素。在一个实验中，受害者（实际上是实验者故意安排的人）有时对旁观者说："你有时间吗？"有时又说："你能在我离开的时候帮忙照看一下我的手提箱或者收音机吗？"前一种情况没有引发任何旁观者的责任感，因此，当小偷拿走受害者东西的时候，那些人只站在边上看着；然而那些答应替别人照看东西的人，在小偷拿走受害者东西的时候几乎都介入了，有些人甚至追到远处抓住小偷。一个小小的请求——"你能在我离开的时候帮忙照看一下我的 ×× 吗"所具有的社会心理学力量，几乎使得每一个旁观者都能耐心地提供帮助。当然，注意因素中提到的人数也是一个诱因，人越多的情况下，每个人觉察到自己应该有责任的可能性就越少。

除了这三个因素之外，前文提到过的内群体和外群体也是引发责任分散的因素之一。我们每个人都会自动去定义与自己来自同一群体的人，以及与自己不属于同一群体的人，也就是 in group member（组内成员）和 out group member（组外成员）。

责任分散之所以会产生，很可能是因为我们把需要帮助的人当成外群体的成员，认为他和自己不属于一个群体，自己对他没有责任，当然不会提供帮助。比如，有一个同学突发疾病，需要捐款，筹集医疗费，如果他是你的同班同学，那你很可能会马上伸出援手，还会捐上一笔钱；如果他是你校友，你大概率会捐款，但是金额可能就没那么多；但如果他只是一个外校的学生，他的学校你都没听说过，只是在朋友圈看到了别人发的筹款链接，那可能你看完消息之后，就忽略掉了，因为你不觉得自己和他有什么关系，也就感觉不到自己有责任了。

从这个意义上讲，把需要帮助的人从组外成员变成组内成员可能就是克服责任分散的一个关键。因此，就像之前提到的，增加接触的方法对这种情形下的责任分散是比较有效的，比如，旅游、增加信息接触等方法。

责任要具体到个人

看到这里，我猜你已经想到一些办法来克服责任分散了，在此列举几个比较有用的方法。

第一点，求助的时候一定要具体到人。如果你在人群中需要帮助，应该尽可能让旁观者把注意力集中到自己的身上，从而克服责任分散的阻力。如果周围的人不多，那么首先要大声呼救，让周围的人注意到自己需要帮助。只要有一定的人流，就马上指定某一个人，比如，眼睛注视着一个人，说"穿红色衣服的那位女士，我需要你的帮助"。这样做能够极大地提高自己获得帮助的可能性。

第二点，如果你担任领导者的角色，那么，当你把某个任务交给一个

团队来完成的时候，一定要指定负责人。具体到哪个环节找谁，出了问题找谁，最后直接跟负责人交涉即可。团队完不成任务的时候，如果你想让自己的批评变得有力，就要让批评具有针对性。一定要将责任具体到人，具体到事，不要让大家有一种"这是所有人的责任，我一个人不努力也没有关系"的感觉。记住，将责任具体到人可以降低责任分散的可能性。

知识小结思维导图

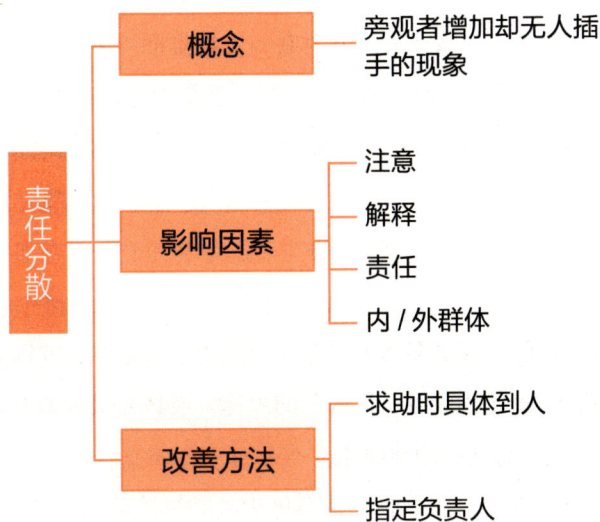

责任分散

- 概念 —— 旁观者增加却无人插手的现象
- 影响因素
  - 注意
  - 解释
  - 责任
  - 内 / 外群体
- 改善方法
  - 求助时具体到人
  - 指定负责人

群体会阻碍还是会促进好的决策？
· 群体极化 ·

　　每当做决策的时候，当你问不同的人意见时，你会发现：如果只是问一个人的意见，往往这个人的意见会比较中肯或者他会认真帮你分析利弊。而如果是一个集体的决策或者你同时在一个群里问很多人对某个意见的看法时，他们给出的意见会比较集中、类似，这是为什么呢？

　　这与本节要阐述的群体极化现象有关。

为什么群体决策会两极化？

　　群体指的是两个或更多的人在较长时间里进行互动，并以某种方式相互影响，将他们和自己视为"我们"的团体。群体是彼此有互动，会互相影响，有相似的身份认同的共同体。

　　而群体极化就是，假如我们在群体中共同讨论项目，需要做出决策，当大家得出一个比较相似的观点，然后在这个基础上互相讨论时，群体做出的决策会更加偏向两极，更加保守或者更加激进。这种现象就叫作群体极化。

　　很多心理学家都证实了这一现象，比如，有一项研究就发现，就一起证据模糊的交通事故让大学生们集体讨论，他们最后给出了明确的"有罪"判定。而如果陪审团成员倾向于判定应当赔偿损失，集体讨论的赔偿数额同样倾向于高于陪审团成员提出的金额，他们讨论出来的赔偿金额更大，更加激进。

　　了解群体极化的概念之后，你可能会问，**为什么会出现群体极化的现象呢？** 从目前的研究成果来看，可能有以下几个原因。

　　首先是信息的影响。 在大家的初始观点相似的前提下，如果发现对方说的跟自己想的一样，就会感到自己的观点被支持了，信心倍增，同时又从其他人那里听到了支持这个观点的新证据。有人支持和有新信息支持这两个因素，都会让群体中的个人更加坚定本来的观点。

　　如果初始观点不同呢？讨论的初期，会存在一个互相说服的局面，谁提出的观点支持性信息更多，就更有说服力，群体中的其他成员就倾向于改变自己原来的观点，转而支持更有说服力的观点。最终，大家不但形成了一致的观点，而且与自己原来的观点相比，会更加坚持大家形成的一致观点。

　　其次是群体规范的影响。 群体中的每个人都希望自己能够"适应"这个群体，被群体接纳。所以群体中的个人会倾向于研究群体，在这个研究过程中，有些人是有意识地在做，而有些人是无意识的。研究什么呢？寻找群体的趋向性，找到受大家欢迎的、认可的观点。接着，在这个观点的基础上，以更极端的形式再一次提出。这样一来，就可能达到一箭双雕的目的——不仅分享了观点，赢得了认同，还能展现出自己的领导才能。别的成员也会有类似的心理，随着讨论的继续，就形成了观点迭代的循环。最终，极端的观点也就出现了。

在冲突的情境中更容易出现群体极化

关于群体极化，你可能还会联想到公司的头脑风暴会议或者课堂上的小组讨论。除此之外，还有哪些地方会出现群体极化呢？

第一个是网络环境。随着网络的发展，"个性化推荐"已经成为非常普遍且通用的算法功能。比如，你今天搜索了某一款鞋，于是，近期各大电商平台都会给你推荐类似的鞋子。这会形成一个比较可怕的**过滤气泡效应**，也有人喜欢用"同温层"来形容，指的是网站针对个人化搜索而提供筛选后的内容。过滤气泡会导致即使现在网络信息非常发达，世界非常多元化，我们也既看不见又接触不到。网络非但没有让我们拓宽视野，反而把我们锁在了自己的舒适区。我们听到的都是回音，看到的都是自己的倒影。

举一个例子，为什么很多社会热点事件出现之后，大家容易形成同一种观点？这往往就是过滤气泡在其中起作用。因为和不同观点对话、辩论是非常消耗认知资源的高维度的认知活动。不断翻阅自己已经认同的观点和评价，与跟自己态度相同的网友一起隔空讨论，能够满足自己群体归属和维持自尊的心理需要；而一旦理性思维稍有懈怠，就可能变成"偏信则暗"了。

所以，一方面，是网络技术在制造过滤气泡，另一方面，我们的心理特征天然地喜欢待在过滤气泡里，这导致网络言论比现实生活更加容易出现群体极化现象。

第二个是在冲突的情境中比较容易出现群体极化，并且这种群体极化反过来会加剧冲突。举一个例子，可能关心国际新闻的朋友对法国的"黄背心运动"还有印象，也有人把它叫作"黄马甲运动"。当时的情形是，法国油价一直在上涨，市民开始不满。但是，普通市民很难参与到政府的决策中去，法国市民的意愿和政府的政策之间就产生了冲突。在这个背景下，政府又给冲突加了一把火——通过了调高燃油税的议案。

这种情况下，法国市民该怎么办？可能他们用一般的反馈渠道表达过不满，结果政策却越来越糟，显得之前的反馈完全无效，怎么办？那就上街抗议！"黄背心运动"最后的结果大家也看到了，就是冲突不断加剧。

如何预防群体极化？

看到这里，大家可能会觉得，群体极化就是不好的，应该想办法避免。但其实，事情都有两面性，并不能武断地下结论。学过心理学的人都知道，群体极化在某些情况下还是有可取之处的。

比如，**可以运用群体极化倡导一些社会正义的事情。**有些城市的机动车道建设很发达，但是自行车道比较少，普通市民可能会觉得，自己不经常骑自行车，影响不大。但如果有人在马路上骑自行车就会发现，骑了一会儿，自行车道突然就消失了，不得不并入人行道或者机动车道继续骑行，这时候就容易发生交通事故，这是很危险的事情。如果这时有一些人站出来倡导，要建设完整的自行车道，并且列举各种证据来说明自行车道的好处，这样就可能使得本来无所谓或者模棱两可的人，慢慢地觉得"对，确实应该建设自行车道"。

仔细分析这个案例，倡导者一开始的确是少数派，他们可能正是利用了群体极化来影响多数人。但无论是目的，还是结果，都在往更好的方向发展。

除此之外，还要想办法避免群体极化造成的不良影响。

从个人层面而言，首先，我们可以有意识地提升自己的信息素养与批判性思维的能力。这对我们规避网络上的群体极化非常有帮助。当我们看到网络上的文章、观点的时候，多问自己几个问题。比如，他为什么这么讲，有什么目的？或者，他说的这些观点有事实依据吗？有没有别人持反对意见？反对的那一方是怎么说的？这样我们就不会被那些极端的言论轻易地带偏。

其次，我们可能还要避免因为情感因素、群体认同、团结感，而加速群体极化的发生。这其实要求我们对内心的矛盾与冲突保持比较敏锐的觉察。当发现自己要调整态度的时候，先不要急着说出来，而是冷静下来，默默地思考几分钟：我为什么认同新的观点？如果你发现是由于群体归属、情感等，就要谨慎对待了。

而就群体层面而言，对每个成员都提出非常高的自我修养的要求可能不太现实，因此，可以从制度的角度来设计一些规避群体极化的方法。比如，在主要团体之外，设立外部专家或外部评审团之类的角色，他们不需要参与具体的讨论过程，而是监督群体的决策，从批判性的角度给出建议。就像每一个股份制公司，首先有董事会，但在董事会之外，还有监事会。监事会其实就起到了预防群体极化的作用。

知识小结思维导图

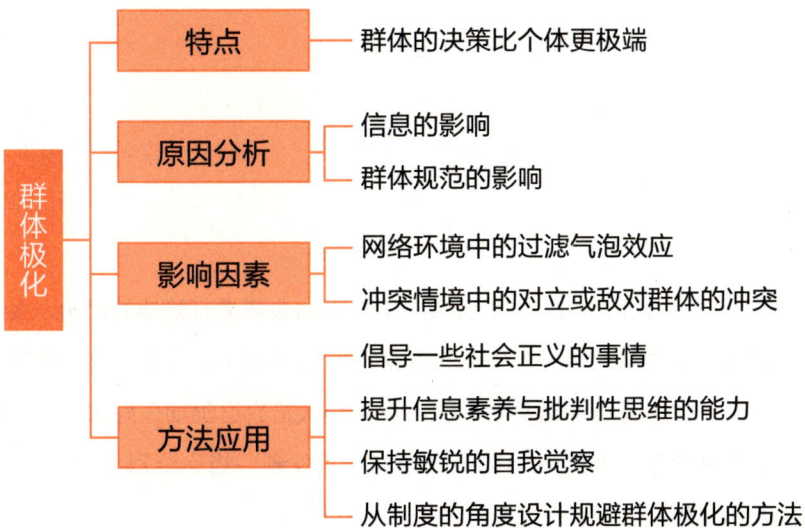

群体极化

- **特点** —— 群体的决策比个体更极端
- **原因分析**
  - 信息的影响
  - 群体规范的影响
- **影响因素**
  - 网络环境中的过滤气泡效应
  - 冲突情境中的对立或敌对群体的冲突
- **方法应用**
  - 倡导一些社会正义的事情
  - 提升信息素养与批判性思维的能力
  - 保持敏锐的自我觉察
  - 从制度的角度设计规避群体极化的方法

围观是第一生产力？

·社会助长·

回想一下学生时期，男生有没有参加运动会或者打篮球的经历，女生有没有参加啦啦队的经历？不知道在这些活动经历中，你有没有感受到一件事情——如果是参加运动会的人，看到别人给自己加油，好像就会特别卖力；而如果是给别人加油的人，你有没有发现，当你给别人加油之后，那个人比其他人会表现得更好？

社会促进对简单行为更有效果

其实，这种现象就是本节要分享的内容。这在心理学上叫作社会助长效应，也叫社会促进效应，指的是一个人在完成某种活动或者某项任务的时候，由于他人在场而产生行为效率提高的现象。

有的人会觉得，现在就下结论，认定效率一定会提高是不是为时过早？我也打篮球，怎么感觉一被人围观，就会打得更烂呢？连熟悉的三步上篮都不会了。别着急，在后文中，我会把社会助长，以及它的发生条件、阻碍条件都讲清楚。

可能大家都经历过，自己正在写作业或工作时，被爸妈或同事凑上来看几眼打扰的情况。这时候你是什么感觉？好像这种情况的确有点复杂，很多人，包括我自己都觉得：我被围观了，可能连字都写不好了。

这时候有人就会说，这不是自相矛盾吗？前文不是说会出现社会助长吗？那么，为什么有时候会出现反效应呢？其实，这就是社会助长理论的有趣之处了，因为在社会助长理论被提出来之后，心理学家确实发现了这两种相互矛盾的现象，也着实因此苦恼了一阵子。

用现代方法重新分析提出社会助长理论的心理学家特里普利特（Triplett）的第一个实验发现，所谓社会助长并没有显著的效果。这个差异类似于，跑1千米只比对手快1秒，看着似乎快一点，实际上却可以忽略不计。然后，有些研究者设计了其他实验，结果发现，他人在场非但没有带来预期中的社会助长，反而还妨碍了被试的行为表现。

看来心理学家的困扰和我们经验中互相矛盾的情况是类似的。并且，他们互相不能说服彼此，因此，关于社会助长的研究和论述便暂时被搁置了。直到社会心理学家罗伯特·扎荣茨（Robert Zajonc）提出了一个系统的理论来解释社会助长现象，大家才明白这个问题，以及其中出现的矛盾。

这个理论的基础是实验心理学里的一条著名定律，定律的内容是，**唤醒能够增强优势反应的趋势**。这个定律有点类似于数学里的公理，我们都知道数学上的公理几乎可以说是绝对正确的；虽然心理学中的定律不敢说得这么绝对，但在绝大部分情况下，定律的内容都是可以得到证明的，它一定是正确的。

于是，扎荣茨提出，他人在场可以增强个体的优势反应，而增强后的优势反应能够促进简单行为，这是社会助长出现的根本原因；但是，增强后的优势反应也会妨碍复杂行为，这是社会助长效应出现负面作用，并令人感到困惑的原因。

```
他人在场  ➡  唤醒  ➡  增强优势反应  ➡  促进简单行为
                                      ➡  妨碍复杂行为
```

社会助长及负面作用

优势反应指的是那些自己掌握得非常好的任务或简单易操作的任务。比如，让一群人缠线头，这是非常简单的任务，不用教，看一眼就知道怎么做。如果一群人一起做，就会有竞争，结果就会比一个人做又快又好。或者，有人看着你缠线头，你就会特别有动力，尤其是如果一个漂亮姑娘或帅气小伙看着的话，你就更有动力了。

打篮球也是如此，本来就打得好的同学，如果被人围观了，他会想，这是展示自己的机会，当然就会努力打得更好。但对于球技比较差的同学或者初学者，打球就不一定是他的优势反应，尤其投球、上篮等动作本来就是一系列复杂的行为，如果他发现有人在围观自己，大概率会出现投篮、上篮不进的情况。

为什么他人在场能唤醒我们的状态？

退一步来讲，为什么有人围观能引起唤醒状态呢？研究者认为，主要可能有两个因素在起作用。

第一个因素是对评价的在意与顾忌。我们很在意别人怎么看自己，以及希望自己给别人留下好印象，出于这样的心理，就会出现唤醒状态。也就是说，如果我们发现，别人正在评价自己，那我们的行为就会得到一定的改善。比如，如果发现房间有摄像头，那么，想疯玩的念头就会收敛一点。

关于评价这一点，在此提醒大家，"围观"和"我在群体中"这两种情况，虽然在情境上看很类似，但它们还是有微妙的差别。在围观的情况下，"我"在这个场景下的自我意识以及自我监控的水平是非常高的，这时候，"我"是一个独立的个体，对"我"来说，周围每一个"他人"都在关注"我"，所以"我"特别在意自己的表现。这就是他人在场更容易引起唤醒状态的原因。

而"我在群体中"这种情况，相对来说，自我意识以及自我监控水平较低，联系一下之前的知识点，在群体中，"我"就不会意识到自己是一个个体，而是和他人一样，属于群体的一分子。这是这两者之间的一个关键区别。

第二个因素是分心。当注意到别人在注意自己时，对你来说，这个人就是一个分心物。分心本质上会破坏我们有限的认知资源。本来，我们认知资源的一大半都集中在正在做的事情上，比如工作、学习、打球等等。但是，一旦出现了他人，我们就不得不分出一部分注意力，将其放在那些注意我们的人身上。一边关注自己的表现，一边关注旁边人的看法或评价，这样一来，我们有限的认知资源可能就变得不够用了，认知系统负荷超重了，这种情况也会触发唤醒状态。

此外，扎荣茨认为，他人"纯粹地在场"，即当事人没有评价顾忌，也没有分心，仅仅是有别人在场，也会引发一定程度的唤醒。

举一个例子，现在很多公司都推行开放式办公，大家的工位之间并没有完全隔离，这样一来，所有人的工作效率都提升了。员工各自都在自己的工位上专心工作，同事的存在只是他人在场。因为进入工作状态之后，大家基本上不会考虑隔壁工位的同事会怎么看待自己。有些人会把这种效率提升归结为某种氛围、心理场之类的原因，但其实，"他人在场"是一个能够被实验证实的因素。

回忆一下学生时代，一个人在宿舍自习的效率是不是远远比不上去图书馆、自习室自习？在图书馆、自习室时，即使旁边的人都不认识，你也会发现自习的效率提高了不少。

那么，社会助长效应可能会妨碍复杂行为，应该如何理解呢？

首先，在唤醒的条件下，优势反应不一定是正确的，甚至可能是错误的，也就是说，我们把这个任务做错是非常简单的事情，而要做对就得花些心思和时间了。

其次，由于复杂行为可能存在的难度，在唤醒的条件下，担心出错的这种心理会给个体造成相当大的压力，而压力会妨碍我们的行为表现。这两个因素相互交叉，使得一有他人在场，自己的表现反而更糟糕。

有效地利用社会助长效应

那么，怎样有效地利用社会助长效应呢？

第一点，减肥期间减少各种形式的聚餐。这里的聚餐并不只是大家聚在一起吃一顿饭的情况，还包括任何与其他人一起吃饭的情况。比如，日常生活中的一家人一起吃饭，这种情况也要酌情减少。因为比起一个人吃东西，和别人一起吃东西的时候，会在不经意间吃得更多。

20 世纪 80 年代，健康心理学家约翰·德·卡斯特罗（John de Castro）为这做过一个研究，他调查追踪了社会各色人士的饮食习惯，让参与者定期提交"进食日记"给他。到 1994 年，他一共收集了 500 多份详细完整的记录。分析之后发现，不管和谁一起吃饭，朋友、同学、同事、亲人……只要和别人一起吃饭，就比一个人吃饭的时候吃得多。

用扎荣茨的理论来看，几个人一起吃饭，就出现了他人在场的情况，而吃东西是人的优势反应，这样一来，社会助长效应就出现了，既然有人围观，就会吃得更多。要命的是，很多人意识不到。仅仅是和同事一起吃个工作餐，摄入的卡路里怎么会过量呢？但它的确发生了。

第二点，选择条件好的开放场所学习、办公。这个条件好指的是在这个开放的空间里，其他人也做类似的事情。比如，有些城市里出现的开放办公空间，以及公共图书馆，等等。从社会助长效应的角度来看，这对自由职业者、有学习计划的人来说非常有利。不管自己家里布置得多么适合办公和学习，都不如去这些公共空间高效。

知识小结思维导图

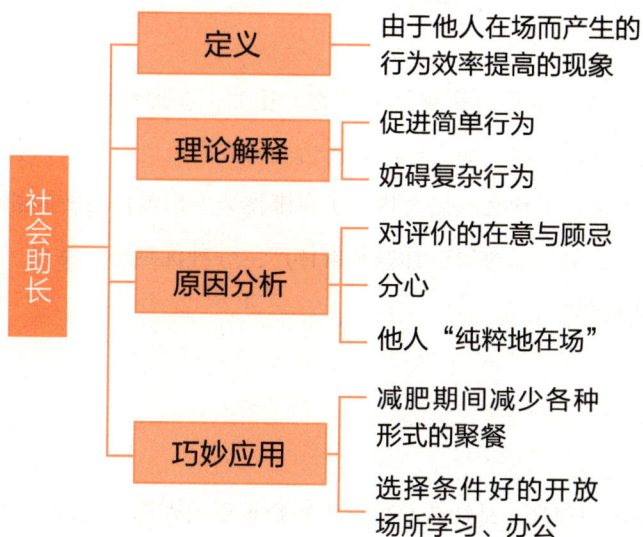

社会助长

- **定义** — 由于他人在场而产生的行为效率提高的现象
- **理论解释** — 促进简单行为 / 妨碍复杂行为
- **原因分析** — 对评价的在意与顾忌 / 分心 / 他人"纯粹地在场"
- **巧妙应用** — 减肥期间减少各种形式的聚餐 / 选择条件好的开放场所学习、办公

鄙视链是如何形成的？

· 社会认同 ·

　　大家应该听过"鄙视链"这个词，如果你注意观察一下，生活中很多事情都能"拎"出一条鄙视链。比如，打游戏，据说玩家内部会排列出各种鄙视链，有一条是这样的：打《星际争霸》的鄙视打《魔兽世界》的，打《魔兽世界》的鄙视打《刀塔》的，打《刀塔》的鄙视打《王者荣耀》的。

　　在学术界，更是有鄙视链的存在。比如，在理科中，心理学可能就处在鄙视链的最底端。而心理学家恰恰会研究鄙视链的问题，会站在心理学的角度思考，为什么人们会热衷于在鄙视链上定位自己所属的群体和标签？为什么会对自己所属的标签和群体产生一种优越感，觉得"我们"比"他们"优越呢？

给自己贴标签，寻求社会认同

　　社会认同理论，是社会心理学中特别重要的理论，它指的就是人们对自身社会身份的认同。这个理论最早是由泰费尔（Tajfel）着手研究的，他把社会认同定位为：个体认识到自己属于特定的社会群体，同时也认识到

作为群体成员带给自己的情感和价值意义。举一个简单的例子，小时候读书，都会因为自己是某个班级的人而感到自豪，这种积极的自豪感就建立在对自己所属班级这个群体有社会认同的基础上。

这种社会认同是怎么发生的呢？泰费尔设计了一个实验来探讨这个问题，结果令人吃惊——**仅仅给人们分个类，就能产生不同的社会认同。**这个实验是这样操作的，他让 64 个十四五岁的中学男孩参加这个实验，依次抛硬币，如果抛出的是硬币的正面，就分到"X 组"，如果抛出的是硬币的反面，就分到"M 组"。这个分组是单独进行的，这些男孩彼此没有机会见面，互相不认识，他们只知道自己被分到了哪个组，而无法知道自己同组的人都有谁。

分组完毕后，实验员给他们一笔小钱，不是真钱，而是一个数字，比如 15 元。要求他们把这笔钱分给另外两个人。实验员只告诉男孩其中一个是 M 组第 49 号成员，另一个是 X 组第 72 号成员。看得出来，给出的信息非常简洁，除了能知道这两人的组别，其他什么也不知道。结果，仅仅因为组别不同，男孩的分配行为就出现了非常大的差异。他们给自己同组的人分的钱更多，平均有 8.08 元，而不同组的人平均只有 6.9 元。

这个研究给我们的启示非常有趣，是不是人类给自己寻找社会认同的时候，就是这么简单呢？只要给自己身上贴个标签，内心就开始往标签那边倾斜了？

从自我认同到社会认同

于是，研究者抱着探讨的态度，深入研究社会认同理论。他们开始探讨一个问题：一个人在从自我认同转向社会认同的过程中，会有哪些心理活动或者他需要经历哪些心路历程呢？研究发现，可能有三个方面。

第一，分类，学术名词叫作社会类别化或自我类别化。举例来说，我的职业是教师，那我很容易就获得了这个分类标签。然后，我跟别的教师对比，发现我们之间有很多相似的地方。我内心清楚，作为教师，我们都要符合相同的社会规范，相同的大众期待——所有人都觉得，教师就应该教书育人。在分类这个层面上，我就与其他教师一样产生了社会认同。

第二，社会身份定位。当人们给自己归类之后，还会进一步自动地把个体定位和群体定位相契合，逐渐完成心理归属的过程。举一个我个人的例子，虽然我是一名教师，但是我在寻找认同的时候，会刻意放大自己身为教师的特点，因为这部分自我与其他教师之间的相似性最高，最能找到共鸣，这部分自我就是"群体我"。这个过程就是在主动地去个体化，主动地弱化自己其他方面的个性，强化自己在教师群体中的共性，以寻求一种社会认同。这时候，我作为教师的定位和教师群体的身份定位就大面积重合了。

注意，其实在这个主动地去个体化的过程中，并不意味着会丧失个人的责任感，我们的责任感依然很强。假如出现一个败类，破坏了教师群体的集体形象，那么教师群体中的大多数人就会主动排斥、谴责这个人，然后加强自我要求、加强师德方面的认同，来维持整个群体的"群体自尊"。

第三，社会比较。找到群体归属以后，一般来说，人们的活动不会仅限于"圈地自萌"①，还会与其他群体比较。比如，教师和学生比较，教师和公务员比较，教师和社会白领比较。通过这种与各个社会群体的反复比较，教师的心理独特性就会极大地显现出来。这也是我们谈起自己的职业身份时，都会在心里出现一个非常具体的想象的原因。你也可以就自己的职业身份，从以上三个角度来分析一下，看看是否如此。

---

① 网络用语，指在自己的世界里做自己喜欢的事的行为。——编者注

　　说起社会比较，就不得不提内群体和外群体。因为社会比较的最终结果就是区分内群体和外群体。回想一下，在日常生活中，如果你和另一个不同职业的人聊天，会怎么说？还是拿我个人举例子，可能一般会说，"我们老师如何如何""你们程序员如何如何"。再举一个例子，有些人经常会说"我们本地人""你们外地人"等，基于地域、家乡的不同区分群体。这种"我们""你们"的区分就是社会认同上对内外群体的区分，这种区分常常造成两个群体之间的误解、歧视，严重时还会导致对立。

　　其实，除了职业，社会认同的范畴还有很多，比如，更大范畴上的国家认同、文化认同、性别认同；更小范畴上的各种小群体、亚文化的认同。

社会认同对我们的影响

　　社会认同会给我们带来哪些影响？上文的分析中已经略有提及，对个人来说，清晰而稳定的社会认同能够提升一个人的自尊，保持心理意义感。比如，儿童因为自己的班级归属而感到自豪，这种积极的感受能够帮助他很好地成长。

　　而对群体或者集体来说，成员的社会认同能够提升团队的凝聚力，增强集体的价值感与能动性。但是，在两个群体存在对立的情况下，社会认同很可能会增加敌意。

　　那么，从积极的角度讲，如何激发人们的社会认同呢？

　　首先，设立群体名称与标志，其实就是泰费尔研究中所发现的分类的作用。一个好的标签能够有力地激发人们的社会认同，比如，每个公司都会有自己的商标，每个学校都有自己的校徽，甚至每个团队都会有自己的团队口号。而在营销中，用好这一点就能够带来非常好的效果。

　　其次，树立外群体目标。外群体目标的出现能够极大地刺激人们的社会认同。比如，想要提高员工的工作效率，就给自己的公司找一个有力的竞争对手，这样，大家就会空前团结，一致对外。

最后，成为少数派。少数派更容易因为自己的少数属性而寻求认同。比如，前文提到的性别认同，一个异性恋男性可能很少会注意到自己的性别、性取向的问题，甚至可能都不知道存在一些性取向和自己不同的人，那么，他关于自己性别方面的认同就不一定会显现出来。而对一个同性恋男性来说，他很可能从小就一直在思考这个问题，并且会主动去获取这方面的知识，寻找这方面的团体，从而追求一种社会认同感。

你对于本小节一开始提到的鄙视链有了新的认识了吗？在结束本小节的内容之前，给大家推荐一首轻摇滚，是英国音乐家约翰·列侬（John Lennon）创作并演唱的《想象》（*Imagine*）。这首歌的歌词意蕴深远，能带我们去一个没有因宗教派别、民族界限而造成战火与隔阂的世界。这是他独唱生涯中销售最好的单曲，感兴趣的话可以搜索听一听。

知识小结思维导图

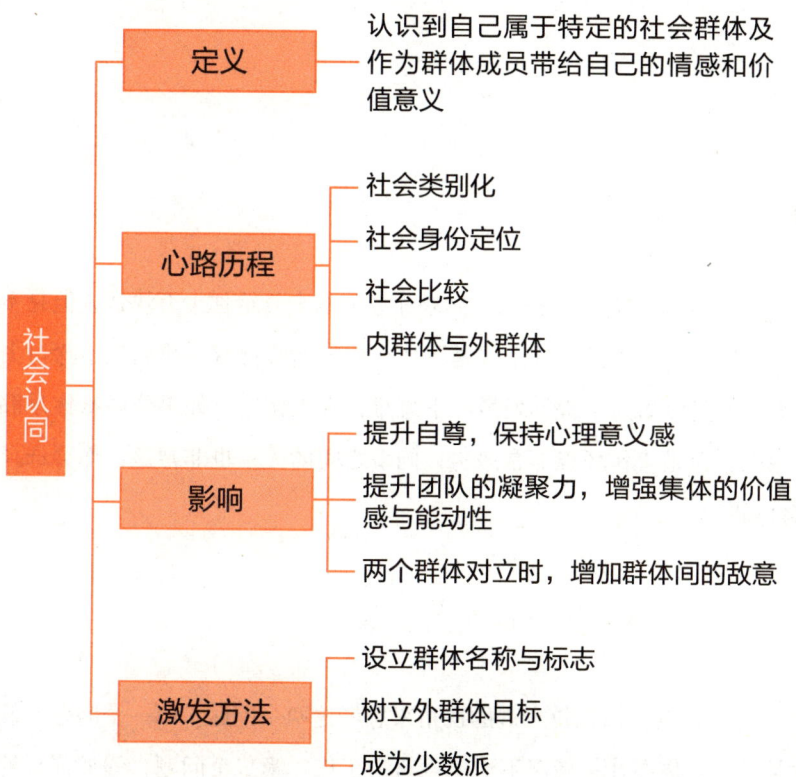

社会认同

- 定义 —— 认识到自己属于特定的社会群体及作为群体成员带给自己的情感和价值意义

- 心路历程
  - 社会类别化
  - 社会身份定位
  - 社会比较
  - 内群体与外群体

- 影响
  - 提升自尊，保持心理意义感
  - 提升团队的凝聚力，增强集体的价值感与能动性
  - 两个群体对立时，增加群体间的敌意

- 激发方法
  - 设立群体名称与标志
  - 树立外群体目标
  - 成为少数派

金钱和关爱，员工更看重哪一个？

· 霍桑效应 ·

知乎 App 上有一个提问：如果你老公每个月给你十万块钱，但是不回家，你愿意吗？当然，这个问题下什么样的回答都有。我们先不探讨夫妻关系，而是顺着这个提问发散一下思维，在工作中，如果公司给你足够多的报酬，但是工作环境非常恶劣，同事之间的关系也非常差，你会选择这家公司吗？

给予更多关注，有助提高效率

现在，以一种比较宏观的视角来思考这两个问题。第一个问题，假如你是员工，你在什么情况下更愿意努力工作？第二个问题，假如你是管理者，你会用什么方法提升员工的绩效？

第二个问题是几乎所有公司的管理层都关注的话题。1920 年，美国电力公司为了能够提高员工的生产效率，就委托了哈佛大学的教授乔治·埃尔顿·梅奥（George Elton Mayo）进工厂开展研究。梅奥团队考察了很多可能的因素，包括光照的变化、休息的间隔、工时的长短等各种外部因素。

最后发现，好像不管做什么样的调整，员工的效率都会增加。光线亮一点，效率提升了；光线暗一点，效率仍然会提升。这听起来有点不可思议，也就是说，从心理学实验设计的角度来说，似乎不管用什么研究变量，结果都没有差别，非常一致。

后来，到了 20 世纪 50 年代，基于对实验数据的重新分析，有另外的科学家提出来，其实，真正起作用的是在实验过程中，员工感觉自己在被观察，受到了关注，因而效率会提高。

这个研究结果也就是后来广为人知的"霍桑效应"：当人们意识到自己正在被观察时，就倾向于改变自己的行为。这个结论迅速传播，很快，霍桑效应就成了心理学、经济学以及其他很多行为领域的一个术语，很多研究者都用霍桑效应来强调，参与实验这个行为本身就会带给被试相应的行为变化。

但是，笔者认为，霍桑效应有被夸大和误解的嫌疑，为什么这么说呢？基于两个方面的原因：第一，这个实验的年代很早，本身的实验设计和数据都有被夸大的嫌疑；第二，霍桑效应的结论只突出了梅奥教授在霍桑工厂做的其中一个叫作"照明实验"的内容，而后续一系列的其他实验内容都被忽略了。

所以，笔者想就霍桑效应这个实验回顾一下梅奥实验的真实过程，以及实验中被忽略的部分。

人是"社会人"，而不是"经济人"

上文所讲的霍桑效应所依据的实验——"照明实验"，在广为流传的版本里，一般被总结为：研究员把工人分为了两组，假设是 A 组和 B 组，A 组改变照明的亮度，B 组不做任何变化。结果发现，A 组的人在光照条件好的时候，工作效率有所提高；但是在光照条件变差的时候，也就是容易引起疲劳的情况下，工作效率仍然会提高。并且，在 B 组不做任何改变的前提下，工作效率也有所提高。

但实际上，这个版本的实验过程描述，完全没有提到真正参与研究的工人只有 5 人。学过一些心理学研究方法的同学或者说有一些实验基础的同学，可能都知道，如果真要做这样一个工作环境对员工行为的影响实验，5 个被试的样本量着实太小了。

同时，实验是在实验室进行的，实验室比工厂真实的工作环境条件好很多。实验室房间小、安静，空气流通性也更好，而真实的工厂——我们可能在一些视频和照片中看到过——是那种非常大的车间，很嘈杂，空气流通也比较差。

研究人员的介入使得管理层对工人更友善，也更客气。此外，实验室的氛围比车间好很多，工友之间有更多互相交流的机会。还有值得注意的一点是，实验过程很长，持续了两年半，中间有 2 名被试被替换过，替补上来的新工人会表现得更加热情。

所以，从这些细节中我们可以发现，原来当时的实验根本没有严谨的实验控制方法，同时，可能还有很多额外的因素在起作用。不仅如此，后来又有科学家找到了第一手的实验数据，重新分析之后发现，其实不存在统计上的显著差异。不显著就意味着，实验结果的差异可能是由随机因素导致的，而不是由实验的控制导致的，进而由此得出的解释可能是没有意义的。

分析完第一个"照明实验"的"内幕"之后，再来了解一下实验中被忽视的部分。梅奥教授在霍桑工厂的研究持续了好几年，其实，他还做了很多其他方面的尝试。

有一个实验是为了研究激励措施对工作绩效的影响，结果很意外，他们发现，有激励措施之后工人的生产效率反而下降了。

　　实验是这样的：14名男工参加这个实验，工作内容是处理电话交换设备。除了管理人员对他们所做的制度性安排之外，这14名工人一直在一起，形成了一些非官方的小组织。然后，有工人就开始怀疑：万一自己的效率真的提高了，实验结束之后，上司会不会找借口解雇其他工人呢？他们会想：管理层肯定会觉得，既然我们能以更高的效率完成工作，那他们就没有必要雇佣这么多人，可以节省人力成本。基于这样的猜测，他们故意维持自己的工作效率不变，甚至有一些消极怠工的情况，工作效率下降了。

　　现在我们知道，20世纪20年代，当时处在经济大萧条的社会背景下，这个背景对梅奥教授的实验也是有影响的。但当时的梅奥教授并没有留意到这一点，而是发现了另一个有趣的结果——员工内部存在非正式组织，并且他们非常看重人际关怀。

　　现在来看，大家会觉得，这不是常识吗？找工作的时候除了关注工资，大家多少都会关注公司氛围、福利等条件。而我们之所以说这个发现了不起，是因为它间接促进了工业与组织管理心理学研究的兴起，甚至使其发展成了一门综合的应用学科，也逐渐改变了人们的观念。因为，当时的人力管理者普遍认为，管理好员工，只要给予足够的工资和奖励就够了，那个时代的人们还看不到关于员工的心理需求的内容。

　　所以，当我们把霍桑实验和梅奥教授的一系列研究结合起来看时，除了照明或其他刺激对员工绩效会产生影响之外，我们还可以得到另外的一些启示。

　　第一点，人是"社会人"，而不是"经济人"。在工作环境中，每个人都会有心理需求和人际交往的需求。人无法像机器那样只工作，不需要任何外部的激励。金钱激励很重要，不过也不能只靠金钱激励。

　　第二点，企业中存在非正式组织，这种员工之间自发形成的小群体，其意义和价值不可忽视。这种状态我们并不陌生，刚到一个新环境的时候，先认识什么人，后认识什么人，哪几个人之间的关系好，以及同事之间的亲疏远近等给我们带来了切实的影响，可能会影响到我们对公司的认同感以及对工作压力、动力的感受等等。

　　第三点，管理层应该培养新型的领导能力，重点是提升员工满意度的能力。这样才能提升员工在工作中的"士气"或者说"战斗力"。比如，做到尊重员工，满足他们宣泄工作压力和工作负面情绪的需要，等等。

如何提高员工积极性与效率？

　　关于霍桑效应的传奇与真实情况揭秘，先到此为止。可以看到，霍桑效应对企业管理方面的指导意义还是很大的，那么，基于以上三点启示，企业与团队可以做些什么以发挥员工或者团队成员的积极性，提高他们的效率呢？

　　第一，扁平化管理与增加福利。扁平化管理很早就被验证有效，而目前也正在成为一种趋势。同时，很多招聘广告和企业介绍，也会加上老板很有亲和力、上班不打卡、免费下午茶、生日聚会、定期旅游等，将其作为企业优势之一来增加企业的吸引力，同时也作为提高工作效率的重要文化手段。这些日常细节中的员工福利能够增加员工在工作时的愉悦度，员工的心情好，工作效率自然就会提高。

　　第二，营造简单的人际关系的氛围。扁平化管理的确能让员工在工作的时候感到开心，但只有这个还远远不够。研究发现，工作中健康的人际关系也能让员工感到快乐，而这种"健康"的核心就是简单。越简单越好。

　　比如，有很多公司强调自己的企业是一个"大家庭"，像家一样温暖，可是，家这个意象本身除了温暖和爱之外，可能还有复杂的人际关系。而且，企业也很难真正做到像家庭一样，毕竟还是要有绩效考核，甚至在必要的时候还要扣工资、裁员。

那怎么办呢？笔者认为，还是应该**让企业和员工之间回归简单的交换关系**。这样一来，员工就不会因为复杂的关系而投入太多感情和精力，从而更加没有负担地工作。

第三，增加企业与员工之间的匹配程度。这一点对主要贡献脑力劳动的知识型员工来说尤为重要。因为两者之间的一致性程度越高，越能够发挥员工的创造力，从而提升产能。这里所说的一致性匹配主要包括三个方面：一是员工个人价值观与企业组织价值观或者说组织文化之间的匹配程度；二是员工个人需求与企业需求之间的匹配程度；三是员工个人能力与企业发展所需要的通用能力之间的匹配。而在这三点当中，价值观的匹配可能是最为重要的一点。

在哥本哈根商学院的研讨会上，曾有一些跨国企业的高管们聚在一起讨论他们看重的价值观，得出来最重要的五个价值观是诚实、爱、美丽、心态平和、幸福感。而有些企业正在秉持的价值观，反而是成功、效率、权力、竞争力和生产力。由此可见，高管们看重的价值观和企业重视的价值观之间有很大的差异，这就提醒很多公司的高管和老总，应该注重树立自己的企业文化。同时，也提醒每个人，在找工作的时候，要多关注企业的价值观与个人的价值观是否匹配，这关系到工作幸福感。

知识小结思维导图

霍桑效应

- **定义**
  - 当人们意识到自己正在被观察时，就倾向于改变自己的行为

- **误区**
  - 有被夸大和误解的嫌疑
  - 后续一系列的其他实验内容被忽略

- **实验启示**
  - 人是"社会人"，而不是"经济人"
  - 企业中存在非正式组织
  - 管理层应该培养新型的领导能力

- **方法应用**
  - 扁平化管理与增加福利
  - 营造简单的人际关系的氛围
  - 增加企业与员工之间的匹配程度

领导这样当，下属才会服
·领导过程·

　　相信大家都看过《西游记》，孙悟空一开始非常桀骜不驯，自称齐天大圣，还大闹天宫，谁都不放在眼里，虽然在五指山下被压制了五百年，但是唐僧最终将其驯服还是下了很大功夫。一开始，唐僧靠紧箍咒来控制或者压制孙悟空，但是在后期，你会发现，即使唐僧有时错怪了孙悟空，孙悟空也会表示，"我不愿意走，我还要跟着师父去西天取经"。

　　这就引出了一个问题：唐僧到底用什么方法驯服了孙悟空？是紧箍咒吗？

什么样的领导才是好领导？

　　如果从组织管理的角度来看这对师徒的关系，我们很容易发现，唐僧绝对不是简单地依靠暴力或高压政策来管理他的徒弟，作为一个领导者，他其实是非常出色与成功的。

　　有很多人会从企业管理的角度来解读《西游记》，其中有一个核心问题是，什么样的领导才是好领导？

　　可能有些人会倾向于相信领导是天生的，他们本来就有做领导的天赋。研究者也的确发现，大多数领导者有一些共同的特质属性，叫作领导特质。具体来说，是以下这四个要素：

第一，智力。一个好的领导者，其智力水平往往比较高。

第二，成熟与宽宏大量。一个好的领导者，情感上往往表现得很成熟，待人接物温和有礼，而且一般都有比较广泛的兴趣爱好。

第三，自我激励与成就驱动。他们一般是结果导向的，在实现一个目标之后，会主动地寻找第二个目标，有很强的内驱力。

第四，诚实。他们为人正直，通常很快就能赢得他人的信任，获得员工或者下属忠心的追随。

对魅力型领导者来说，最重要的是赢得他人的忠心与追随。他给人的感觉常常是，员工愿意追随他是因为其个人魅力。同样的事情，如果换一个人做，员工可能就不会这么卖力了。这种魅力究竟是如何形成的呢？

研究者分析了"魅力"当中的关键因素，发现魅力型领导者确实有一些共同的特征。首先，魅力型领导者会强调共同的愿景与价值观，并且这些愿景与价值观在一些人群中非常受欢迎。其次，魅力型领导者能创造并促进共同体的形成，人们对于"我们是谁""我们代表谁"有明显的共同意识。最后，魅力型领导者能够表现出大多数人理想中的行为模式，他们会做出一些自我牺牲、重视承诺的行为，尤其是看起来完全符合他所提倡的愿景与价值观，有高度同一性的行为。

其实，大家可以将以上这些特点套到唐僧身上，他就是一个魅力型领导者。首先，唐僧会强调，我们共同去取经，而且这是为了造福老百姓。其次，唐僧和他的团队确实形成了共同体，也就是"我们是一个取经的团队，而不是简单的散兵游勇"。最后，唐僧自己本身就是徒弟学习的榜样，这种榜样是魅力型领导者非常重要的特征。

领导与管理是两种不同的能力

有人可能会认为，领导只是一种行为过程，这种行为过程是可以习得的。况且，以上对魅力型领导者的分析也发现了一些证据支持这种说法——通过对领导行为的分析，可以总结出一些供所有人学习的领导能力。

当有人持这种态度的时候，往往容易犯一个错误——混淆领导者与管理者，所以在此先就这部分进行区分与辨别。

从思维过程来说，管理者的侧重点集中在"事情"上，检查内部是否有问题，对于现实情况，惯常的思路是接受现实；而领导者则侧重开创事业，并且思考的时候集中在"人"上，更倾向于观察外界有没有什么变化。

从指导组织来说，管理者侧重于执行计划、关注当下现状、即时结算，这样导致的结果往往是只见树木，不见树林；而领导者则侧重于建立愿景与价值观，创造未来，开拓新市场，这样往往能够做到综览全局。

在与员工的关系上，管理者倾向于严格控制，他们与员工之间是隶属关系，工作模式常常是教导、指导与协调；而领导者与员工的关系则可能是授权关系，彼此可以相互学习，互相信任，共同发展。

在执行风格上，管理者重视效能感，也就是要以正确的方式做事情，他们可能会问"怎么做"以及"什么时候做"；而领导者则会重视有效感，也就是做正确的事情，他们可能会问"是什么""为什么"，并且领导者有能力创造、改变。

管理者与领导者在决策方法上的区别是，管理者依据政策、制度与程序来做决定，对自己的要求是不负众望；而领导者决策时的依据往往是价值观与原则，对自己的要求是追求卓越。

所以，总结来看，成为一个好领导主要在于以下这几个方面：自我管理、管理沟通、管理差异、管理道德、跨文化管理、管理团队、管理变革。

大道至简，尽管成为一个好领导要学习很多东西，但是，真正落实到领导行为中，最关键的要素无非就是两条：关心人与抓好工作组织。

"楚汉争霸"中有一个非常有代表性的领导者的形象——刘邦。刘邦在得到天下之后总结说："夫运筹帷幄之中，决胜千里之外，吾不如子房；镇国家，抚百姓，给饷馈，不绝粮道，吾不如萧何；连百万之众，战必胜，攻必取，吾不如韩信。三者皆人杰也，吾能用之，所以取天下也。"

大致意思是：论判断决策工作，我能力不如张良（字子房）；论后勤管理工作，我不如萧何；论行军打仗工作，我不如韩信。这三个人都是顶尖人才，我虽然在专业领域不如他们，但是，我能做到知人善任，他们也信服我，这就是我能够得天下的原因。从这段话中，我们知道刘邦非常清楚自己的领导能力就是把人和组织这两项的作用发挥到极致。

让我们从历史回到现实，在考察国内企业领导风格的研究中，学者们发现了与西方企业领导者很不一样的方式——家长式领导者。这是一种类似父亲般的领导方式，既包含仁慈和德行，也包含权威和纪律性，最高领导者往往用父亲对待孩子的方式来管理员工和企业。它包含了三个主要的领导行为：立威、施恩和德行。

第一，立威。其实就是树立威信，领导者通常会强调自己的地位不可撼动，让员工产生敬畏感。

第二，施恩。领导者表现出自己仁慈与关怀下属的一面，关心员工的想法，甚至操心员工私人生活的问题。

第三，德行。领导者通常有一个非常好的公共形象，是员工的楷模。

家长式领导者的风格，直观上有比较高的权威感。这种风格是建立在领导者与员工之间的权力距离较长的基础之上的，其中最根本的原因与东方集体主义的文化传统有关。

基于这些传统，很多组织和企业实际上的领导风格就是这种家长式的。家长式领导风格的好处很明显，它可以迅速统一组织的思想，"集中力量办大事"，领导者的模范表率作用也能很好地激励员工努力上进。但是，其弊端也比较明显，极端的家长式领导者个人的能量大于组织本身，而一旦领导者离开或形象垮掉，对组织就是致命的打击。

如何提升领导力？

怎么做可以提升领导力呢？

首先，员工第一原则，也就是要关心人。人们常说，顾客是上帝，而对一个领导者来说，他可能会把需要关心的人排序为：股东、顾客、员工。这样并不能说有错，但是，员工第一原则就是指，领导者应该把关心员工放在第一位，只有幸福快乐的员工才能创造出让股东、让顾客都满意的价值。

具体怎么关心？有很多办法，比如，与员工建立双向沟通、互相信任的关系，能够充分尊重员工的观点，关注他们的状况，等等。

其次，抓好工作组织。计划、沟通、安排进度、分配任务，并且保证这一系列工作指标与命令都是非常明确的，能够确保目标与战略计划的执行与实现。只有这样才能使组织的工作顺利、圆满地完成。

知识小结思维导图

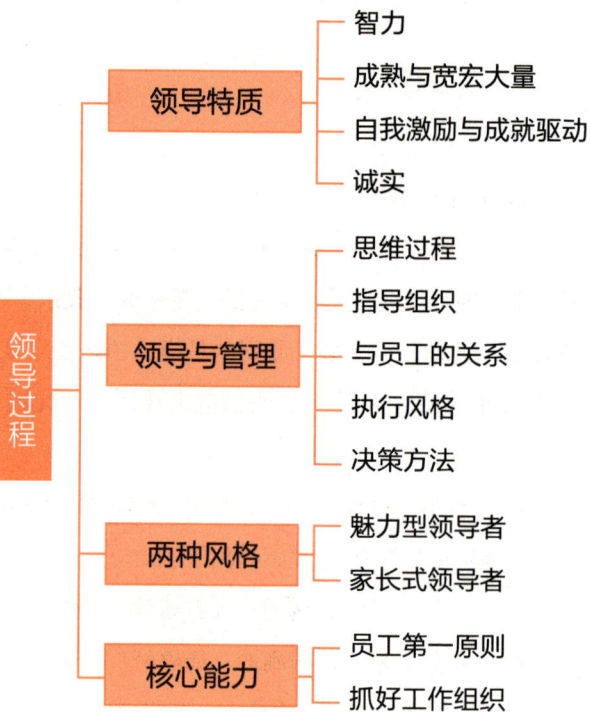

```
                    ┌─ 智力
          ┌ 领导特质 ┼─ 成熟与宽宏大量
          │         ├─ 自我激励与成就驱动
          │         └─ 诚实
          │
          │         ┌─ 思维过程
          │         ├─ 指导组织
   领      ├ 领导与管理┼─ 与员工的关系
   导      │         ├─ 执行风格
   过      │         └─ 决策方法
   程      │
          │         ┌─ 魅力型领导者
          ├ 两种风格 ┴─ 家长式领导者
          │
          │         ┌─ 员工第一原则
          └ 核心能力 ┴─ 抓好工作组织
```

激励这样搞，士气才会高

·员工激励·

说到福利待遇，先给大家讲一个"别人家的公司"——谷歌公司。

谷歌公司的福利待遇常常被大家拿来当作榜样谈论，有新闻曾经报道了谷歌公司总部的福利情况。那里有自助餐厅，只要愿意，员工每天都能在自助餐厅享受免费的三餐；公司还向员工开放美容院、健身房，并且24小时开放；此外，各类医疗服务也均有提供。在个人发展方面，谷歌公司设立了每年8000美元的继续深造补助。另外，谷歌公司还有很多惠及员工家人的福利政策，比如，如果员工生孩子就能拿到500美元的补助，男性员工能享受18周的产假，而美国政府规定的是12周的无薪产假。此外，万一有员工不幸去世，他的配偶能在未来10年持续获得该员工50%的工资，如果孩子是未成年人，那孩子每个月能收到1000美元的生活费直到成年……还有很多，就不一一列举了。

我猜，此刻你已经非常羡慕了，谷歌公司的确是典型的"别人家的公司"。谷歌公司的这些福利措施的主要目的就是提高员工的士气，激励员工。

话说回来，问题是，如何才能激励员工？要达到激励员工的目的，是不是只能靠物质激励呢？

员工激励的核心要素

其实，员工激励并不是公司或组织单纯地给员工提供高薪、好的政策或物质上的福利，还包括员工个人和公司制度以及公司环境互动。大家回顾一下周围的同事或者朋友，在同样的政策环境下，是不是每个人的努力程度或干劲儿都不一样？也就是说，可能有些物质上的福利对一部分人是适用的，但对另一部分人是不适用的。

我们可以这样理解员工激励——它是促使员工通过高水平的努力完成组织所设立的目标的意愿。员工的努力是有前提的，这个前提就是组织能够满足他们的某些需求。

从定义上看，激励大概包含了三个要素：员工的努力，组织的目标，以及员工的需求。在具体的工作情景中，可以这样看待激励的过程——最初，员工的需求没有得到满足，他们就会紧张，内心焦虑。为了缓解这种紧张、焦虑，他们就会有主动的驱动力，促使自己做些事情。这时，他们发现，只要实现了组织的目标就能满足自己的需求，于是，他们就这么做了。一旦组织目标达成了，组织就会反过来满足他们的需求，他们的紧张感因此得到了缓解甚至消除。

谷歌公司福利机制的内在逻辑就符合这个过程。拿那个继续深造补助来说，谷歌的前提条件是，如果员工想要获得这笔钱，就必须在员工评级中达到 B 级以上。如果有员工有自我提升的需求，他就会关注这项福利，于是他发现，"原来我要拿到这笔钱必须努力工作"。这样一来，谷歌公司激励员工的目的就达到了，公司虽然花了这笔钱，但是员工为公司创造的价值已经远远超出了这笔钱的数额。

可能有的人会问，那进取心没那么强的员工该怎么办呢？这里所讲的员工的需求，是一个非常宽泛的概念。比如，在事业上有进取心是一种需求；但是，有的员工更重视家庭和生活质量，这也是一种需求。对这样的员工来说，与保障家庭生活相关的福利政策就非常有吸引力，比如，灵活工时、带薪假期等。所以，类似于谷歌公司的福利制度比起单一的福利措施，即一套方法用于所有员工，就灵活得多，也因此更受大家欢迎。

现在灵活的福利措施成为越来越普遍的趋势。组织机构设立更多种类的福利组合，员工根据自己的需要选择相应的福利，这种激励方式才能够更加有效地激发出每一个员工的内驱力。

激励包括正向鼓励，也包括负向禁止

员工激励能够给员工自身带来切实的好处，但是它的核心或者说激励的本质是为组织的管理层与领导层服务。领导层关心什么呢？那就是员工为组织带来的价值，具体来说就是员工的绩效，这也是激励最本质的目标。据此，西方的管理学家就提出了一个绩效公式：绩效 = f（能力 × 激励）。也就是说，激励措施是否有用，还得看这些措施和员工自身能力之间的化学反应。

与这个绩效公式相契合的是，美国行为科学家莱曼·波特（Lyman Porter）和爱德华·劳勒（Edward Lawler）提出了一个综合的激励理论。

首先，激励措施能够促使员工努力工作，而且能够决定员工的努力程度。但是，员工实际的工作绩效却是由其能力水平、努力程度以及对工作任务的理解程度三个因素综合决定的，而员工激励只能影响到其中之一。同时，与激励相配合的奖励需要以员工的实际绩效为前提，当然，这也是很多公司的实际做法。如果员工能够同时获得与其绩效相对应的内在奖励与外在奖励，那么他就会对工作感到满意。这就要求组织坚持公平原则，这样才能提高员工的满意度。

但是，这个理论忽略了一个重要的因素——机会，即对员工的支持。如果缺少有效的支持，好的激励措施可能并不会有好的效果。注意，要分清支持与激励的区别，很多研究表明，支持性因素并不是激励手段。

举一个例子来说，假设一个中学教师是班主任，学校制定的激励措施是，班上的重本率（学生考上重点本科学校的比率）达到多少以上，就能获得多少奖金、加薪，还能提升评级的概率，等等。但是，这个教师的办公室条件特别差，小、阴暗、没有空调，同时，他的班级也是一个学生很多的大班，客观地影响了他教学水平的发挥。在这种情况下，即使激励措施再好，这位教师能够完成绩效的可能性也会大大降低。

再举一个例子，一个销售团队定了一个很高的目标，与之相对应的绩效奖励也很诱人，但实际上，公司的品牌还没完全打开市场，渠道方面缺少客源，又没有匹配的方案协助销售人员拓展客源，这样一来，员工同样也很难完成绩效或者根本不会因为这样的激励而被激起斗志。这也是缺乏支持的一种体现。

关于员工激励，提醒大家留意一个很重要但可能会被忽视的因素：挫折与惩罚。激励并不仅仅是正向鼓励，也包括负向禁止。

在实际工作中，员工可能由于各种各样的原因产生挫败感，这时，员工就会有较强的攻击性，而处理不好的话，这种因工作而产生的攻击性会带来持续的破坏性结果。比如，因为劳动分工的精细化，有些岗位的员工要被迫做单调重复的事情，时间一长，他们可能就会产生挫败感，其积累的攻击性导致的最可能的后果就是消极怠工，降低生产力。

再比如，员工在努力工作的过程中，因为一些意外而没有完成绩效目标，进而受挫，这时，如果领导不加区分地收回奖励或者予以惩罚，员工的攻击性可能也会诱发更多的负面结果。

原则上来讲，比较好的做法是增强与员工之间的共情，增加沟通。在员工受挫的时候，与其沟通的对象最好是和绩效考核不直接相关的人，这样可以给员工提供精神发泄的渠道与机会，安全地释放攻击性。如何理解这句话？最好不是由人力资源部门的人，而是安排同事或与其具体工作不相关的人与他沟通，这种沟通方式可能是最好的。而如果是由直接相关的考核人员，比如他的上司与他沟通，反而可能引发他更强的焦虑感。

提升员工激励的方法

此外，关于提升员工激励的效果，还有什么好方法吗？以下三点可供参考。

第一点，提高综合型岗位的比例。仔细分析不同的工作岗位会发现，大部分岗位都存在五个核心的工作维度，分别是：**技能多样性**（一个岗位要求员工使用专门的技能和才干才能完成各种不同活动的程度），**任务完整性**（岗位要求完成一项完整的、可辨识的任务的程度），**任务重要性**（岗位对他人的生活或工作的实际影响程度），**工作自主性**（工作为任职者在安排工作内容、确定工作程序方面提供的自由度、独立性及自主权），**反馈**（员工在完成任务的过程中，在多大程度上可以直接、明确地获得关于自己工作绩效的信息）。

注意前三个维度，如果一个岗位有较为丰富的技能多样性、任务完整性以及任务重要性，那么，员工就比较容易体验到工作价值，这类工作给员工带来挫折情绪的可能性也就比较低，从而有助于诱发他们的内在驱动力。

第二点，让员工富有使命感。实现这一点并不能单纯地依靠组织倡导的愿景与价值，而需要与员工共情，在员工的工作和组织使命之间建立相应的联系。一方面，组织需要让使命贯彻在组织的行动中，而不仅仅是停留在口号层面；另一方面，增加员工参与的渠道与机会，这样能够让他们更有意愿为实现组织愿景全力以赴。

第三点，喜欢你的员工。这是针对管理者而言的，因为管理者和员工的关系本质上是一种人际关系。如果管理者对某些员工一直存在讨厌情绪，那制度上的激励措施很可能就会被这种糟糕的人际关系瓦解。怎么办？组织的管理者可以尝试在激励不喜欢的员工之前，先控制好自己的情绪，避免让员工感知到这种负面情绪。另外，可以尝试增加相处时间，给自己深入了解员工的机会，因为有时候讨厌情绪仅仅因偏见而生。当你更加深入地了解自己讨厌的人之后，你可能会扭转对他们的态度。

最后，如果还是看不惯某些员工，那么，可以转换思路，理性思考并分析他们的优点。经常提醒自己只关注员工的某些令自己不舒服的习惯，只会强化这种讨厌情绪，不利于对员工的管理与激励，而经常分析他们的优点则能够有效减轻这种情绪，至少能够更加理解员工。

知识小结思维导图

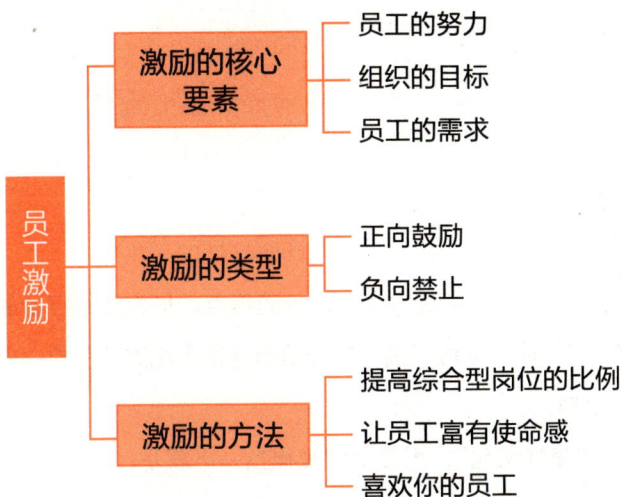

- **员工激励**
  - **激励的核心要素**
    - 员工的努力
    - 组织的目标
    - 员工的需求
  - **激励的类型**
    - 正向鼓励
    - 负向禁止
  - **激励的方法**
    - 提高综合型岗位的比例
    - 让员工富有使命感
    - 喜欢你的员工

氛围这样营造，员工才喜欢

·组织氛围·

华为的企业文化一度成为大家讨论的焦点。华为评价自己的组织文化为"狼性文化"，他们觉得"狼"这种动物有很多优秀的品质，并且认为狼性永远不会过时。

华为的"狼性文化"，用几个词来概括一下就是：学习、创新、获益、团结。用"狼性文化"来说，学习和创新代表敏锐的嗅觉，获益代表进取、进攻精神，而团结就代表群体奋斗精神。

听到这里，不知道你对自己所在公司及其运营常态有什么印象，你们公司的文化氛围是怎样的呢？

组织氛围的力量

组织氛围是一种比组织文化更容易被人们感知的东西。比如，团队最近有新产品要上线了，大家都会感到紧张、期待，同时团队内又有充满干劲的氛围；而如果最近一段时间，领导不开心，动不动就发脾气、教训人，那么，团队中的大部分人就可能会感到压抑，甚至战战兢兢。

氛围是一种很微妙但又真实存在的东西，每个人都能感知得到。

关于组织氛围的研究很早就开始了。**组织氛围是组织内部成员对于工作场所中与期望、支持和奖励有关的一系列实践、规则与行为的共同感知。**这个定义是组织行为心理学家本杰明·斯耐得（Benjamin Schneider）在总结前人研究的基础上得出的。其实这个定义中包含了两个重要的因素。

第一个重要因素是从员工个人的角度来看，"氛围"必须被感知到才能称为真实的组织氛围。假如一个老板说，我们团队很平等，但如果员工平时有什么想法和建议都不敢提，要经常看老板心情和脸色说话，那我们只能说这个团队的氛围是上下级泾渭分明的，而不是平等的。也就是说，仅仅靠说没有用，氛围是能被真实感受到的存在。

第二个重要因素是从组织出发，组织的氛围是建立在群体基础上的，是仅凭个人力量无法抗拒的一种社会力量，这种力量会对员工的个人行为产生很大的影响。这个社会力量就存在于整个组织团队中，并且在一定的时间内具有相当的稳定性。比如，绝大多数新入职的员工都会像林黛玉初进贾府那样，"步步留心，时时在意，不肯轻易多说一句话，多行一步路，唯恐被人耻笑了他去"。

进一步考察组织氛围的力量会发现，其实，它的运作过程包含三个阶段：模仿、同化与从众。模仿就类似于林黛玉初进贾府的例子中所讲的，新员工会根据组织中的环境信息来调整自己的行为，努力适应环境，别人怎么做，自己就跟着怎么做，这就是所谓的模仿。

同化是在模仿的过程中产生中，新员工逐渐从行为到心理态度都与组织中的大部分人类似。如果他在模仿阶段感知到的组织氛围是压抑、沉闷的，那么即使他本人是活泼开朗的个性也会保持沉默，尽量少说话。

而到了第三个阶段——从众阶段，新员工就已经是整个组织氛围的组成部分了。在大部分情况下，他第一时间下意识产生的想法和做法会与组织氛围一致。比如，发现工作环节中的漏洞以后，如果处于一个鼓励直言的团队中，那么他的第一反应可能就是说出来，汇报给上级。如果处于一个压抑的团队中，那么他的第一反应可能就是假装没看到，不去管，即使最后说出来，可能也要做一番心理斗争。

组织氛围有八个重要的维度

在现实生活中，我们其实很少说"组织氛围"这四个字，而是用通俗的话语来说，比如"最近气氛比较轻松"或者"现在气氛很紧张"。研究人员发现，其实，组织氛围可以细分为很多个维度，比较经典的一个研究提出，组织氛围有八个重要的维度，分别是授权、信任、合作、压力、支持、认可、公平、创新。而这几个维度，前文多多少少都有提及。

比如，授权这个维度，一般理解为组织中的权力下放，可以让基层员工参与到政策制定与决策中来。但从组织氛围的角度讲，其实还存在着心理授权。也就是说，员工真正感知到自己处于"被授权"的状态才会在态度和行为上有所改变。而比较长期有效的方式就是形成授权的氛围，这样员工就会在这种氛围下，自发地形成积极参与的习惯。

在这些维度之外，还应该关注一个关系到组织氛围源头的问题。虽然普通员工无法左右组织氛围，但组织氛围的形成与改变的确与少数人的意志有关，这些少数人就是领导者。实际上，领导者是组织氛围力量的源头，他们有能力塑造某些氛围，塑造的过程与领导者的领导行为、领导风格有关。

如果我们借用格式塔学派的重要理论基础——心理场来理解氛围的话，领导者本身的信念会在组织中发散并向外辐射，成为组织中力量最强大的一个场。比如，对家长式领导者来说，他们身上的特点是同时具有仁慈和权威感，是一个父亲般的存在。受这种风格辐射所塑造的心理场的影响，员工就会自发地追随领导者，形成一种争取让自己被领导者看到、赏识的"力争上游"的组织氛围。

因此，虽然组织氛围不可避免地会受到整个群体的影响，但领导者的影响力可能更大。在组织氛围上有意识地施加影响力，甚至还可能在无形中影响员工。

领导者对组织氛围有较大的影响力

那么，作为管理者和领导者，怎样才能更好地利用组织氛围的力量呢？

首先，要准确识别出组织氛围的变化。这种变化有很多信号暗示。比如，个人绩效或团队绩效下降或者员工的行为发生变化，消极怠工的现象增多，等等。一旦发现这些情况，除了常规的管理措施，管理者和领导者还应该敏锐地将其与组织氛围的变化联系在一起。那么，可以采取的措施就是仔细排查并找出组织氛围产生变化的根源，从源头解决问题，让氛围重新回到良好的状态。

其次，要重视群体独有的特点，尤其是群体的易受暗示性。基于群体的特点，在组织中，员工的个性在一定程度上会被削弱，变得更容易受暗示，并且这种在群体中受到的暗示有很强的传染性。比如，以正常流程辞退员工的时候，如果出现了大规模裁员的流言，并且短期内广泛传播，那么很快就会产生人人自危的氛围，导致大家无心工作，甚至开始找下家。所以，管理者和领导者应该打造简单、透明的制度流程，以此来稳定员工的情绪，从而让组织氛围更稳定。

另外，还可以改善自己的行为和作风，营造更加具有支持性的组织氛围。比如，仅仅通过增加主动关怀员工的行为，就能让员工感知到组织的支持力度有所提升，尽管硬件环境与福利制度并没有变化。并且这种关怀行为具有很强的观察者效应，也就是说，员工仅仅是看到管理者和领导者在关怀别人，就能感知到来自组织的关怀。

第四，提高员工的组织公平感同样也很重要。 因为有研究显示，公平的氛围有助于提高员工的满意度，并且能减少员工的负面感受与离职倾向。而且，类似于刚才提到的观察者效应，人们不仅会关心自己是否得到组织的公平对待，而且会关心他人是否得到公平的对待。如果员工在组织中看到同事遭遇了不公平对待，尽管受到伤害的不是自己，也会因为"物伤其类"而产生同样的感受，这种感受的传播和扩散会让组织氛围变得更负面。

知识小结思维导图

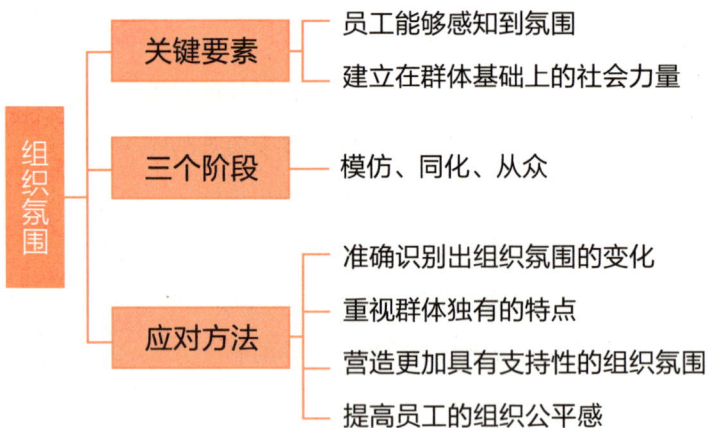

组织氛围
- 关键要素
  - 员工能够感知到氛围
  - 建立在群体基础上的社会力量
- 三个阶段
  - 模仿、同化、从众
- 应对方法
  - 准确识别出组织氛围的变化
  - 重视群体独有的特点
  - 营造更加具有支持性的组织氛围
  - 提高员工的组织公平感

第三章

认知升级：
从普通到卓越

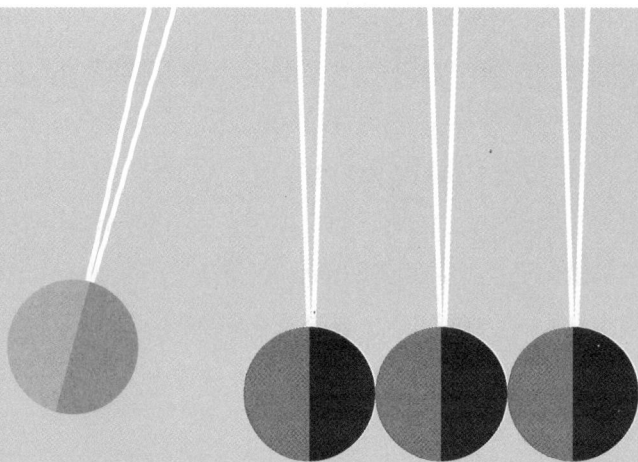

天赋平平，如何让自己变得更加聪明？
· 多元智力 ·

屠呦呦获得诺贝尔生理学或医学奖之后，她曾经就读的中学也成为话题。她的中学档案里还保留着读书期间的成绩单，学校里的一位老师说，屠呦呦读书期间成绩并没有特别突出，成绩单上有的科目 60 多分。

诺贝尔奖得主小时候也会成绩不好？据说，已经有科研机构统计过最近这些年几十名诺贝尔奖得主在读书期间的学习成绩，发现了和屠呦呦一样的情况，很少有人一直考前几名，甚至有些诺贝尔奖得主中学期间成绩平平。于是就有人总结说，这是"诺奖现象"，或者称为诺贝尔奖得主的"第十名效应"。

很多人认为，中学时期的学习成绩好坏与智商挂钩，但是，智商高的人就一定能取得成功吗？智商究竟包含了人类哪些基本能力？

八种智力模块

在智商测验中，智力就是我们在量表测试中获得的成绩。在这种框架下，智力的定义相对简单，并且非常具有可操作性。然而，哈佛大学教授霍华德·加德纳（Howard Gardner）则明确地质疑这种对智力的单一认识，他对"测验评分代表智力水平"这种方式也非常不认可。

他认为，**智力是一种计算能力，也就是处理特定信息的能力，这种能力建立在人类生物和心理本能的基础上**。基于对智力的定义，加德纳提出了八种处理信息的核心能力，也就是八种相对独立的智力模块，这八种智力分别如下。

言语 / 语言智力：对语音、节律和意义的敏感性，对不同语言功能的敏感性。在阅读书籍、写文章、写小说、写诗歌以及在沟通中理解别人说的话等任务中能够体现出语言智力的高低。

逻辑—数学智力：对数字或逻辑的敏感程度和推理能力，有能力掌握复杂的推理。类似解数学题、算账、逻辑推理等任务都能够体现逻辑—数学智力的高低。

空间智力：准确感受视觉—空间世界的能力，对人的最初知觉进行转换的能力。看地图，以及空间整理与收纳等任务，能够体现出空间智力的高低。比如，有些人自称"路痴"，看不懂地图或者经常迷路，可能就是空间智力水平不太高导致的。

身体运动智力：控制身体运动和灵活掌控物体的能力。很多体育活动都能够体现出人们在这方面智力的高低。

音乐智力：欣赏节奏、音高和旋律的能力，欣赏不同的音乐表达形式的能力。唱歌、演奏乐器等能够体现这种智力的高低。不过，在这方面可能存在一些误区。以前，在应试教育背景下，很多地区的人们在学生阶段受到音乐教育的机会并不多，缺少知识接触和练习，在这种前提下，并不能简单根据会不会唱歌或者演奏乐器来评判其音乐智力的水平。

人际智力：辨别他人的情绪、气质、动机和需求，并做出恰当反应的能力。其实，人际智力的概念比较接近在情绪模块中谈及的情绪智力，也就是比较接近通俗意义上的"情商"的概念。

内省智力：可以称作内观或自知智力，即对自己情绪的感知和区分能力，并以此指导行为；对自己的优势、弱点、需求和智力的了解程度。换句话说，内省智力指的是，在自身现有的能力和兴趣的约束下，理解自己是谁、行事的原因以及怎样改变自己的能力。批判一点来说，很多人的表现往往是，要么妄自菲薄，要么妄自尊大，其实，这都是缺乏自知的状态，也就是说，这些人在内省方面的智力水平是有待提升的。

自然智力：对不同种属间差异的敏感性，与生物进行互动的能力，也包括我们能够在多大程度上理解自然中的各种模式。

多元智力理论对教育的影响

在多元智力的理论框架下，每个人表现出来的综合智力都是这八种智力模块的独特组合。比如，建筑师及雕塑家的空间感（空间智力）较强，运动员和芭蕾舞演员的体力（身体运动智力）较强，公关的人际智力较强，作家的内省智力较强，等等。你也可以按照自己的情况，给自身的不同智力水平排序，看看在这八种智力中，自己在哪些方面比较有优势。

加德纳的多元智力理论也对全才和专才现象做出了解释。全才也被称作探照灯式的智力模式，拥有这种智力模式的人往往有三种以上强势的智力，但是这些强势的智力并不是特别突出，同时也没有特别弱势的智力类别。这类人在读书期间往往没有明显的偏科，也更加适合综合型的工作岗位，比如，政治家、企业家、管理者。在这些领域表现出色的人，智力模式都符合探照灯模式。

专才也被称作激光灯式的智力模式，这类人往往在某一种智力上表现特别突出，但是其他方面都相对平平。基于这样的智力模式特征，这类人喜欢深入、持续地聚焦于某个细分领域。这类人中比较典型的就是那些科学家、发明家和艺术家，比如屠呦呦所具有的就是比较典型的激光灯式智力模式。这也能解释为什么有些诺贝尔奖得主在读书期间表现一般，而在后来的人生中却能够取得巨大的成就。

　　当然了，我刚才提到的这种全才和专才的分类，只是为了方便我们理解这两种典型智力分布模式的区别，而实际上，每个人在这八种智力模块上的组合分布都是不同的。而能不能取得成就，除了与自身智力模式组合的特征有关，还与社会文化有着密切的关系。加德纳同样认为，西方社会关注逻辑—数学智力和言语／语言智力的发展，而其他社会对别的智力更为关注。比如，在日本，更强调合作行为和社区生活，因此人际智力更为重要。更为突出的例子是，在西太平洋的岛屿卡罗琳岛上，鉴于航海对当地人的重要性，当地文化非常重视空间智力的水平，船员们必须能够在没有地图的情况下，仅依靠空间智力和身体运动智力在海上航行很长一段时间。

　　因此，每一种文化都会鼓励某些特定的智力组合的发展，而对另一些特定的智力组合的发展则不那么关注。这就给人一种合理的猜想，也许有些表现平庸的人，只是恰好生在一个不适合自己的社会文化环境中。中国古代某些朝代通过科举考试取才，科举考试有一点类似于现在的智力测验，但科举考试关注的是言语／语言智力，而对于数学、物理则根本不考察。

多元智力理论在教育中的应用

　　多元智力理论提出之后，在教育领域产生了非常重大的影响，这一点是非常出人意料的。因为一开始，多元智力理论是在心理学领域提出的，并作为探究人类智力的理论之一在学术界接受批评与检验，但是它获得了教育工作者的青睐，迅速走向应用领域。

　　因为教育工作者应用这一理论的高涨热情，作为多元智力理论的提出者，加德纳不得不开始阐述他对于把这个理论应用在教育中的个人见解，并且认为，有三个比较重要的教育学推论。

第一个是个性化的教育。要求教育工作者重视每个学生，并且重视学生之间的差异。在理想状态下，实现个性化教育需要三种角色。第一种角色是评估专家，他需要尽可能获取每个学生的详细信息，并且把这些信息反馈给老师、家长和学生本人。第二种角色是学生—课程的中间人，负责挑选适合学生的课程，形成一种为学生量身打造的教学方式。第三种角色是学校—社区的联系人，负责给学生介绍适合他的行业与职业。

这一点给很多学校现行的教育体系提出了非常大的挑战，因为目前大部分学校的教育方式都是将一套标准套用到所有学生身上，用一套试卷考查所有学生，与个性化教育还有很长的一段距离。

第二个是教育目标优先。尽管多元智力理论与教育的关系密切，但是它并不适合作为教育的目标。在心理学语境下，我们很容易理解这八种智力，但是，在教育学语境，尤其是在教育实践中，实现八种智力的共同发展是一件非常困难的事情。

比如，对于"人类智力的决定因素大部分取决于神经与生物机制"这一论述，可能有的人会认为，智力是天生的，我们只需要顺应它，不必做什么改变；而另外一些人则可能觉得，正因如此，我们更应该竭尽所能去提升、改变自己。可以看到，理论中的论述没有什么变动，但是人们得出的结论却不一样。因此，在教育实践中，必须先确立明确的教育目标，再谈对多元智力理论的应用。

第三个是关键概念的多种表达。对学生来说，学科理解非常重要。**当一个人能把他在任何教育背景下获取的知识，应用到与之有关的事情或领域中时，才是真正实现了理解。**以历史学科为例，熟悉重大历史事件很重要，但这还不够。真正的理解是，能够在没有先例的情况下，分析当前正在发生的历史性事件。

基于这三个推论，我们很容易发现，在应用多元智力理论时，容易出现很多误区，其中，将传统智商测验的方式套用到八种智力模式上来就是很多人经常犯的一个错误。

回到心理学领域来，有一个对多元智力理论的批评值得我们注意。对比罗伯特·斯腾伯格（Robert Sternberg）的三元智力理论，可以发现，多元智力理论具有非常明显的模块化思想，每种智力都有自己清晰的版图，互不交叉。但是，斯腾伯格的三元智力理论认为，我们的三个重要智力成分包括创造智力、分析智力和实践智力，它们是相互协同，共同作用的。

从脑科学的角度来说，多元智力理论推测，每一种智力都对应一个相对独立的脑区，但这一点还缺少有效的证据支持。并且，目前神经网络的研究倾向于认为，大脑的工作模式更多地表现出协同的方式，而不是区域独立的方式。

知识小结思维导图

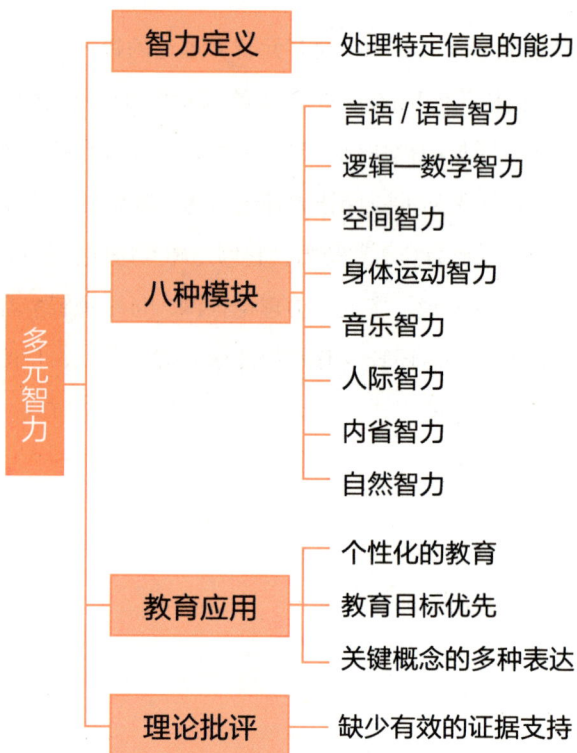

智力定义 —— 处理特定信息的能力

八种模块
- 言语／语言智力
- 逻辑—数学智力
- 空间智力
- 身体运动智力
- 音乐智力
- 人际智力
- 内省智力
- 自然智力

教育应用
- 个性化的教育
- 教育目标优先
- 关键概念的多种表达

理论批评 —— 缺少有效的证据支持

多元智力

思维定势，如何找到解决问题的方法？

· 问题解决 ·

大家肯定听过这样一个脑筋急转弯：小明的爸爸妈妈一共生了三个孩子，老大叫大毛，老二叫二毛，请问老三叫什么？有的人第一次听到这个问题的时候，会不假思索地回答：三毛。但其实，出题人已经告诉了你，"小明的爸爸妈妈"，所以老三肯定叫小明。由此引出本节的话题——思维定势。

思维定势的作用

在遇到问题的时候，思维定势会让人的大脑调用不同的模块内容来解决问题。拿上文的脑筋急转弯来说，当我们知道这是在回答一个猜姓名的问题时，我们的想法是，兄弟姐妹的名字可能是有规律的，很多家庭中兄弟姐妹的名字都有某一个字是相同的，然后又听到了"一"（文中为"大"）和"二"，很自然就会联想到"三"。

如果我们把刚才的问题换一个问法，"这不是一个猜名字的问题，而是一个脑筋急转弯"，大家得出正确答案的可能性就会更高。因为当我们听到"脑筋急转弯"这几个字的时候，大脑会迅速排除常规的答案，主动另辟蹊径找答案。

所以，可以这样来理解思维定势：我们对很多事物的认识和理解都基于自己的人生经验，从而形成了某种定向的思维，并且依靠这些形形色色的"定向"来解释生活中的遭遇和所处的环境。

思维定势的局限性很明显，一旦某种定势被启动了，我们就会很少再关注这个定势范围以外的信息，而在现实生活中，这些信息有可能非常重要，也非常关键，但被我们忽略了。其实，偏见和刻板印象也属于固化的思维定势。

可能有的读者会觉得，思维定势不是好东西，我们要想办法消除它。但是，设想一下，如果思维定势完全从人类的头脑中消失，这个世界会变成什么样子？

举一个例子，看似是一个数学问题的题目，但其实是一个几何问题，这种问题往往能使人迷惑，这就是思维定势在起作用。换一个角度来思考，假设你在参加高考，如果失去了思维定势，解题时你可能就无法快速地判断下一步该往哪个方向去思考，于是只能按部就班地慢慢来。这样一来，也许时间都不够用了。

此外，如果我们没有偏见和刻板印象了，那么，当一个朋友过来说"走，陪我喝一杯"时，我们可能就不会预先设想："为什么他会跟我说这句话？他是不是失恋了？一会儿我是不是要安慰他？"这样的话，我们可能就会不在意地应和着，而朋友则多半会觉得我们不够热心。

所以，尽管思维定势有一定的局限性，但它的存在也是有价值的。其实，人脑有一个特点是喜欢偷懒，而思维定势的存在恰恰是大脑偷懒的一个小手段，它可以在各种各样不确定的问题情境下，帮助我们快速找到解决问题的思路。

因此，从某种程度上来说，思维定势是人们基于人生阅历，对自己身处的社会环境总结出来的各种宝贵经验。打破思维定势的方式并不是破除它，而是运用更为合理的思维方式，把思维定势限定在很小的范围里，不让它"为非作歹"。

人在做决策时会自发地运用策略

其实，我们每天从醒来开始，就面临着各种各样的问题，小到早餐吃什么，出门选择什么交通工具；大到今天在工作、学习中，需要面对的最重要的问题该怎么解决。但除了偶尔一两个让人感到棘手的问题，人们根本不会觉得自己一天下来处理了那么多的问题，这是因为人们的经验法则提供了一个解决问题的重要方法——启发式。

比如，购物的时候，人们一般都会相信"一分钱一分货，贵的比便宜的质量好"，也会相信"物以稀为贵""限量款就是珍贵的"等说法。在这些信念里，基本上都有启发式思维的身影，它指的是，我们在解决问题的时候，往往只要根据自身的一定经验，进行比较少的搜索和认知运算，就能实现解决问题的一种方法。这种方法本质上是一种模糊的运算，与人类大脑要节约认知资源的倾向完美地结合了起来。

心理学家阿莫斯·特沃斯基（Amos Tversky）和丹尼尔·卡尼曼（Daniel Kahneman）就总结了几种比较重要的启发式。第一个，代表性启发式。这是一种高度依赖相似性判断的启发式，人们在决策和判断中倾向于根据事件代表总体的情况来评定该事件的发生概率。也就是说，我们会根据先前遇到过的典型的相似事件来推断当前事件的情况，这对解决高度依赖经验的问题来说十分有效。

举一个例子，中医中的"以形补形"就是一种典型的代表性启发式。这种方法在医疗不发达的年代，对解决问题来说可能是一个不错的思路，但是，现在医学和营养学都已经发展得很完善了，如果仍然相信"以形补形"的说法，就可能会干扰我们。

比如，骨折之后，除了正规医疗之外，父母还经常会煲大骨汤给我们喝。然而实际上，骨汤熬得越久，汤里成分越多的却是脂肪粒和嘌呤，而不是骨骼成长再生需要的钙质，所以喝大骨汤除了容易让人长胖之外，并不能帮助我们摄入足够多对恢复有利的营养物质。

另一个例子是，设想一个抛硬币实验，连续 10 次抛硬币的结果都是正面朝上，你觉得下一次抛硬币正面朝上的可能性有多大？其实，从经典的概率判断来说，可能性还是 50%，但是，因为受到前 10 次信息的干扰，我们会忍不住去想：连续 10 次都是正面朝上，下次肯定是反面朝上。所以，**代表性启发式在很多时候会干扰我们的理性判断，让我们做出不合理甚至糟糕的选择与决定。**

第二个经常被我们下意识采用的启发式是可得性启发式。所谓可得性启发式，指的是某个事件越容易出现在我们的脑海中，我们就越会认为它发生的概率更高，合理性更强。比如，如果问一个美国人，r 字母出现在首位的单词多，还是出现在第三位的单词多，可能很多人会回答出现在首字母上的单词更多。但实际上，r 字母出现在第三位的单词更多。因为我们在记忆单词的时候，往往都对单词的首字母记忆深刻，而不太关心排在后面的字母是什么，这一点美国人也不例外，这就导致在判断上更容易出现可得性启发式。

看起来，启发式似乎为了快速解决问题和节省认知资源，让人们经常犯错和出现意外状况，那应该怎么办呢？别担心，当人们遇到比较复杂的问题时，比如，工作和学习上很重要的项目，一般很少会依赖启发式，而是自然而然地主动换一种方法来解决问题。

比如，为了在学习或者工作中表现出色，人们会不遗余力地逐个尝试解决问题的方法，直到问题最终得到解决，甚至直到完美为止。这就是心理学上的另一个策略——算法策略。这个策略听起来就很严谨，相对来说，也很少会出错。但是，大家要注意，它耗费的时间和认知资源也是惊人的，因此，大部分时候人们只会选择在重要的事情上才会运用这个方法。

优秀的思维工具

以上的启发式和算法策略都是不需要刻意练习就会自然而然地运用的一些方法，当然，这些方法也各有优势和局限性。除此之外，还有一些方法也能帮助我们解决某些特定的问题。

第一个是潜意识法，也就是运用我们的"无意识思维"来解决问题。有些人会有一个误区，提到解决问题，一定要在意识层面才能完成，而实际上，潜意识并非都是感性的内容，它也有处理复杂性问题的一面。

比如，历史上最著名的用潜意识解决问题的案例——苯环的发现。或许我们都经历过类似的情况：白天思考着一个问题，但一整天也没有解决，然后就带着问题入睡，结果第二天早上醒来，突然就轻松地将该问题解决了。

为什么会出现这种情况？心理学家给出了很多的解释，不容忽视的一点是睡眠时间，这恰恰是潜意识占据大脑的时间。虽然人们睡着了，但是在睡眠期间，检测大脑神经元的时候发现，有大量的神经网络是处在活跃状态的。所以，睡眠能够刺激人们顿悟，也可以解释为潜意识激发顿悟。

2006 年，两位荷兰的心理学家做过一系列的研究，研究的主题就是无意识思维。其实，无意识思维和潜意识是大同小异的。他们得出一个叫作 UTT（Unconscious Thought Theory）的理论，这个理论就指出了一个现象：对于简单的问题，用有意识思维解决更有优势；但对于一些复杂的问题，

无意识思维的效果会更好。

第二个是具身认知法，为了表达出抽象的想法和知识，我们会经常利用自己的身体和肌肉动作。 比如，你碰到了"话在嘴边效应"，感觉某个词就在嘴边，但是怎么也想不起来，这时该怎么办呢？其实，可以借助一些身体姿势。假如你想不起来"节拍器"这个词，可以试着来回摆手，就像演奏音乐时用的节拍器那样来回摆动，这样做更有可能记起这个单词。

我们不妨在生活中尝试一下这个方法，看看是否有效。甚至有时不太记得某些词到底是什么，但保持身体上的动作，做一下那个动作对于回忆起那个单词也有帮助。

最后给大家留一个思考题，我在介绍启发式的时候，讲了很多它的局限性。既然这个方法存在这么多问题，为什么人类仍然选择它作为大多数人不需要严肃学习就能熟练掌握的策略呢？为什么不是那些看起来明显更好的思维方法呢？对此，你有什么看法和见解？

知识小结思维导图

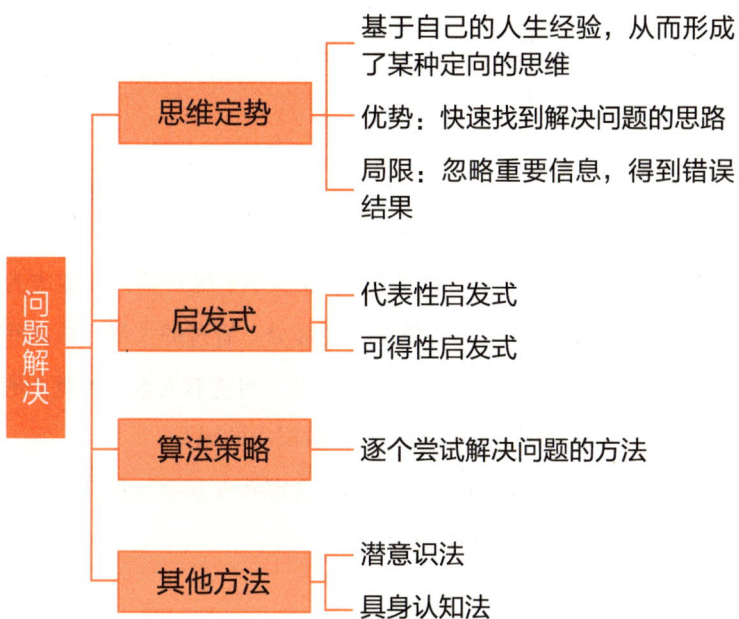

问题解决

- 思维定势
  - 基于自己的人生经验，从而形成了某种定向的思维
  - 优势：快速找到解决问题的思路
  - 局限：忽略重要信息，得到错误结果
- 启发式
  - 代表性启发式
  - 可得性启发式
- 算法策略
  - 逐个尝试解决问题的方法
- 其他方法
  - 潜意识法
  - 具身认知法

心直口快，如何让自己变得更有逻辑？

· 结构化思维 ·

你看过《奇葩说》吗？这档综艺从 2015 年上线开始，一度成为现象级节目，第一季在豆瓣 App 上仍然保持着高分。看过的人都会被那些辩手表达的独到见解折服，也会记住很多"金句"。可能有人也会感慨，他们是怎么做到表达得那么条理清晰，有结构、有层次的呢？

本节就来探讨，有逻辑的表达具体包含哪些要素呢？我们又该如何训练自己，提高自己的逻辑性呢？

什么是结构化思维？

有逻辑的表达包含哪些要素？表达是一种输出方式，有能力输出的前提是大脑中存储了足够多可以输出的东西，也就是说，你首先得有输入。而我们所具备的大量知识、经验，存在的方式是信息流或碎片式的，这就给我们提出一个要求，要有结构、有逻辑地输入，并且在内部完成分析与结构化整理。

因此，所谓有逻辑的表达，至少有 3 个重要的组成成分：输入、有逻辑地分析与结构化地整理、输出。也就是说，有逻辑的表达并不仅仅是在表达环节需要逻辑思维，而是从输入环节开始就需要了。

什么是结构化思维？ 先举一个例子。假设有一长串字母，先让别人快速地读一遍，再看看自己能不能复述出来：I、D、G、H、B、J、F、A、E、C、K。你能做到吗？可能只听一遍就复述出来，难度非常大。

为什么呢？因为它是无序的组合，同时，人类的记忆是有上限的，也就是神奇的7±2效应。但是，如果换一种方式再读一遍：A、B、C、D、E、F、G、H、I、J、K，很明显，这次就能做到了，后面这串字母复述起来容易多了。

其实，这两串包含的字母都是一样的，只是第二次字母排列有一个明显的特点——有规律，而这种规律就是一种结构。记忆组块可以更加高效地帮助我们组织那些杂乱无章的信息。

再举一个例子。你会发现，与年轻人相比，老年人的记忆会逐渐衰退。其中有一个很重要的影响因素，并不是老年人记忆的水平或者认知资源比年轻人差，而是老年人不能像年轻人那样，利用有效的、结构化的记忆策略来辅助自己记忆。

研究者曾经做过这样一个对比研究。研究者要求老年人和年轻人同时记忆一串单词，并分别告诉他们两种不同的策略。第一种策略是让他们完全死记硬背；第二种策略是让老年人和年轻人先给这些单词做分类，比如分成关于人格描述的、关于物品的等，分类之后，再对它们进行记忆。

结果非常有趣。在死记硬背的策略下，老年人和年轻人的记忆效果确实出现了显著的年龄差异，老年人记得更少。而在第二种策略下，老年人和年轻人的记忆效果几乎相似。也就是说，如果用了结构化的记忆策略，老年人的记忆就能够保持下来。

具体来说，结构化思维就是以知识或者事物的结构为思维的对象，以一种寻求事物之间相互联系的方式积极主动地找出事物内部的规律，最终

运用这种规律的方式。其中一个简单的策略就是将信息进行分类。

把交织在一起的信息碎片按照一定的标准区分为不同的模块，这几乎是人们每天都在用的思维方式。比如打开电脑，里面的一个个文件夹就是一个个小的分类。比如按时间分类，将每个月的文件放在一起。但是，这样的分类有时还是会引发混乱，因为从实际工作来看，很少有内容或者项目能够准确地在月初开始，月末结束。

关于分类，巴巴拉·明托（Barbara Minto）提出了一个非常重要的分类思想——MECE（Mutually Exclusive Collectively Exhaustive），也就是"相互独立，完全穷尽"。在我们所做的分类中，类别之间必须是独立的，不存在缠绕不清的情况，同时又要把所有的类别加在一起，囊括事物内所有的信息，不能存在任何遗漏的情况。比如，把全班同学分成两类，如果按照性别来分，就能相互独立，完全穷尽。而如果按照成绩或者其他标准来分，可能就欠妥。比如，某个人的语文成绩比较好，但数学成绩比较差，按成绩该把他分成成绩好的，还是成绩不好的？无论按照哪一学科分都不合理。

如何培养结构化思维？

"相互独立，完全穷尽"的分类法则可以说是结构化思维最基本的方法。接下来就从自上而下和自下而上这两种路径来看看如何实现结构化思维。

自上而下就是一种主动出击找结构的方法，先构建一个清晰的结构，然后把各种信息都放进这个结构里。在结构化思维训练的初期，我们不一定能够创造一个全新的结构出来，那么，大量借鉴已经存在的结构就是一个不错的方法。在时间管理上，有一个应用广泛的四象限结构，即把自己要做的事按照是否重要和是否紧急这两个维度来划分，将重要且紧急、重要但不紧急、不重要但紧急、既不重要也不紧急分别填入四个象限。四象限结构非常好用，我们可以将其应用在很多信息场景中。

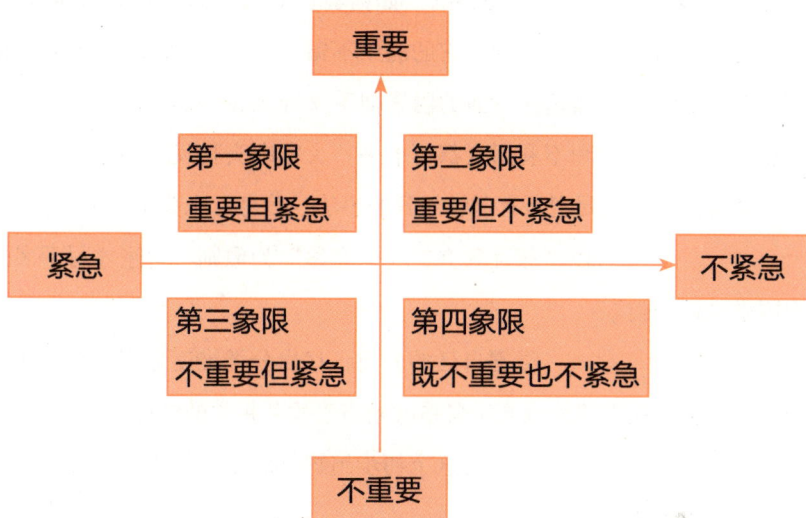

四象限结构

如果我们借用这个四象限结构发现一种自上而下找结构的方法，就可以进一步在现有的结构上做增补或调整，来适应自己需要处理的项目和信息。

熟练之后，这种自上而下的方法就会很好用。但是，假如我问：如何看待心理学行业的发展前景？这时候，迅速找到一个应对这个问题的结构就有难度了。对方的回答可能会比较模糊，甚至互相冲突。在应对一些宏观问题时，往往没有一个现成的结构，甚至一开始都不知道怎么使用这样的一个结构工具。

在这种情况下，该怎么办呢？可以尝试第二种方法，叫作自下而上。

所谓自下而上指的是找出信息之间，以及事物之间的联系，将其分类并提炼出自己的结构。一般来说，我们可以通过四个步骤来实现。

第一步，头脑风暴。把自己头脑中所有与该问题有关的信息都写下来，但不进行评判。比如，刚才提到的"如何看待心理学行业的发展前景？"这个问题。一方面，你可能觉得它的前景不错，但另一方面，你可能又觉得有一些不利因素，而这两方面的因素似乎又缠绕在一起。那么，首先要做的就是把有利因素和不利因素都写下来。大家在头脑风暴环节，不要急于评判和选择，而是要把所有能够想到的想法、信息、念头都写下来。

第二步，分类。以"相互独立，完全穷尽"为原则，把刚才写下来的所有因素进行分类。

第三步，提炼结构。根据自己的分类，找出分类维度之间是否存在规律或逻辑关系。找出规律或逻辑关系就相当于找到相关的结构了。

第四步，补充观点。看一看这个初步组织好的结构是否还需要补充信息，进而完善思路。

有效的表达方式

上文主要阐述了如何培养自己的结构化思维，但是，从《奇葩说》各位辩手的表现上来看，仅仅有这些逻辑思维还不够，如何表达同样很重要。下面简单介绍几种有效的表达方式供大家参考。

第一种，以终为始。从上文关于结构化思维得到的结论开始讲，说明问题的全貌，也可以直接说明中心思想，这样可以很好地激发并抓住读者的好奇心。

第二种，层次清晰。这要求我们分清议题的层次，并把同一层次的问题以尽量短的篇幅讲清楚。这个要求听起来好像很容易做到，但是它恰恰需要我们有这种结构化思维。

　　第三种，结构简单。表达的结构越简单越好。

　　第四种，重点突出。注意，虽然在头脑风暴中会想出来很多观点，甚至每一条都是有理有据的，但要记住，不要传达过多信息，而应把最想传达的信息重点突出。

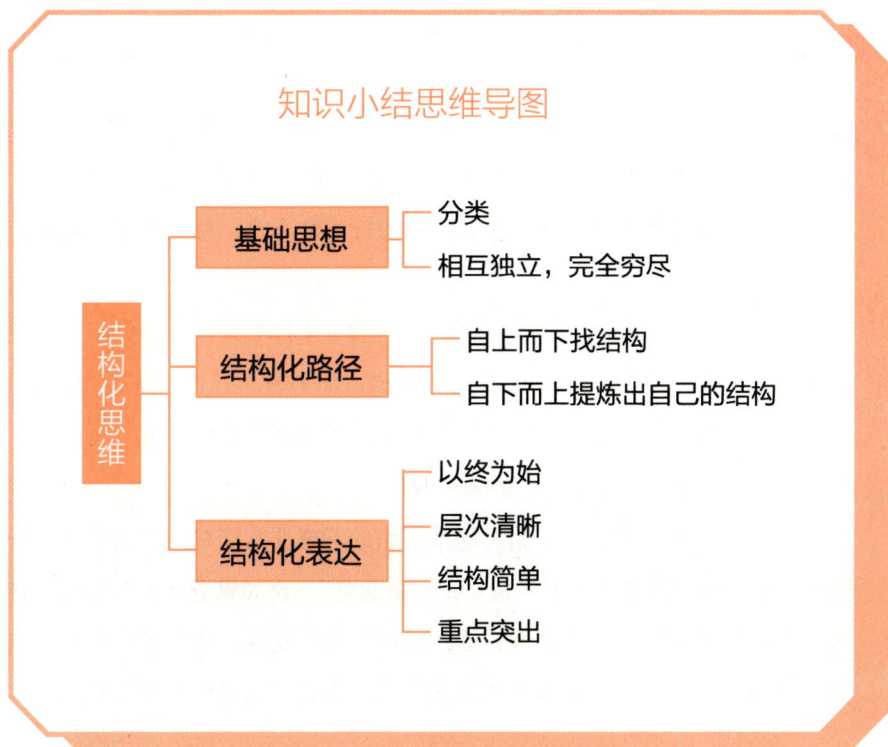

知识小结思维导图

- 结构化思维
  - 基础思想
    - 分类
    - 相互独立，完全穷尽
  - 结构化路径
    - 自上而下找结构
    - 自下而上提炼出自己的结构
  - 结构化表达
    - 以终为始
    - 层次清晰
    - 结构简单
    - 重点突出

人云亦云，如何训练批判性思维？

·批判性思维·

网上有一个问题："我们经常说，要具有批判性思维，但是我至今都没有明白，到底什么样的思维才算是批判性思维，以及怎样来培养批判性思维，可以从哪些角度出发来培养所谓的批判性思维，希望大家举例子来说明批判性思维。"

以养猫为例。现在有很多"猫奴"。假设本来你只是在"云吸猫"[①]，而最近，你朋友家的猫生了一窝漂亮的小猫，你去看了几次，越看越喜欢，最后决定领养一只。于是，你就跟朋友说，我特别喜欢那只猫，我决定领养它，我肯定是一个优秀的"铲屎官"[②]。

这个养猫的决定，一开始在思维层面的考虑非常简单，仅仅是"我特别喜欢那只猫"或者再加上一条"我养得起它"。而如果进一步对做出养猫这个决定的思维过程进行思考的话，很容易就能发现，其中还有很多问题没有解决。比如，"我特别喜欢那只猫"这个前提是真的吗？如果猫的真实

---

① 网络流行语。指十分喜欢猫但自己暂时又无法养猫的人靠在互联网关注其他养猫人的动态，通过围观网络上的各种猫咪生活图文来愉悦自己身心的行为。——编者注

② 网络流行语。意指给猫、狗铲屎的人类，表诙谐幽默的语气。——编者注

性格特别差，自己还会喜欢它吗？在朋友家和猫玩耍的短暂时光中，猫可能只表现了招人喜欢的那一面。再多问几个问题："考虑过出差、旅行以及过年的时候，猫独自在家该怎么办吗？""确认过自己对猫毛，以及猫的其他物品没有过敏反应吗？"等等。对这些问题思考得越仔细，对最开始"我要养猫"这个决定的评估就越客观。

强势批判性思维和弱势批判性思维

在这个"养猫"的思考过程中，有两种思维，一种是做出养猫决定的思维，另一种是对做出这个决定的思维过程的思考。第二种思维就是批判性思维。也就是说，我们可以这样认为，批判性思维是关于思维的思维，是一种逻辑严密而又清晰的思考方式。

大家不要被批判性思维的"批判"一词误导了。这种思维并不是要求我们凡事都反对一下，批评一下，而是在良好的判断能力的基础上，用恰当的评估标准对事物的真实价值做出判断和思考的过程。

但是，对批判性思维的训练和应用很容易让人陷入"自我中心"的情形中——我们很容易发现别人思维中存在的漏洞，却对自己的思维与推理过程深信不疑。回想一下，自己和别人讨论某个相对严肃的话题时，是不是往往觉得自己说得头头是道，对方则漏洞百出？但是，如果我们把批判用在自己身上的话，找到的漏洞就少得可怜。比如，如果你支持延长女性产假，那么就更容易看到延长产假之后的好处，以及反对延长产假有哪些坏处，但对于自己的立场中存在的问题却很难发现。

其实，这与养猫的思维实验类似，人们做决定也好，形成观点、立场也好，往往都不会对形成结论的过程进行思考，而是把它们当成自我的一部分加以维护和强化。这种程度的批判性思维是弱势的。与之相对的是强势批判性思维。

强势批判性思维能够让我们像与别人辩论时那样与自己的思维辩论，并且我们在选择自己的观点和立场的时候，能够在认识到它的优劣之后仍然坚持，这是最接近社会公义的一种思维方式。

理查德·保罗（Richard Paul）教授就明确地区分了这两种批判性思维。简单来说，弱势批判性思维是为捍卫自己的观点和立场服务的，而强势批判性思维则是指用批判性思维评估所有观点和看法，尤其是自己的看法。

批判性思维在很大程度上会降低我们的"本能"

充分认识批判性思维概念的内涵，能够帮我们更深刻地理解批判性思维的好处，这就是为什么那么多人都很推崇批判性思维。

它能够减少偏见，从而让我们保持思维灵活。批判性思维还可以帮助我们避免盲从权威，让我们走出误区，以及保持个人的精神独立性。

具体到生活和工作中，就是避免不加思考地听信权威的宣传，服从权威的指令。面对权威的时候，主动问自己几个问题，这个人是不是真的专家？他发表的言论是不是自己擅长的领域？他说的这些话是出于什么目的？这就是批判性的思维过程。

在我们接受新信息，学习新知识的时候，批判性思维能够让我们产生自己的见解，而不仅仅停留在"知道"的层面上。在我们与他人发生观点碰撞的时候，要实现真正的互相倾听和交流，而不是停留在一定要说服彼此的争吵上。

如果继续罗列下去，批判性思维的好处还有很多。总的来说，批判性思维作为一种后天习得的思维能力，我们姑且称它为第二思维，它所发挥的作用是在人类先天思维能力的基础上，增加一个强大的思维工具，从而在很大程度上降低我们的"本能"，也就是第一思维所犯的各种错误。

如何提高批判性思维能力？

阐述完批判性思维的"道"，再来讲解批判性思维的"术"——如何提高批判性思维能力，以及在一些具体的生活场景中如何应用批判性思维。

首先，我们要训练自己掌握观点的检验方式。如何判断一个论述、一个观点究竟是否可信呢？有研究者提出了六种检验方式，分别是可证伪性、逻辑性、综合性、诚信性、可重复性、充分性。在此重点介绍一下可证伪性。

由于人类都有一种证实倾向，当一个观点被提出来之后，人们第一时间联想到的信息都是符合这个观点的。当别人提出一个观点，并且还罗列了一些例子时，其内容就特别具有迷惑性。假如这些例子中还有数据的话，迷惑性的程度又会提高，因为基础的科学教育让我们相信，数据是更加有力的证据。但实际上，我们都知道，以什么样的方式去呈现数据，用什么立场和角度去解释数据是可以做文章的。而可证伪性则是一个反向思考的方法，当听到一个观点之后，想一想，能不能找出不符合这个观点的例子。只要能找出一个反例，就说明这个观点是存在问题的。

比如，我曾经听到一个观点，说的是有一些医生越擅长治疗某种疾病就越可能会患上这种疾病，还用了至少三个人的例子来论证这个观点。比如，某个耳鼻喉科的主任患上了咽喉癌，某医院擅长治疗肝癌的院长就是因为肝癌去世的。听起来好像很有道理，但是你可以反问自己：能不能找到某医生没有患上自己擅长治疗的疾病的例子？然后对比一下，到底是正面的例子多，还是反面的例子多？将这两个方面的证据放在一起做对比的话，能够更好地判断一个观点的正误。

我们可能都在朋友圈或者亲友群看到过与转基因食品有关的文章，标题通常都会带上"震惊""必看"等耸人听闻的字眼。转基因问题一直是科学与伪科学之争、辟谣与传谣之争的"重灾区"，很多文章都在讲转基因食品的危害。那我们就试试看，能不能找到反例，结果发现，不仅有，而且还非常多。因此，就要对"转基因食品有害"这个观点持非常谨慎的态度了。

其次，训练自己提出好问题的能力。一个好的问题能让人迅速地抓住议题的核心，并且找出其中的漏洞。比如，在阅读新闻的时候，有一个**关键问题框架**，可以作为我们关注新闻和社会热点时的日常训练。

具体来说，需要思考这么几个问题：信息来源是什么性质？有什么立场倾向？谁是目标受众？哪个观点得到了强化处理？哪些观点被忽视或者被弱化处理了？怎样才能找到被否定的信息？哪些新闻刊登在头版？为什么？哪些信息淹没在文章中？为什么？

用这个关键问题框架来看待新闻事件，可以在很大程度上减少自己关注热点事件时被"带节奏"[①]的情况，类似反转、再反转和"真香"[②]等打脸情形就会少很多。比如，很多发布最新消息的公众号和博主，并不具备新闻机构的属性，因此很可能只是营销号，从这些渠道获取的所谓的最新信息，就要非常谨慎地看待。

总结一下，其实，保持提问的核心就是多问一句"为什么"。开始的时候我们可以借助一些问题框架来帮助自己提问，经过一段时间的训练后，就可以用批判性思维的方式提出自己的问题了，这个过程会非常有趣。

最后，需要提醒一点，批判性思维并不意味着只要我们具备了这种思维或者只要我们的批判性思维足够强大，就不会再犯思维错误。我们仍然

---

① 网络流行语。指故意煽动人们跟风的言行。——编者注

② 网络流行语。指一个人下定决心不去或去做一件事情，最后的行为却截然相反。——编者注

会犯错，这基本上是无法避免的。批判性思维的确有很多好处，但我们的期待也要在一个合理的范围内，这本身也是具备批判性思维的一个表现。

知识小结思维导图

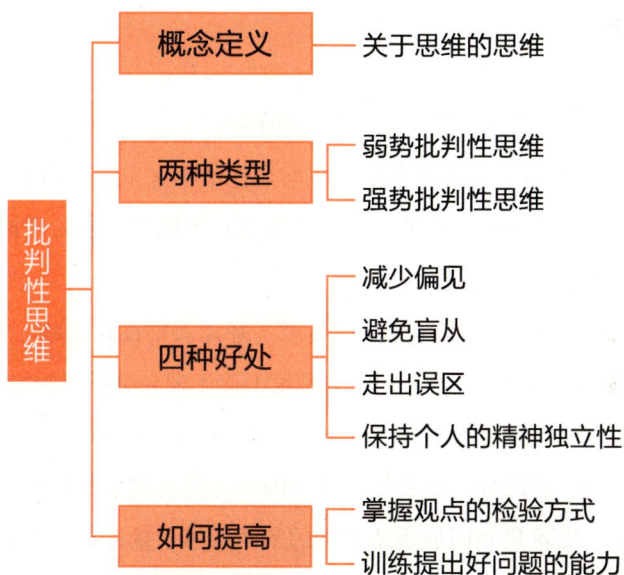

批判性思维

- 概念定义 —— 关于思维的思维
- 两种类型
  - 弱势批判性思维
  - 强势批判性思维
- 四种好处
  - 减少偏见
  - 避免盲从
  - 走出误区
  - 保持个人的精神独立性
- 如何提高
  - 掌握观点的检验方式
  - 训练提出好问题的能力

灵感稀缺，如何提升创造性思维？

·创新思维·

你听过阿基米德鉴别真假皇冠的故事吗？

国王让工匠做了一顶纯金皇冠，但是他信不过工匠，担心皇冠掺假，不是纯金的，于是就找来阿基米德，要求他在不破坏皇冠的前提下，想办法验证皇冠到底有没有掺假。

这可难坏了阿基米德，他苦思冥想了好几天都没有头绪，吃不下饭，睡不着觉。在那个时代，这个问题的难度不亚于现在量子力学的前沿问题。有一天，阿基米德准备洗澡，发现当自己坐进浴缸里的时候，水就不断地从边沿往外流。这时候，他突然灵光一闪——只要把东西扔进水里，就会有水排出去，而重量相同但质地不同的东西，排水量肯定也不相同。这下阿基米德高兴坏了，从浴缸里跳出来直接狂奔出去，嘴里还大喊着："有了！有了！"

这是一个很励志的故事，在环境线索的指引下，好的想法和创意瞬间击中阿基米德的大脑。但是反过来想一下，如果创意只能以这种方式出现，那人们岂不是很被动？而且这种方式似乎格外眷顾那些天才人物，难道创新就只能靠天赋了吗？

当然不是。不过，虽然很多人嘴上说着"不是"，但仍然以各种各样的方式相信天赋决定一切这种论调。比如，有些写作者会特别强调灵感的重要性，似乎灵感不来的时候就不能动笔。这似乎暗含一个信息：人必须在某些方面有很强的天赋才能有成绩。真的是这样的吗？

发散性思维的三个维度

创造性思维是指人们应用新颖的方式解决问题，并制造新的、有社会价值的产品的心理过程。

首先要避免进入一个误区，就是创新主要依赖天赋，不太需要努力。我们往往会对一些天才的创新有这样一种想法，即它们都是一蹴而就，从无到有突然发生的，就像阿基米德与皇冠的故事。

而实际上，创新非常依赖持久的尝试和努力。比如，画家毕加索的那幅著名的画作《格尔尼卡》，画面上是一堆动物和人物的碎片。

毕加索的画作《格尔尼卡》

不知道大家有没有想象过，在这幅画问世之前，毕加索的创作过程是怎样的呢？是不打草稿一次性画好的？事实上，很多局部的草稿都有几十张。

在这幅画稿的创作中，有一个关键点——几十张草稿并不单纯是画几十次同样的画。毕加索在很年轻的时候，画工就已炉火纯青，他早年写实的作品几乎可以以假乱真。实际上，草稿画的是几十个不同的版本，这一点非常厉害。

而这样的例子，在很多名家大师身上都能看到。

心理学家乔伊·保罗·吉尔福特（Joy Paul Guilford）率先提出发散性思维的概念，并且用发散性思维的流畅性、变通性和独特性这三个维度来衡量创造性的高低。

流畅性指的是单位时间内发散项目的数量，比如，在5分钟内想出带"月"字的古诗词，前提是几个人的古文知识背景相当。创造性高的人能在短时间内想出数量更多的诗句。想出的诗句数量越多，说明其流畅性越好。变通性指的是发散项目的范围或维度。范围越大、维度越多，变通性越强。创造力高的人的思维变通性较强，在解决问题时能触类旁通，举一反三。独特性指的是产生不同寻常、独特新颖见解的能力。独特性强的人在解决问题时往往能想出出人意料的解决方法。

毕加索在创作《格尔尼卡》的过程中，画了几十个版本的局部图，但创作工作并没有结束，最终定稿需要从众多草稿里选出其一放在定稿的画作中。这个选择的过程，就是一种辐合思维，也叫聚合思维，是一种有方向、有范围、有条理的收敛性思维方式。

总之，灵感到来的过程高度依赖我们的发散性思维能力与辐合思维能力。

世界上存在完全的创新吗？

心理学家还发现了一些其他对创造性有显著影响的因素。

提供实例可能会影响创造性。在解决实际问题的时候，如果有先例可以借鉴，解决问题的过程就会顺利很多。那么，在创新活动中，事先提供实例是否也能提高创造性呢？科学家认真思考了这个问题的可能性，并且将其付诸实验。

心理学家史密斯（Smith）做了一个研究。研究员给被试布置了一个任务，让他们想象地球之外的另一个适宜居住的星球，但在这个星球上还没有出现任何生物。被试的任务就是，在20分钟内，设计一些可以在这个星球上居住的新物种，并且不能重复地球上已有的生物，包括已经灭绝的物种。

实际上，史密斯把被试分成了两组，给其中一组提供了三个具体动物的例子，另一组则没有给出例子。结果发现，给出例子的那一组，最终画出来的动物与这些例子都有相似之处，他们的想象力似乎被这些例子束缚住了，创造性受到了限制。

而在另一个实验中，情况则恰恰相反。芬克（Finke）设计了另外一个实验，将成年人作为被试，结果发现，受到限制最多的被试，创造性更强。反而那些不受限制、自由发挥的被试，创造性更差。

这是怎么回事呢？原来，制定限制条件对创造性的影响，本质上是任务的新颖度和复杂度综合的结果。创造性表现最好的往往是有一定新颖程度，又不太过新颖，同时又有复杂程度适当的限制条件。

如果把人们对创新成果的接受程度也考虑进去的话，就更能理解为什么在一定限制条件下人们的创造性表现最好。

一方面，人们有追求新鲜事物的本能；另一方面，过于新颖的事物又会激起人们的恐惧感，反而让人们产生抵触心理。

举一个例子。火车大规模投入使用之前，先后经历了蒸汽机发明、蒸汽机改良、蒸汽机应用尝试、出现火车、火车改良等过程。但是，火车传入中国的时候，这些过程已经在国外完成了，当时的中国人直接就看到了冒着烟轰隆轰隆响的、会动的火车。难怪慈禧接受不了，觉得火车会影响帝王家的"龙脉"，让马拉着火车跑，而不敢使用蒸汽机。

所以，只有那种能带来新鲜刺激，但又不用力过猛的创意才会被受众接纳。换句话说，几乎所有被人们公认属于创新的东西，身上都有一些旧事物、已经存在的事物的原型和影子。

如何培养发散性思维?

那么，到底该怎么做，才能提升自己的创造性呢?

首先，提升自己的内在动机水平。我们不能为了创新而创新，在谈提升创造性之前，必须先想好，自己为什么需要创造? 只有当我们对要做的事情发自内心地喜欢、觉得有趣，不需要特别努力就能很投入时，我们的创造性潜力才会最大限度地被激发出来。

有一项研究就正面验证了这一点。约翰·鲁希欧（John Ruscio）和其他研究者先测试了被试在写作、艺术和问题解决这三种创造性活动方面的兴趣水平，每个人都有感兴趣程度最强和最弱的内容。过了几周，再召集这群被试，分别给他们布置三个任务，都与写作、艺术和问题解决相关。然后，找专业的评审员给被试的作品打分。结果发现，在最开始对测验内容最感兴趣的人的作品往往是最有创造性的。

其次，刻意培养发散性思维能力。第一，要有足够多的积累，这是有效发散的前提。第二，减少评判，诸如"某个东西只有一个用途""自己的某个想法特别不好"等，都是评判。很多灵光一现的发散，都是被评判"掐灭"的。具体来说，适度冥想可以帮助我们发现头脑里的各种评判，同时也能让我们更灵敏地捕捉各种转瞬即逝的创意想法。

掌握了这些基本法则，还可以试一试另一个方法。这个方法和阿基米德灵光一闪类似，无法保证在需要的时候出现，但是，它往往出现一次就能发挥巨大的作用。

这个方法就是学会适度地走神。走神实际上是注意力短暂地脱离了当下的任务，心智游移的现象。它可以让人们暂时脱离手头的问题，并为顿悟的发生提供机会，从而为创造性想法的产生提供帮助。而有些研究也发现，人在做出有价值的创新时，往往不是在非常专注的情况下，而是在心智游移的过程中。

知识小结思维导图

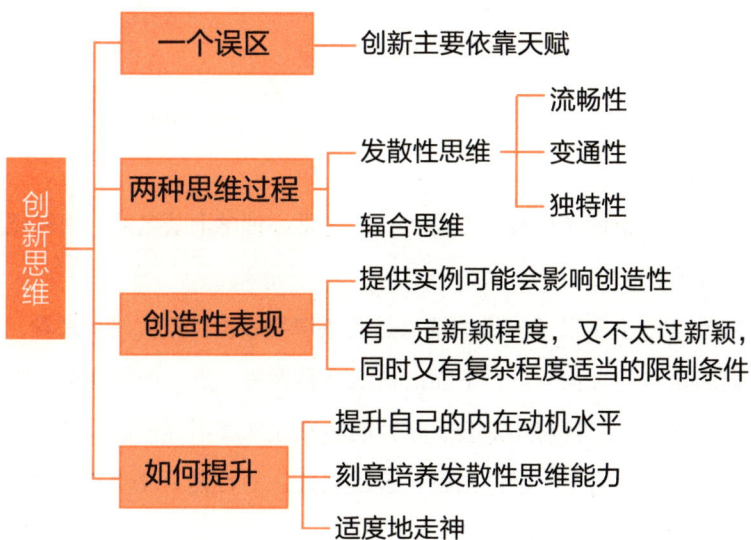

创新思维

- 一个误区 —— 创新主要依靠天赋
- 两种思维过程
  - 发散性思维
    - 流畅性
    - 变通性
    - 独特性
  - 辐合思维
- 创造性表现
  - 提供实例可能会影响创造性
  - 有一定新颖程度，又不太过新颖，同时又有复杂程度适当的限制条件
- 如何提升
  - 提升自己的内在动机水平
  - 刻意培养发散性思维能力
  - 适度地走神

快思考和慢思考，哪个方式更靠谱？
·思维系统·

请大家先看以下两幅图。

每幅图中的两条横线是不是等长？这是心理学上著名的"视错觉图"。答案是等长。

尽管实际上拿尺子测量的结果是两条横线等长，但从视觉来看，会觉得上面的横线稍微长一点，下面的横线则稍微短一点。即便如此，在面对这个问题的时候，我们还是会忽略掉明明看起来就不等长这个客观的心理过程，而选择说出那个经过测量并且得到公认的答案：没错，它们就是一样长的。

快思考和慢思考

从思维的角度来讲，两条横线看起来不等长，但我们回答"等长"的这个思维过程就是思维系统中的两大模块在起作用。

我们把"看起来不等长"这个感受的思维系统叫作系统1。假如给以上看图片的过程加一个电影慢镜头，我们会发现，当我们的目光瞥见图片的一瞬间，"看起来不等长"的感觉就出现了。我们几乎完全感受不到这个思维过程是怎么发生的，但结论就这么出现了。

所以，总结一下系统1的几个特点：它的运行无意识，并且非常快速；它不怎么让我们费脑力，我们对此没有察觉，完全处于自主控制状态。我们甚至可以把它看作一个直觉系统。

我们将在得出"实际上它们等长"这个答案的过程中起作用的思维系统叫作系统2，它的特点是：基于对客观事实的分析，我们会冷静下来，不被直觉牵着鼻子走，而使用更为精确的工具来获得正确的答案。

所以，系统2这种思维系统能够把注意力转移到需要费脑力的大脑活动上来，比如复杂的运算。而系统2的运行通常与行为、选择和专注等主观体验相关。

关于这两个思维系统的心理学研究已经持续了几十年，著名的心理学家丹尼尔·卡尼曼把系统1称为快思考，把系统2称为慢思考。

两种思维系统相辅相成

这两个系统之间的关系到底是怎样的呢？可以用一个词来形容——相辅相成。系统1是一个自动化的思维过程，而系统2则在我们的自动化思维无法得到相应结论时才会发挥作用。我们的大脑是会偷懒的，偷懒的方式就是少用认知资源，多做直觉性判断。当且仅当直觉性判断不成立的时候，大脑才会进行调整以得到正确的答案。

系统 1 有一个非常重要的思维工具，叫作联想。当提到风的时候，我们马上就能联想到雨、凉爽；而提到吃，则会马上联想到各种美食。这种联想是如此自动化地发生，我们挡都挡不住。不仅如此，系统 1 还非常善于在一些独立的信息中发现连贯性，并进一步加工出一个看起来合情合理的故事。

接下来给出三个词，大家看到之后感受一下自己的联想。这三个词分别是"小明""吸烟""咳嗽"。如果看完这几个词之后，过一会儿再回想的话，我相信依然有人能回想起来的是"小明因为抽烟而咳嗽了一下"。系统 1 把我们连续看到的三个词，自动化地加工成了一个句子，其实是一个有因果关系的小故事。

《思考，快与慢》中提到一个实验。研究者让被试读一些故事，其中有一小段写的是简的故事："在纽约拥挤的大街上逛了一天，欣赏完美景后，简发觉自己的钱包丢了。"之后，研究者对读过这个句子的被试做了一次突击回想实验，结果很有意思，这些被试觉得"小偷"与这句话之间的联系比"景色"与这句话的联系更为紧密，尽管原句中出现过与景色相关的词，而根本没有出现过"小偷"一词。原来，在"纽约""拥挤""大街"这三个词一起出现的时候，追求故事连贯性的系统 1 自动联想到了小偷这个因素，这是简丢钱包的原因。

在系统 1 组织故事的时候，系统 2 在干什么？它在偷懒。当研究者让被试做回想实验的时候，肯定发出了明确的指令，这时候，系统 2 不得不参与一下，而它参与的方式就是接受系统 1 的建议——做完这个判断之后，系统 2 又偷懒去了。其实，这就是一种非常典型的记忆错觉，而记忆错觉的发生就是因为系统 1 的思维给大脑预设了一些错误的相关信息。

　　除了联想记忆之外，系统 1 还包括直觉思维。心理学家梅兰妮·克莱因（Melanie Klein）曾经讲过这么一个故事。有一支消防队去救火，着火地点在厨房，他们到达着火地点后，刚用水管浇水，消防队的指挥官马上大喊"全部撤离"。但其实指挥官喊完之后，并不知道自己为什么会下达这个命令。于是，队员们训练有素，马上就撤出来了，结果全部人员刚刚撤出，厨房地板就塌了。指挥官靠着敏锐的专业直觉救了大家一命。事后，他仔细回想才发觉其中的异常，因为厨房的火势很小，但是，指挥官感觉耳朵热得慌，最后发现，真正的着火点在厨房下面的地下室。

　　就像这个故事一样，我们对直觉总是有一些美好的想象，但实际上，直觉也经常犯错。给大家出一道题：球拍和球共花费 110 元，球拍比球贵 100 元，问球的价格是多少？很多人给出的第一答案会是 10 元。给出这个答案的过程非常依赖直觉，我们都觉得这道题挺简单的，但是算一下就会知道，10 元是错误答案。实际上，球的价格是 5 元。

　　当系统 1 在用直觉找答案时，系统 2 在干什么？还是在偷懒。因为这时候系统 1 已经得到了一个答案，即 10 元，系统 2 觉得这挺像正确答案，那就是它了。只有当别人告诉你这个答案是错的时，系统 2 才会真正马力全开，去解这道题。

　　当然，这个题目并不是笔者的原创，美国有很多大学生都回答过类似的问题，就连像普林斯顿大学、密歇根大学这样的名校，都有超过一半的学生给出了符合直觉但错误的答案。由此可见，系统 1 并不会因为学业表现优秀就在直觉表现上不犯错。

　　系统 1 还有一个特点是，它是一个无法停下来的思维，就像心脏跳动和血液流动那样，除非死亡，否则我们就会一直用到系统 1。但是，前文也提到了，**系统 1 和系统 2 是相辅相成的，系统 2 习惯性地相信系统 1 的判断，并且依赖系统 1 做判断和决策。**

当然，系统 2 也不是一味依赖系统 1，比如，计算 13×77 的时候，联想记忆就会停止工作。很多人都背过九九乘法表，但几乎没有人会把两位数的乘法运算结果背下来。直觉思维也罢工了，系统 1 全面投降，于是系统 2 出马，调用大脑里关于乘法运算的复杂知识，集中注意力来计算这道题。但是，计算这道题的时候，它还是会依赖一下系统 1，比如脱口而出的 3×7=21 这种简单的计算。

另外，在需要高度集中注意力的情况下，也就是系统 2 全面运作的时候，大脑会屏蔽很多其他的事情，系统 1 似乎被抑制了。有两位心理学家设计了一个很有意思的实验。他们让两队篮球运动员比赛，一队穿白球衣，一队穿黑球衣。他们给被试的任务是，通过看视频，统计出白球衣队员传球的次数，并且忽略黑球衣队员的传球。这个任务很难，必须全身心投入。视频播到一半的时候，一个穿着大猩猩服装的女人出现了，她模仿大猩猩的动作穿过正在打比赛的球场，一共持续了 9 秒钟。结果，忙着统计传球次数的被试都没看到她，而那些接到仅仅观看这个视频的任务的被试都看到了她。

在这个过程中，系统 1 负责观看和定位，而系统 2 决定看什么，任务的难度大让系统 2 决定缩小注意力的范围，并高度集中在传球上，从而导致思维系统错过了戏剧化的穿着大猩猩服装的女人。

我们从中可以发现系统 1 和系统 2，也就是快思考和慢思考这两种思维的复杂性。慢思考看起来更靠谱一点，但它又和快思考之间有着很深的关系，如果只依赖快思考，就会做出一些错误的决策。所以，很难下定论，谁更靠谱。

最后，留给大家一个思考题。本节关于系统 2 的属性和特点是在和系统 1 的对比中得出的，而慢思考与前文中的结构化思维和批判性思维相比，又有什么不同呢？

知识小结思维导图

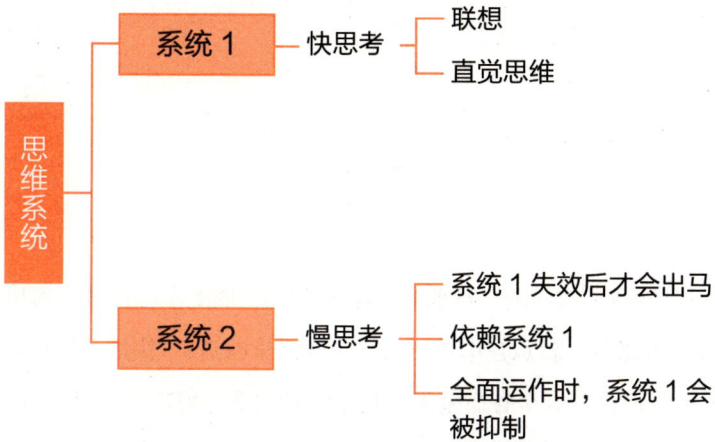

思维系统
- 系统 1 —— 快思考
  - 联想
  - 直觉思维
- 系统 2 —— 慢思考
  - 系统 1 失效后才会出马
  - 依赖系统 1
  - 全面运作时，系统 1 会被抑制

逐利和止损，影响你做决定的描述陷阱
·框架效应·

有一个笑话是这样的：从前有一个吝啬鬼，他不小心掉进了河里。这时有个好心人路过，就趴在岸边对着这个吝啬鬼喊道："快把手给我，我把你拉上来！"但是，这个吝啬鬼怎么也不肯伸出手。好心人一开始很纳闷，后来突然醒悟，就冲着快要沉下去的吝啬鬼大喊："我把手给你，你快抓住我！"这个吝啬鬼听到之后，一下就抓住了这个好心人的手。

别人怎么做决定，取决于你怎么表达

听了这个笑话之后，不知道你有什么感想，吝啬鬼是不是有点像成语故事《朝三暮四》里那几只傻傻的猴子？这个故事背后隐含了一个重要的心理学现象——框架效应。

所谓框架，指的是关于某个选择的一种特定描述。同一个问题可以构建出两种版本，也就是用两种不同的表述方式来描述同一个决策情境。当做决策的人在面对两种不同表述时，可能会做出不同的选择，这时就产生了框架效应。

简单来说就是，人们的决策偏好经常会因为信息的表达方式不同而产生改变。传统的经济学假设人都是理性的，同样的问题，无论怎么变换说法，本质上都是一样的，结果不会发生改变。就像早上吃 3 个栗子，晚上吃 4 个栗子，与早上吃 4 个栗子，晚上吃 3 个栗子，总数都是一样的，即一天共吃 7 个栗子。在前文的笑话中，"你把手给我"和"我把手给你"，最终得到的结果都是两个人的手握在一起，没有发生任何变化。

看上去，决策不应该发生变化，但是，框架效应否定了这一看法。这个效应是由阿莫斯·特沃斯基和丹尼尔·卡尼曼在 1981 年发现的。值得一提的是，心理学家卡尼曼因为在决策领域的非理性人的研究贡献，获得了 2002 的诺贝尔经济学奖。回到主题上来，他们是怎么发现这个效应的呢？他们是通过一系列经典的实验来发现框架效应的：

假设美国正准备应对一种罕见的传染性疾病，预计该疾病的发作将导致 600 人死亡。现在有两种应对这种疾病的方案可供选择。

如果采用 A 方案，200 人将会生还；如果采用 B 方案，600 人有 1/3 的机会生还，有 2/3 的机会将无人生还。你会选择哪种方案？我想，大部分人应该会选择 A 方案。在最初的大学生样本中，有 72% 的人选择了 A 方案。

换一种说法。

如果采用 A 方案，400 人将会死亡；如果采用 B 方案，无人死亡的概率为 1/3，600 人全部死亡的概率为 2/3。请问，你会选择什么方案呢？这一次，78% 的人选择了 B 方案。

如果思考一下这两种说法，就会发现其表达的意思是完全一样的，只不过一个是从死亡的角度表述的，一个是从生还的角度表述的，大家的选择产生了巨大的差异。

通过这个实验，卡尼曼和研究员得出了结论：人们的风险偏好依赖问题的表述方式。具体来说有三点：一是大多数人在面临获得时倾向于风险规避，二是大多数人在面临损失时倾向于风险偏好，三是人们对损失比对获得更敏感。因此，人们在面临获得时往往小心翼翼，不愿冒风险；而在面对失去时会很不甘心，容易冒险。

三种不同的框架效应

框架效应自从被人提出之后便引起了很多心理学家和经济学家的兴趣，他们做了更多的后续研究，发现了更多不同种类的框架效应，比较常见的有三类，分别是风险选择框架效应、特征框架效应和目标框架效应。

第一类是风险选择框架效应。这个类型的框架效应主要关注的是，当分别从损失或者收益方面描述某一个风险信息时，人们承担风险的意愿会如何变化。比如，前文说到的疾病实验就属于风险选择框架效应。

风险选择框架效应在医疗决策领域表现得比较明显，在描述医疗手术的效果时，是给出存活率对患者的决策影响更大，还是给出死亡率影响更大？从理性角度来说，这两种方法本质上是相同的。但是，这两种描述方法对患者却有着不同的影响，举一个例子。

版本一：假设某个人患了绝症，你会替他选择哪种治疗方式？

外科手术：在100个接受外科手术的患者中，有90人手术后还活着，有68人1年后还活着，有34人5年后还活着。

放射治疗：在100个接受放射治疗的患者中，所有人治疗后都还活着，有77人1年后还活着，有22人5年后还活着。

版本二：假设某个人患了绝症，你会替他选择哪种治疗方式？

外科手术：在100个接受外科手术的患者中，有10人手术后死亡，有32人1年后死亡，有66人5年后死亡。

放射治疗：在100个接受放射治疗的患者中，没有人在治疗后死亡，有 23 人 1 年后死亡，78 人 5 年后死亡。

结果发现，以版本一的存活率为框架表述时，只有 18% 的受访者选择了放射治疗。以版本二的死亡率为框架表述时，就有 44% 的受访者选择了放射治疗。同样是不确定的结果，仅仅由于表述方式不同，受访者的选择比例就产生了明显的变化。当从拯救生命的角度阐述时，决策者会表现出风险规避的倾向；当从生命丧失的角度阐述时，决策者会表现出风险寻求的倾向。

第二类是特征框架效应。特征框架效应关注的是，当分别从积极或者消极的方面去描述某一个事物或事件的关键特征时，人们对这个事物或事件的偏好会如何变化。比如，可以将汉堡描述为有 80% 的瘦肉，也可以描述为有 20% 的肥肉。对汉堡这个事物的特征描述不同，人们选择吃还是不吃的态度也会发生变化。

第三类是目标框架效应。这种类型的框架效应主要着重于，当分别从实施或者不实施某种行为的方面去描述这种行为和目标之间的关系时，人对实施这个行为的意愿会如何变化。比如，乳腺投影检查可以描述为"如果进行乳腺投影检查，你就将获得及早发现乳腺癌的最佳机会"，也可以表述为"如果不进行乳腺投影检查，你就将失去及早发现乳腺癌的最佳机会"。同样，针对这两种表述，人们是否进行检查的选择倾向也会不同。

框架效应多用于健康领域和广告领域

至此，相信你已经大概了解了框架效应，那么它在我们的实际生活中都有哪些应用呢？

第一个应用领域就是健康领域。研究发现，合理利用框架效应将有助于提高人们的健康行为，比如健康饮食、运动、戒烟等。那么究竟是收益框架（强调采取健康行为的益处）还是损失框架（强调没有采取健康行为的损失）会更有效地促进人们采取健康的行动呢？

这是没有定论的，要根据实际运用时的具体情况而定，因为它会随着一些因素产生变化，其中的一个因素就是人的动机趋向。人在目标实现过程中会存在两种不同的动机趋向：促进动机和防御动机。

拥有促进动机的人关注对理想状态及成长的实现，更加追求成功，因此对收益或积极结果更敏感；拥有防御动机的人关注安全及责任的实现，旨在避免失败，因此对损失或消极结果更敏感。

除此之外，还有一些有意思的框架表述会对健康行为产生影响。比如，有研究者发现，以"年"为框架（每年有很多人因饮食不健康承受严重后果）比以"天"为框架（每天有很多人因饮食不健康承受严重后果）更有利于刺激人们采取节食行动。

再比如，当目标与幸福感相关时，前事实性表达（如果过多地摄入肉类，那么将不利于你的幸福感体验）比事实性表达（过多摄入肉类不利于你的幸福感体验）更有效；如果目标是和健康相关的，事实性表达（过多摄入肉类对身体健康不利）则比前事实性表达（如果你摄入过多的肉类，那么将不利于你的身体健康）更有效。

第二个应用领域是广告领域。这个领域对框架效应的应用比较多，这一点也比较容易理解，因为广告语就是最好的框架。有研究发现，当分别从积极方面（75% 的瘦肉）和消极方面（25% 的肥肉）来描述同一份牛肉时，消费者会更倾向于选择积极框架下的牛肉。

不过目前广告营销领域的应用，已不仅限于以此（积极或消极方面）对产品的特性进行表述上的操纵，还扩展出很多新的框架效应。研究发现，价格和项目数的呈现顺序会影响人们对商品的评价。比如，与"29 元 70 个"相比，"70 个 29 元"的表述方式会使人们对同一组商品的评价更积极；

用小单位表示数量信息时，消费者会感知到更大的差异，"7—21 天"就比
"1—3 周"更能激发人们的差异感受。

知识小结思维导图

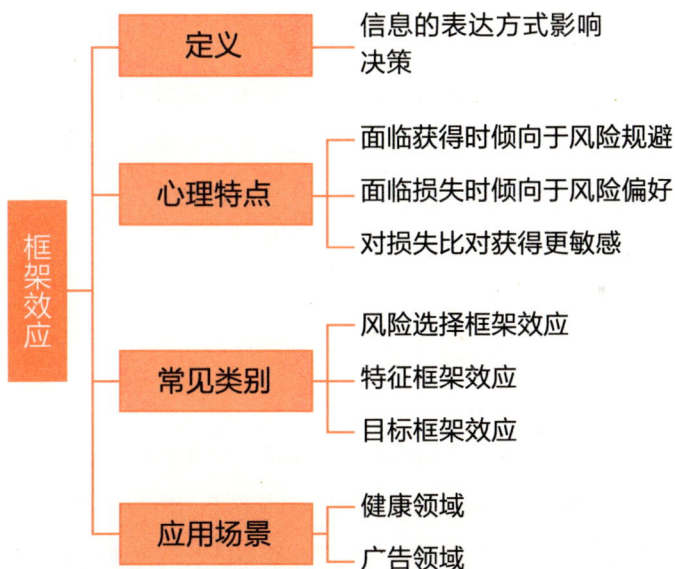

框架效应
- 定义 —— 信息的表达方式影响决策
- 心理特点
  - 面临获得时倾向于风险规避
  - 面临损失时倾向于风险偏好
  - 对损失比对获得更敏感
- 常见类别
  - 风险选择框架效应
  - 特征框架效应
  - 目标框架效应
- 应用场景
  - 健康领域
  - 广告领域

客观和主观，影响你做判断的自我偏见
· 自我偏差 ·

你觉得自己跟其他人相比，在面对一件事情或者一个问题的时候，能否做到更加客观呢？如果你的答案是"能，我当然要比别人更客观一些"，那么很可能你得出的"能"这个结论，就是不客观的。这么说可能听起来有点绕，但这个问题与本节的主题有关。

人们自我评价时多为肯定性评价

决策心理学中另外一个比较常见的误区，叫作自我服务偏见或者自我服务偏差，英文是 self-serving bias。它指的是，当我们加工和自己有关的信息时，会出现一种有利于自己的潜在偏见，从而做不到客观地评价或者判断。

为什么会产生这样的倾向呢？或者说，自我服务偏见对我们来说，有什么作用呢？心理学家表示，相对于评价别人，人们在评价自己时往往会给出更多的肯定性评价，这样做的目的是满足自我保护、自我提升的愿望或者恢复自我价值感，提高自尊水平。同时，这样做还有助于我们积极面对生活中的各种挫折。

四种典型的自我服务偏见

自我服务偏见有很多类型，以下着重介绍这四种典型的自我服务偏见，它们分别是中等偏上效应、盲目乐观、归因偏差和焦点效应。

中等偏上效应。大部分人都认为自己跟平均水平相比更高一些。心理学家找了很多学生来调查，问他们："你的社交能力与平均水平相比怎么样？"然后，基本所有人都觉得自己和平均水平相比，社交能力要更好一些。想一想，真实情况是这样的吗？真实情况只可能是不到50%的人比平均数要高，剩下的人等于或低于平均水平，怎么可能所有同学都比平均水平高呢，这明显不符合常理。

还有一项对司机的研究也证明了这一点。研究人员问司机："与平均水平相比，你的驾驶水平怎么样？"大部分司机都说自己的驾驶水平比平均水平高。研究人员还问了那些刚刚出过车祸的司机，就连他们都说自己比平均水平要高。

当我们站在旁观者的角度听到这些研究结果的时候，可能会产生怀疑。而当我们处于现实的情景中时，自己可能也是这样认为的。

人们往往认为自己比其他人更不容易受到偏见的影响，甚至认为自己比大多数人更不容易产生自我服务偏见。而这本身就是一种自我服务偏见。

盲目乐观。乐观是一种积极的人生态度，但其实，盲目乐观也是一种自我服务偏见。盲目乐观最典型的表现就是，对于积极的事件，人们倾向于认为更有可能发生在自己身上；而对于那些消极的事件，人们又倾向于认为更有可能发生在别人身上。但实际上，只要稍微想一想，就会知道这是毫无依据的。

比如，一项针对国外大学生的研究发现，很多学生认为自己远比其他同学更可能找到好工作，获得更高的工资，有自己的房子。而对于那些不好的事情，比如酗酒、突发疾病或者遭遇到不好的事情，则会觉得更可能发生在别人身上。

乐观可以增强自我效能感，但盲目乐观则可能会使人陷入危险。因为总是相信自己可以幸免于难，所以就不会采取预防措施。

比如，有研究者发现，那些离婚的人在当初领结婚证的时候，都认为自己将来离婚的可能性是零，离婚这种事情绝对不会发生在自己身上。还有一些针对婚前性行为的研究发现，那些有婚前性行为的女生认为，自己和别人相比，不太可能意外怀孕，因此不愿意坚持采取避孕措施。

另外，这种盲目乐观的自我偏差在商业中也比较普遍，尤其是在炒股中。很多人没炒股之前，都觉得自己与其他人相比，更不可能亏钱，但他们往往就成了亏钱的人。

归因偏差。归因偏差也属于自我服务偏见的一种。归因偏差是指，当人们对一件事情进行归因时，如果这件事是好的、成功的，那么人们就倾向于认为是自己的原因，比如自己的能力很强或者付出了很多努力等。如果这件事情是不好的、失败的，那么人们就倾向于认为是外界的原因，比如运气太差了或者问题本身就很难解决等。

比如，一个公司的利润增加了，那么CEO（首席执行官）就会将之归功于自己的管理能力；而当利润减少时，他可能就会想，现在经济不景气，大环境不好，企业很难经营。

焦点效应。在通常情况下，人们认为自己比其他人更重要，自己的事情比其他人的事情更关键，人们会高估别人对自己的注意程度，高估自己的突出程度。在心理学上，这叫作焦点效应。

比如，很多人在公开讲话之前都会紧张、焦虑，而且会认为底下的听众很可能也注意到了自己的紧张情绪，于是就会变得更紧张。他们觉得听众一下子就能注意到自己在讲演中所犯的一些小瑕疵、小错误，但实际上并不是这样的。

在一个经典的研究中，心理学家让大学生穿上一件名牌衣服走进教室，这位学生原本认为会有很多人注意到自己。但是研究发现，实际上并没有那么多人注意到他，注意到他的只有不到 1/4 的人。而在这之前，很多人都觉得"人人都会注意到我"或者预估"有超过一半的人会看着我"。

由此可知，在人们心中，人们会觉得自己特别重要，从而高估别人对自己的注意程度，尤其是在犯了错的时候，人们会觉得这个错误如此之大，以至于自己心理上总是过不去，甚至觉得大家都会盯着自己犯的错。其实不然，没有那么多人关心这个错误。为什么呢？因为大家都在关心自己啊。

所以，以后在公众面前讲话时，不妨在心里告诉自己，我的紧张只有自己知道，他们根本就觉察不到。这样心理负担可能就会小一些。

给大家讲一个我自己的例子。其实，我刚开始在大学担任教师给学生上课时也非常紧张，生怕自己什么地方讲错了。但是，我会给自己一个暗示，这也和我的近视眼有关系。在上课的时候，我不戴眼镜，就会感到眼前一片模糊。这种眼前一片模糊，会让我感觉好像没有人注意到我或者让我觉得我可能就是一个人在讲课，因此就没有那么紧张了，也不会那么在意自己可能犯的错误了。

自我评价时要保持客观

怎么做才能避免或者减少这些自我服务偏见呢？

首先，我们要讨论的是，是不是一定要克服偏见。因为这是人类的一种天生的认知倾向，它既有消极的一面，也有积极的一面。积极的一面是可以保护人的自尊，所以是否刻意避免它，就需要看具体的情况和个人意愿。

如何减少自我服务偏见呢？有两个方面，一方面是把自己作为对立者，另一方面是把自己作为旁观者。

把自己作为对立者，就是把自己的立场刻意变成另一方，然后努力去寻找那些反对的证据来证明自己原本的想法或结论是错误的。因为自我服务偏见会让我们认为自己的看法就是正确的，而习惯忽视其他信息。比如，针对"我觉得自己的外貌水平处于平均以上，比一半人更好看"这个观点，你可以把自己作为对立面来反驳这个观点，尽量找出一些证据来证明这个观点是不对的，尽管这样做最后的结果会比较伤自尊。

把自己作为旁观者。相信大家都听说过这句老话："当局者迷，旁观者清。"实际上，把自己变成旁观者几乎是不可能的，这里说的把自己作为旁观者更多的是一种思维活动，通过想象的方式把自己变成一个旁观者。闭上眼睛，想象你现在是另一个人，去看看自己原本的样子，这有点类似于冥想。

还是以演讲为例，想象一下自己现在并不是正在台上演讲的那个人，而是底下的听众，你会怎么做？你是关注演讲者的紧张情绪，还是关注他讲的内容？或者会走神、玩手机？这些情况都有可能。当你想到如此之多的可能性之后，是不是就消除了相应的焦点效应了？

最后，笔者在论述焦点效应这个知识点的时候，也讲到了自己的处理方案，那有点类似于把自己作为一个旁观者。但其实除了把自己作为旁观者，还可以把周围的环境想象成空白，没有其他旁观者，这时紧张情绪可能也会消失。

有人说，世界上最难的事情就是认识自己，阅读过本小节，你对这句话有什么新的理解？

知识小结思维导图

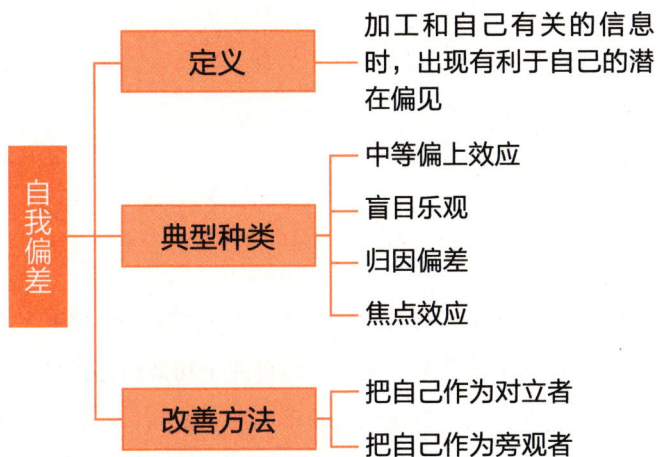

- **定义** —— 加工和自己有关的信息时，出现有利于自己的潜在偏见

自我偏差

- **典型种类**
  - 中等偏上效应
  - 盲目乐观
  - 归因偏差
  - 焦点效应

- **改善方法**
  - 把自己作为对立者
  - 把自己作为旁观者

理性和直觉，影响你做决定的神秘力量

· 运用直觉 ·

我们在学生时期可能都有这样的经历：考试时遇到一道完全不会的选择题，但自己能选出正确答案。或者，面对两个相似的选择时，将各种理性分析都用上了还在纠结，但在抛出硬币的那一瞬间，答案就清晰地出现在脑海里了。再或者，在非常熟悉的小路上，莫名感到有危险，全身心戒备地经过之后，发现果然有可疑的人在附近游荡。

这些就是每天在生活中随时会出现的感觉——直觉，也有人把这种不同寻常的敏锐直觉称为第六感，认为它是宇宙中的神秘力量。

直觉思维是一种深层次运行机制

很多人都非常推崇把这些现象归结为直觉，觉得在生活和工作的方方面面，直觉都有帮助，并且经常依赖直觉来做决定；但另外一些人不以为然，觉得依靠直觉没有具有说服力的证据，不可采信。本节将从心理学的角度探讨一下直觉思维。

直觉思维属于思维系统中的系统 1，也就是快思考的一部分。直觉思维是这样一种思维——它迅速出现在脑海中，人们无法意识到它的深层次运行机制，并且当它出现之后会有强烈的实现动机。

从这个描述中可以看出，直觉和理性是相对应的，换句话说，当直觉出现的时候，我们常常会感觉"我就是知道""就应该这样"，但是不知道自己为什么知道这些。

专家型直觉

研究者们也注意到了这些现象：经验丰富的面试官在见到求职者后的几秒内，就已经对求职者适不适合该岗位有了初步的判断；资深的警察在追捕潜在罪犯的时候，一瞬间就能看出谁不对劲；象棋高手看一眼街边的棋局，就会知道谁胜谁负，而且这些快速的判断往往都很准确。

研究者把人们在自己擅长领域出现的直觉称为专家型直觉。

作为个体，在直觉出现的时候，虽然无法意识到它的深层次运行机制，但科学研究的确能发现其背后运作的原理。那么，专家型直觉是如何形成的呢？心理学家丹尼尔·卡尼曼认为，这取决于两个要素。

一个要素是人类进化而来的重要情绪机制——我们在什么时候感到恐惧。当然，不仅仅是恐惧，其他情绪的形成过程也会储存在记忆里，成为构成直觉的要素。比如，警察在任务演练的时候感到紧张，而这种学习能够帮助他们在真实任务中更快地找出凶手。

另一个要素就是大量的专业学习、训练和经验积累。这能够帮助人们在各自的行业中养成自己的专家型直觉。医生、运动员、消防员等自不必说，就连街边的摊贩也有自己的专家型直觉，猪肉铺经验丰富的大叔一刀切下去有时就能正好切出一斤猪肉。

但有时候，我们也会遇到一些"砖家"，也就是假专家。比如，跟着投资"大佬"买股票，结果，"大佬"预测失误，最后投资者亏损惨重。那么，专家的直觉到底准不准确呢？或者说，我们什么时候才能相信专家的直觉呢？

第一点，可以思考一下，这个做出直觉判断的专家是否具备在行业内长期训练的经历，是否拥有丰富的技能和经验；第二点，专家的直觉是否依托于非常有规律的环境背景。

比如，象棋高手对棋局走向的直觉往往很准确，因为他们具备足够的训练与丰富的经验，同时，棋局也是一个非常有规律的环境；而相比之下，投资"大佬"对股市的预测就显得不那么可信了，因为投资环境非常复杂又充满变数。

那么日常生活中普通人的直觉又该怎么理解呢？

有研究者在结束一项实验的时候，给两组被试赠送海报，表达对被试的感谢，这些来参加实验的被试都是女性。给其中一组赠送海报的方式是，让她们直接从五张海报中挑一张带走；而另一组则需要在带走海报之前说明自己为什么喜欢那张海报，在回答完问题之后，才能把礼物带走。

过了几周，研究者追访了这些被试，结果发现，直接带走礼物的那一组被试对海报的满意度较高，而说出喜欢的原因再带走礼物的一组被试则对自己选择的海报满意度较低，甚至后悔自己的决定。

看起来，这些被试在看到五张海报的一瞬间，就已经知道哪一张是自己最喜欢的；而必须说出喜欢的理由这个明显的理性思考过程却干扰了另一组被试最初的判断，她们最终通过理性思考说服自己带走的可能不是一开始最喜欢的那张海报。

一种合理的解释是，在直觉形成的瞬间，起作用的是经验法则，也就是我们的无意识思维给出的答案。它让我们处于一种认知放松的状态，使得我们偏爱第一时间出现在脑海中的直觉选项。

人们的理性思考有能力在直觉出现之后，基于各种分析找到看起来更优质也更合理的答案。但是，如果选择最终主要是由理性因素决定的话，那个"被抛弃"的直觉选项就会令人们耿耿于怀。因为对礼物的满意度取决于主观上是否喜欢，所以，依赖直觉选择的礼物会让人们更满意。

类似地，人们往往会对熟悉环境下的潜在危险有敏锐的直觉，这就依赖于背后的经验法则。当熟悉的环境中有异常出现时，尽管说不出为什么，但大脑已经把这些信息汇总成一种感觉，迅速触发人们的恐惧感，从而帮助人们躲避危险。

同样的情形，如果发生在更客观的场合，比如预测行业走势，教师预测学生的学业发展，等等，那么，这种天然的直觉偏好则会更容易出错。因为人们的直觉思维系统缺乏分析统计数据的能力。

做决策时要不要相信直觉？

那么，怎样才能让直觉更加可靠呢？我们可以利用回归效应来修正直觉偏好，这能让我们基于直觉的同时得到更为准确的结论。

回归效应最早是在生物学的研究中发现的，是一种统计效应。它指的是，在连续重复测量的情况下，前一次测量中出现极高或者极低的极端值后，下一次测量会向平均值偏移。

举一个例子，在高考冲刺的阶段，很多学校都会采取月考、周考的高强度训练来提高考生的应试能力。我们往往会发现，在一次考试中考砸了的学生，下一次考试有很大的概率会比上次考得好；而在一次考试中超常发挥的学生，下一次考试则可能会考得稍差一些。如果我们根据学生高考前的最后一次测验来预测高考成绩的话，就要格外注意是否会受到回归效应的影响。

回归效应在修正直觉中具体要怎么运用呢？假设现在需要你为某个连

锁超市的营业额做下半年的预测，每个门店的规模和商品都很类似，但是因为地理位置等因素，各个门店的营业额有好有坏。现在已经知道，某位经济学家为这个连锁超市做了整体预测——总体会增长 10%，而 A 门店今年上半年营业额是 1000 万元，B 门店是 2000 万元，C 门店是 2500 万元。那么，该怎么预测其旗下这三个门店下半年的营业额呢？

如果凭直觉来预测，我们可能会倾向于 ABC 这三个门店，每个门店的营业额都增加差不多 10%，而当我们把回归效应纳入进来时，更为合理的预测就应该是，在直觉的基础上，A 门店高于 10%，B 门店接近 10%，而 C 门店应该低于 10%。其背后的逻辑就是，好的可能会降低，而坏的可能会提升。

第二个建议是对个人而言，复杂决策相信直觉。比如，买车、买房这种既复杂又不牵扯其他人的选择，为了让自己在购买之后更加满意，应该更相信自己的直觉。

其背后的原理基于启发式，无意识思维更擅长在可参考信息比较少的情况下做出最优的决定，对应到我们的感受便是"一眼看中，就是它了"。相反，对于简单的商品，比如日用品之类，经过思考之后的选择会让人的满意度更高。

知识小结思维导图

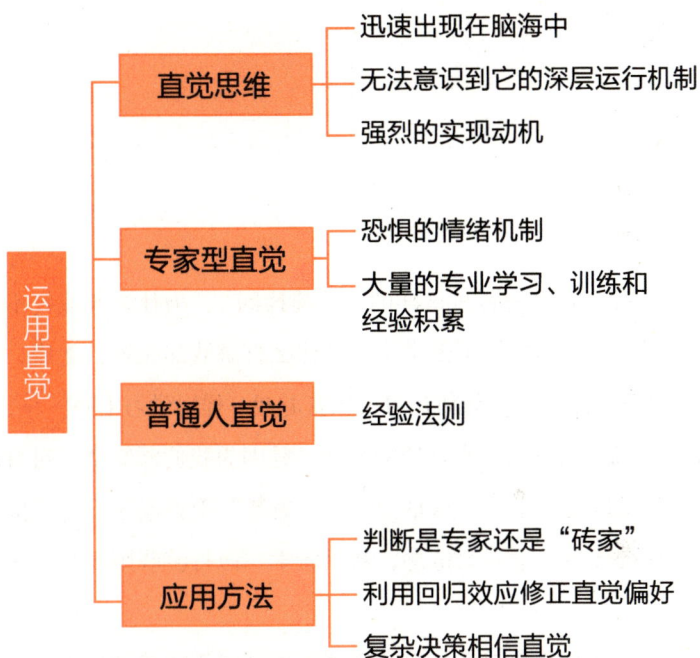

```
运用直觉 ─┬─ 直觉思维 ─┬─ 迅速出现在脑海中
          │             ├─ 无法意识到它的深层运行机制
          │             └─ 强烈的实现动机
          │
          ├─ 专家型直觉 ─┬─ 恐惧的情绪机制
          │              └─ 大量的专业学习、训练和经验积累
          │
          ├─ 普通人直觉 ─── 经验法则
          │
          └─ 应用方法 ─┬─ 判断是专家还是"砖家"
                        ├─ 利用回归效应修正直觉偏好
                        └─ 复杂决策相信直觉
```

如何成为学习高手？
· 善用强化 ·

你有没有对自己进行过这样的"灵魂拷问"：为什么游戏打不赢就会一直玩，而学习学不好就不爱学了？为什么打游戏那么容易上瘾，学习却不让人上瘾呢？或者说，如何让自己像打游戏一样对学习上瘾？

其实，我们之所以会有这样的疑问，是因为我们深知学习对自己的重要性，却又难以爱上学习。这是因为被"虐待"千百遍还不得不接着学习的痛苦往往会导致一学习就倦怠，甚至厌学。而打游戏则轻松得多，没有压力。

实际上，要把打游戏时的那种欲罢不能的状态转移到学习中来也并非不可能。这关乎我们如何看待学习的本质，也就是本节要探讨的内容。

多给自己积极强化

当我们对"学习"展开想象的时候，往往是阅读、做题或者听老师讲课；而一旦联想到"游戏"的时候，则会想到经典的游戏场景、对着手机屏幕或电脑不停地进行游戏操作。

但是，在心理学家看来，这两者实际上是一回事：基于体验的一种行为改变。并且，在这个过程中，强化起着非常重要的作用。

在心理学中，"强化"是一个生命力非常旺盛的概念。大约在 100 年前，伯尔赫斯·弗雷德里克·斯金纳（Burrhus Frederic Skinner）最早在操作性条件反射的理论中提出了"强化"的概念。而脑科学发展之后，对于多巴胺的研究又印证了"强化"这一概念。操作性条件反射理论讲的就是行为结果如何引起主动的行为上的改变。

为了验证自己的理论，斯金纳设计了著名的实验装置——斯金纳箱。典型的斯金纳箱里有一个可以按压的杠杆，杠杆边上有一个小小的食盒，动物按压杠杆就会有食物掉到食盒里。斯金纳把一只饥饿的小白鼠放进斯金纳箱，一开始，小白鼠到处活动，当它某次偶然按到了杠杆，结果食盒里有了食物时，它吃到了食物。尝试几次之后，小白鼠就学习到"按压杠杆就会有食物"，于是，它就一直按杠杆，直到吃饱为止。

在这个实验中，小白鼠需要学习的是按压杠杆的动作，而食盒里的食物就是它行为的强化物，是对它行为产生强化作用的一种刺激。食物能够刺激小白鼠增加按压杠杆的行为，而这个动作是小白鼠主动去做的。

这个实验的操作不仅在小白鼠身上有效，在人类身上也屡试不爽。在很多游戏中，打通一关就能获得积分、更新装备、升级角色或者拓展游戏空间，通关之后获得的所有东西都是强化物，它能够让人连续几个小时甚至更长时间不停地点击手机屏幕上的几个位置或游戏手柄上的几个按钮，并且十分投入，开心地持续重复无聊的动作。

问一下流水线上的工人就会知道，这种重复操作几个按键的事情是多么枯燥、无聊。但是，在游戏中，人却乐此不疲，为什么？就是因为能获得不同的强化物。

但其实，强化有积极、消极（或正负）之分，这种区分并没有好坏之分。积极强化指的是做出某个行为就会得到奖赏或者需要的东西。比如，幼儿园老师经常给表现好的小朋友发小红花；在孩子取得好成绩的时候，家长经常会给予物质上的奖励。这种积极强化也叫作正强化。

消极强化则是当人们做出某个好的行为之后，就撤销处罚或不让其去做自己厌恶的事情。 比如，监狱里的犯人如果表现得好就可以得到减刑；小朋友表现得好，家长就允许他少做一些家务，当然，前提是他不喜欢做家务。这种消极强化也叫作负强化。

与强化相对应的就是惩罚。一些家长和老师喜欢在教学中运用惩罚来塑造或纠正孩子的行为。**所谓的惩罚，指的是通过增加厌恶的刺激来消除不良行为。**

要强调一下，惩罚和负强化是两个不同的概念，很多人会把两者混淆。**惩罚是指增加厌恶的刺激来消除不良行为，而负强化则是指减少厌恶刺激来增加良好行为。**惩罚的效果往往比强化的效果差。比如，对于一个经常迟到的学生，惩罚的做法是迟到就让他罚站，早到则不罚站；而强化的做法时，只要他准时就表扬。往往会发现，表扬的效果比罚站要好一些。

通过连续渐进法进行持久强化

那么，关于"为什么不能像爱上游戏那样爱上学习"，大家心里是不是有了答案？因为游戏设计师早就把斯金纳的强化概念运用得炉火纯青了，而我们在学习中对强化的运用还非常粗浅。

回顾一下自己的学习经历，那些让我们感觉良好的强化，比如表扬、奖励等，往往一周都发生不了一次，就连考试，也要过一阵子才能知道结果，反馈来得少且慢。而在游戏中，基本上每几分钟就会有奖励和反馈。因此，强化的频率太低，我们对学习行为的良好体验可能就无法持续保持，学习热情也很容易在下一次强化物出现之前就消退了。

　　因此，我们可以使用斯金纳设计的连续渐进法。它的具体操作程序是这样的。第一步，把需要学习的目标行为列举出来。比如，训练智力水平较低的儿童自己吃饭。第二步，分解目标。比如，让智力水平较低的儿童自己走向饭桌，坐上座位，自己拿起汤匙把饭送到嘴里，这些都是非常具体的步骤。第三步，立即强化。比如，智力水平较低的儿童每完成一个分解之后的小目标，都立刻给予他奖励。

　　从斯金纳提倡的连续渐进法中可以看出来，这种学习步调的设置与很多小游戏的设计类似，包括分解目标、立即强化这两个要素，如果再深入探讨，还应该加上强化物始终具有吸引力这个要素。

　　分解目标这一点与心理学家列夫·维果茨基（Lev Vygotsky）在发展心理学中提到的最近发展区理论不谋而合。最近发展区指的是，学生在独立活动时能够达到的解决问题的水平，与通过学习所能达到的水平之间的差距空间。

　　利用最近发展区和分解后的小目标可以知道，在学习中，目标的分解应该让需要学习的内容与已经掌握的内容之间存在"跳一跳，够得着"的关系。很多游戏已经将这一点应用得非常精准，而在教育中，因为每个孩子的实际状况千差万别，所以很难做到对每个学生都恰到好处。

　　立即强化和及时反馈起作用的本质都是在我们出现学习行为之后，确保大脑能够增加多巴胺的分泌。多巴胺是一种非常重要的神经递质，能够让我们感觉快乐。因此，强化促使人爱上学习的完整逻辑链条应该是这样的：出现学习行为→立即强化→大脑分泌多巴胺→感到快乐→增加学习行为。将这个循环多进行几次，想不爱上学习都难或者说学习就会让你上瘾。

　　但是，要想保证强化持续有效，就应该确保强化物始终具有吸引力，因为失去吸引力的强化物也就无法发挥强化的作用了。比如，对有的人来说，大吃一顿、购物等行为就能达到强化的作用，食物、衣服、电子产品等属于有形强化物。而有的人则喜欢通过获得表扬、赞赏、感谢信、拥抱等来达到强化的作用。比如，在知乎 App 上回答问题的人能从点赞和好评中体验到很多快乐和满足感，因此他们就愿意持续回答下去。另外，金钱也是一种很好的强化物，企业里设置的绩效奖金，以及游戏里的积分都是这种类型的强化物。

强化的类型这么多，找到对自己来说最有吸引力的一些强化物，将其作为学习的奖励，往往能有效地培养自己喜欢学习的习惯。

不要忽视随机强化的作用

读到这里，你有没有萌生给自己设计一个符合强化原理的学习计划？以下建议可供大家参考。

首先，提升正强化的频率。大部分人在学习过程中，强化反馈的频率都过低，反而更多地体验到惩罚和挫败的负面感受。比如，制订了一个又一个过于完美的计划，结果总是完不成；考试考了 80 多分，结果排名倒数；过于关注缺点和失误，结果总是出错。这些行为表现都会抑制多巴胺分泌，导致人们体验不到学习的快乐，自然也就无法爱上学习。

其次，在行为干预戒断成瘾中有一个方法值得借鉴，叫作鱼缸法，也就是设置随机强化物。当我们制定了符合最近发展区的学习小目标之后，可以给自己设计一系列的奖励，并且每一个奖励的具体内容都不相同，然后把这些奖励写在小纸条上，团成一团，扔进一个没有水的鱼缸中。每完成一个小目标，就抽一个纸团出来，用上面写的奖励犒劳自己。

这样做的好处是，由于大脑期待未知的奖励，不确定的随机强化能够增加多巴胺的分泌，让我们在完成小目标之后，体验到更大的满足感和快乐，从而更愿意开始下一个小目标的达成之旅。

知识小结思维导图

```
善用强化
├─ 强化概念 ─── 对行为起到反馈作用的刺激
│
├─ 强化分类 ─┬─ 积极强化（正强化）
│            └─ 消极强化（负强化）
│
├─ 持续渐进法 ─┬─ 分解目标（与最近发展区理论不谋而合）
│              ├─ 立即强化
│              └─ 确保强化物始终具有吸引力
│
└─ 爱上学习 ─┬─ 提升正强化的频率
             └─ 设置随机强化物
```

如何打败拖延症"小怪兽"？
·执行意图·

通过上一节内容，我们知道了如何让自己爱上学习，但还没有涉及一个阻止这些美妙体验出现的拦路虎——拖延症。打败不了这个"小怪兽"，再多强化技巧也很难派上用场。比如，有的人作业总是拖到最后一刻才写，有的人工作总是拖到截止日期才完成。

最典型的一种就是"想而不做"。如果现在还有两周就要交毕业论文了，你会不在乎这件事情吗？当然会非常在乎！吃饭会想，睡觉会想，甚至连做梦都会梦见改论文。但是，时间花在哪里了呢？刷朋友圈，打游戏，看电视剧和电影，反复收拾桌面，等等。

在为这些事情忙碌的时候，头脑里关于"我要写论文"的想法一刻也没有停止过。就算在某些时刻真的沉浸在这些乱七八糟的事情里，"我要写论文"这个想法也会在你的潜意识里反复出现。结果就会导致焦虑，甚至极度焦虑。最后，在截止日期还剩几天的时候，一边被导师催，一边熬夜写论文。

为什么会有拖延症呢？

拖延症最成功的武器是什么？

在"阻止我们完成一件事情"上，拖延症最成功的武器是什么？是推迟开始的动作。 仔细想想每次拖延结束的那个时刻，就会发现：如果你要写一个策划案，可能已经打开几十个网页，浏览了几个小时，但拖延在你打开文档的时候就结束了；如果你要收拾凌乱的房间，可能已经拖了几个周，但拖延在你拿起扫把的时候就结束了。

既然如此，就应该想办法让开始的动作早点出现。如果没有剖析过拖延的这个特点，很可能会通过定目标、做规划、列计划等方式来督促自己。比如，学英语时，定一个目标——"我要每天背一小时单词"，结果总是背完第一组单词就放弃了。

这些计划的缺点就在于，它们需要意志力驱动，而需要意志力驱动的事情总会因为意志力损耗而让人感到倦怠，也可能会因为其他突发情况而被打断。很多人在执行减肥计划的时候，遇到朋友聚餐就跟自己说"吃饱了才有力气减肥"，这其实就是在不断地打断自己的计划。

该怎么办？有一个办法，就是把开始行动这个目标从意志力层面置换到潜意识层面去。

执行意图公式

很多人都有在床上玩手机的习惯，回到家后，只要一躺在床上，就会掏出手机玩一会儿。这个过程根本不需要意志力参与，甚至连自己都没意识到的时候，就已经在玩手机了。

这个过程是怎么发生的呢？其实，我们大脑的潜意识储存了躺在床上看手机的图景，它已经成为一种自动化的行为过程，只要躺在床上这个场景线索一出现，我们就会有玩手机的动作。

以背单词为例，如果我们把这个潜意识当中的图景替换一下，变成只要一躺在床上，就开始背单词，绕过意志力的参与，直接启动自动化程序，那我们学习英语就会成为非常自然的行为。

心理学家彼得·M. 戈尔维策（Peter M. Gollwitzer）于 20 世纪 90 年代提出的心理学概念——执行意图（也译作执行意向），也就是为自己想要实现的目标设置明确的意图。

执行意图的公式非常简单，即"如果 X，那么 Y"，X 是生活中自然而然会出现的各种情况，比如到了几点钟就吃饭等，这类事情一定会在自己身上发生；Y 是自己的目标、愿望或者需要养成的好习惯等。

这样一来，只要我们进入某个场景，就能自动启动原来预设的行为。这就相当于在我们制订的计划和要达成的结果之间建立了一个"触发器"，只要有场景线索出现，我们就会像条件反射一样开始行动。这个过程绕过了意识层面的纠结思考，也就不容易出现"迟迟无法开始一件事"这种恼人的情况了。以背单词为例，"如果我躺在床上，那么我就开始背单词"就是一个符合执行意图的预设。

WOOP 思维训练法

尽管这个方法非常有吸引力，但我还是要泼一盆凉水，单独使用"如果 X，那么 Y"这个公式还是有风险的。因为一旦大脑储存的自动化图景的联结非常强，那么，建立新的自动化程序就会变得很困难。

例如，一旦我们的大脑已经建立了"一躺在床上就玩手机"这样的联结之后，要把它转变成"一躺在床上就背单词"还是很不容易的。也就是说，我们在实现目标的路上难免会遇到各种各样的阻碍。

比如，买了高配置iPad①，指望用它来读书学习，结果它变成了一个多功能游戏机或者多功能电视机，唯独没用它来读书学习。这是因为，打开iPad这个场景所对应的自动化行为里，玩游戏、看电视剧的联结过强，而我们没有意识到这种联结成了用iPad学习的阻碍。

为了让执行意图更有效，戈尔维策的妻子，也就是心理学家加布里埃尔·厄廷根（Gabriele Oettingen）开发了WOOP思维训练法。这是一个直接作用于潜意识的自动化思维训练，它是能够成功地把执行意图从理念发展成一个人为干预潜意识或者说人为设置大脑自动化程序的成熟技术。

WOOP是四个单词的首字母缩写，第一个单词是wish，指愿望，这个愿望须是内心真正渴望的、具体的、有挑战性的愿望或目标；第二个单词是outcome，即结果，也就是愿望之后的最佳结果，它是一个美好的愿景，同样越具体越好；第三个单词是obstacle，即障碍，在实现愿望的过程中，可能会遇到的各种各样的障碍，将这些障碍列一个清单出来；第四个单词是plan，即计划，也就是符合执行意图的场景反应，针对所有障碍设置"如果X，那么Y"的公式。

厄廷根用这个思维训练法做过一系列实验，结果都验证了它的有效性。

比如，在一项维持健康生活的研究中，厄廷根招募了256个生活方式不那么健康的女性，将其分为两组。两组都接受关于健康生活（健康饮食和规律锻炼这两个方面）的重要性与好处的信息，并进行了测试，确保她们理解健康生活的好处。接着，其中一组在健康饮食和保持锻炼两个方面均做了WOOP的思维训练，并且还用了WOOP表写日记，而另一组则在测

---

① 苹果公司的平板电脑。——编者注

试之后什么也没做。

4个月后，两组被试的差异非常明显。WOOP组的被试在这两方面都得到了显著的改善，而对照组则在前2个月的短暂提升之后显著下降。在这之后，跟踪试验就结束了。2年后，研究者做了追访，发现WOOP组的健康饮食情况仍然维持在4个月的高健康状态，测试组则差不多已经回到了测试前的生活状态，不再保持健康的饮食方式。

如何执行 WOOP 思维训练法？

除了实验证明的内容之外，WOOP思维训练法的应用还非常广泛。按照刚才的操作步骤说明，我们可以用它来减肥、学习、改掉坏习惯、培养好习惯，乃至实现人生重大目标。当我们对每一件重要的事都以WOOP思维训练法的方式去做之后，慢慢地，你可能会发现，所谓的拖延症"痊愈"了。

举一个例子，假如你现在的愿望是读完《普通心理学》这本教科书，那么WOOP的训练可能就是这样的。

愿望：读《普通心理学》。

结果：知识更丰富，可以想象一下自己运用所学知识和朋友同事谈笑风生的画面。

障碍：下班太累、加班、想看电视剧、想玩游戏等，列得越明确、越具体越好。

计划：针对每一个障碍列一个"如果X，那么Y"公式。

如果下班太累，那么就打开《普通心理学》看几页；

如果加班，那么就在回家路上看电子版；

如果想看电视剧，那么就先读几页《普通心理学》；

如果想玩游戏，那么就先读几页《普通心理学》。

第一次针对一个具体的目标做 WOOP 思维训练的时候，可以放慢速度，按步骤在纸上一条一条地写下来，后续常在脑海里重复这 4 个步骤，直到自己实现目标为止。

不过，在开始尝试之前，提醒大家注意以下几点，以减少在具体操作中出现偏差。

第一点，公式"如果 X，那么 Y"，并不是日常语境下的因果关系，比如"如果我晚上喝咖啡了，那么我就会失眠"。这种描述虽然符合计划的句式，但并没有相关的内涵。

第二点，对障碍的罗列越具体越好，因为线索越具体，越容易被大脑识别出来。

第三点，愿望要分解得足够具体，并且比较容易执行。不能简单写"学英语"或者"每天背 1 小时单词"，前一个不具体，后一个太困难，不容易执行。正确的具体化操作应该是：坐在课桌前，打开背单词的 App，背 50 个单词。这样既具体又不困难，更容易开始行动。

不妨针对自己正在拖延的事情，用 WOOP 思维训练法来试一下自己到底能不能改善。

知识小结思维导图

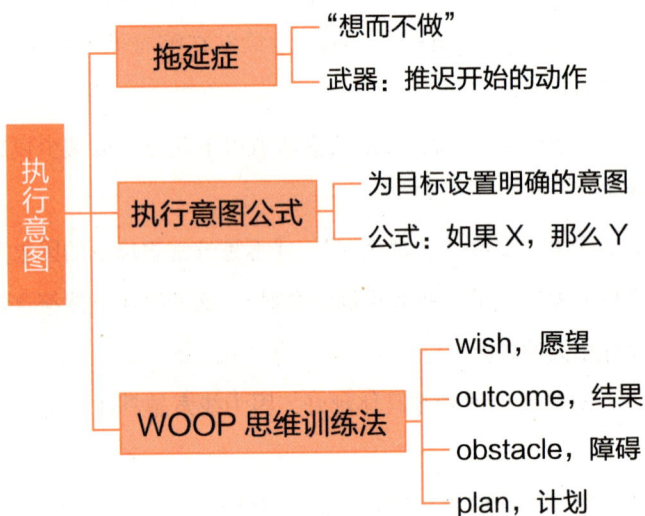

执行意图

- 拖延症
  - "想而不做"
  - 武器：推迟开始的动作

- 执行意图公式
  - 为目标设置明确的意图
  - 公式：如果 X，那么 Y

- WOOP 思维训练法
  - wish，愿望
  - outcome，结果
  - obstacle，障碍
  - plan，计划

什么是正确的学习姿势？
·主动建构·

　　人教版小学二年级下册的语文课本中，有一篇课文叫《羿射九日》，讲的是后羿射日的经典神话故事。前一段时间，这个故事因为一个小学生的困惑在网络上引起了不小的讨论。

　　原来，为了让二年级的小学生体会神话故事的魅力，教材编写专家对古老的神话做了浅白的白话文改编，内容是这样的：禾苗被晒枯了，土地被烤焦了，江河里的水被蒸干了，连地上的沙石好像都要被熔化了。人类的日子非常艰难。神箭手羿决心帮助人们脱离苦海。他翻过九十九座高山，蹚过九十九条大河，来到东海边。他登上一座大山，搭上神箭，拉开神弓，对准天上的一个太阳，嗖地就是一箭……

　　不知道大家看完这一段会不会有什么疑问。福建省的一个小学生就对这一段中的描述产生了很大的困惑。前面一句写道"江河里的水被蒸干了"，但是，到了后面，羿又需要"蹚过九十九条大河"，于是，这个小学生就很困惑，便问家长：江河都蒸干了，哪儿来的河要蹚过去呢？

　　这个小学生的质疑很快在网络上引起热议，也引起了出版社的重视，出版社通过官方微博发布了一个声明："蹚"字的确用得不恰当，教材编写组正在认真研讨，会对教材进行适当的修改。

听完这个故事，我们不禁要问，那么多学生和老师都读过这篇课文，为什么只有那个小学生提出了这个问题呢？

学习是一个过程

如果我们把那个小学生提出问题以及网络讨论的整个过程都看成一个学习过程的话，对那个小学生来说，这篇课文就是一个新知识，他之所以有能力提出问题，就是因为课文中新的知识与自己已经掌握的知识、经验之间产生了冲突，于是，他把疑问提了出来。而网络上的讨论以及出版社的说明则是非常好的讨论与知识验证过程。这个过程最大的特点就是，让小学生认识到，课本上的知识也可能会出错，是可以质疑的。

当我们把问题分析到这里时，可能有的同学已经发现了，这个小小的热点事件的走向，比较符合建构主义的学习观——认为学习是学习者基于已有的知识经验生成意义并建构理解的过程，而且这个过程往往是在社会文化的互动中完成的。建构主义的学习观还强调学习者的主动性，强调应该以学生为中心。

建构主义的学习观

第一，建构主义如何看待知识？ 有一些观点认为，知识是绝对客观的，不容置疑，并且是固定的。但是，建构主义强调，知识并不是对现实世界绝对正确的反映，而只是对各种现象的假设或解释。

对于知识，我们有时会有一种错觉：现有的科学知识就是真理。但如果回到科学发展的历史当中，这种错觉就很容易被推翻。举一个例子，天文学经历了地心说、日心说、银河系，再到大宇宙等学说的演变。而目前，我们也无法肯定地说，现在掌握的天文知识就是全部的真理。那个敢于对课文进行质疑的小学生显然就具备建构主义的学习观，他不会时刻相信课本上讲的内容就是绝对正确的。

第二，建构主义如何看待学生？ 有一些老师喜欢形容好的学生是一张白纸，觉得他们学到什么都是根据老师的教学来定的。但是，建构主义的观点则与之相反，认为学生是带着自己已经具备的知识经验来学习的。

这一点比较容易理解。比如，从语言学习上来说，欧洲人学英语就比亚洲人顺利得多，为什么呢？就是因为欧洲人的语系和英语更接近，所以学得更快，而亚洲人的语系和英语的关系则远一点，所以学得更慢。反过来，对母语为英语的人来说，学法语就比学中文容易得多。

第三，建构主义如何看待学习？ 学习有三个重要的特性，分别是主动建构性、社会互动性以及情境性。学习的主动建构性指的就是，基于自己的已有知识背景建构新知识，而不是简单地接受教授者传授的知识，所以特别强调学习的主动性。学习的社会互动性则强调社会文化在学习者学习过程中起到的重要作用，比如，同学之间、师生之间组成的共同体，这种人际关系也会形成学习的规范和文化。学习的情境性则强调学习与实际应用的紧密关系，换句话说，知识不可能仅仅存在于书本上。

建构主义分别从学习者个体、学习的团体以及知识的情境这三个维度来理解学习，不仅非常直接地考虑了人与知识，同时还重视对学习有间接作用的社会文化。二年级小学生和家长讨论羿射日的问题，以及在网络中大家的讨论都是社会文化影响学习的一种体现。

第四，建构主义如何看待教学？ 最核心的思想是：让学习者通过解决问题来学习，也就是看重学习者的好奇心。在建构主义者眼里，要先有能力提出"为什么"，然后再探索、找答案，进而才能消除自己的困惑。这对教育工作者有很重要的指导意义。有些教育工作者更关注的是怎么把知识传授给学生，但是，优秀的教育工作者的经验是，要让学生能够主动地提出并解决问题。

如何应用建构主义？

建构主义的学习观所倡导的主要观点与心理学对人的理解是非常接近的，它认为人的知识是"生长"出来的，是个人经验的合理化。这和我们单纯地认为学习是知识积累的过程不同，它是一个更积极主动地建构的过程。

从更为实用的层面上来说，符合建构主义教学观的教学方法，可能也更符合教学活动中学习者的特点；而符合建构主义的学习方法也值得我们参考借鉴。

举一个例子：费曼学习法。这是著名物理学家理查德·费曼（Richard Feynman）的一种学习方法。这个方法操作起来很简单，大概需要四个步骤。

第一步：选择一个准备学习的概念。

第二步：想象一下，自己要把这个概念教给别人。

第三步：发现教学过程中的缺口，并尝试解决，然后重新教给别人，直到零基础也能轻松理解。

第四步：去掉专业术语，简化类比，让 5 岁小孩也能理解自己讲述的概念。

现在，我们就以学习建构主义为例，说明一下怎样进行这四个步骤。

第一步：写出来你想要理解的概念，并且尽可能多地查阅资料，首先你自己要掌握它。

第二步：想象一下，如果我要教给别人，首先自己要对这个概念理解得很透彻。建构主义指的是什么？什么是建构？它包含哪些观点和内容？等等。

第三步：我们发现的问题可能就是实际教学中别人会问的，他们也想搞清楚这些问题。所以，继续重新想象，在我们教给别人的过程中，还会问哪些问题。直到即使面对一个零基础教学对象也能有信心教会他的时候，就可以进入第四步。

第四步：5 岁的小孩子肯定无法理解什么是建构，但他们可能都在幼儿园接触过总结分类，比如，梨和苹果都是水果。那么，认识到水果是一个统称，并且能够把各个具体的水果都归入其中，便可以看作一个建构的过程。于是，就可以用这个浅显的例子来向 5 岁的小孩子解释什么是建构主义。

除了务实层面的学习方法之外，建构主义还对哲学、社会乃至政治都有很深远的影响。例如，**用社会建构的视角看待我们的心理困扰，能够起到一定程度的疗愈作用。**举一个例子，面对抑郁症、焦虑症时，人们普遍会有很强的病耻感，而社会建构则强调，这些所谓的疾病并不是患者的问题，问题是被建构出来的。这种全新的态度本身就有非常强大的疗愈功能，因为能够领悟到"这不是自己的错"便可以大大减轻人们内心对自我的攻击，病耻感就相应地减少，甚至消失了。

知识小结思维导图

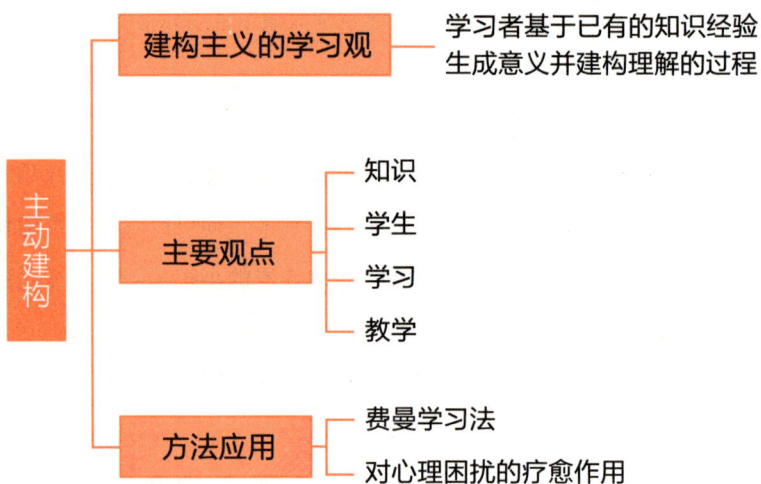

```
            建构主义的学习观 ——— 学习者基于已有的知识经验
                                 生成意义并建构理解的过程

                              知识
主                            学生
动          主要观点
建                            学习
构                            教学

            方法应用          费曼学习法
                              对心理困扰的疗愈作用
```

第四章

毕生发展：
探索人生成长的轨迹

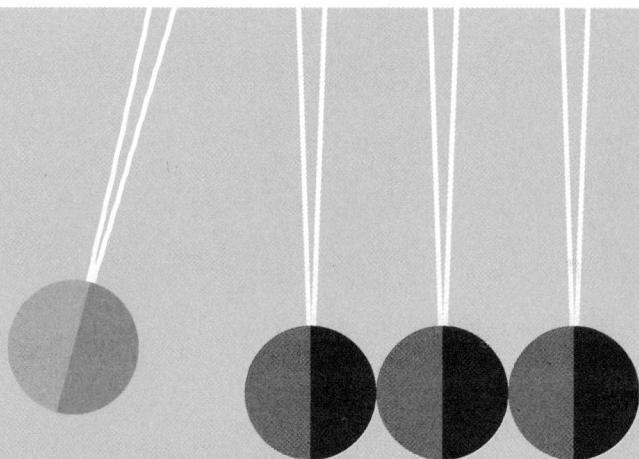

智力一般的父母可以生出高智商的孩子吗？
· 先天遗传 ·

　　你有没有看过《孪生陌生人》这部纪录片？讲的是三胞胎兄弟从小被分开领养，长大后又重逢的故事。三兄弟重逢之后，发现尽管彼此来自不同的家庭，但是兴趣爱好都非常一致：他们抽同一个牌子的香烟，喜欢同一类型的女孩，对很多事情的看法也很一致。

　　他们的经历看起来就是天然完美的双生子研究的实验。但是在纪录片里，三兄弟之所以会有这样的经历，是因为科学研究的设置造成的。这个研究是由精神病学家和儿童心理学家彼得·纽鲍尔（Peter Neubauer）主持设计的，他追踪了很多对双胞胎，有些还是三胞胎。

　　研究在 1980 年被迫停止，但是，对研究对象的影响却是深远的。这项时间跨度很长的研究涉及的伦理问题非常复杂，也比较重要，导致相关的资料和研究结论都被封存了，直到 21 世纪 60 年代才会被解封。其中涉及的伦理问题并不是此处要讨论的主题，此处要探讨的是在发展心理学中遗传的重要作用。

一个人聪不聪明，跟头的大小有关？

我们可以大胆地猜测，无论纽鲍尔真正的研究目的是什么，一定和基因、遗传有关。科学发展了这么多年，到现在大部分人都会相信，不管什么流派，什么发展心理学的理论，人类的各项能力，包括智商、情商、性格、社会性、性别刻板印象等或多或少都存在**两个非常普遍的影响因素——一个是遗传的因素，另一个是环境的因素。这是一个永恒的话题。**

尤其是智商和遗传的关系，更加被家长、教育者，乃至社会大众重视。我们知道，其实智力包含了很多能力，是一项综合能力。但在通俗的理解中，智力表现为一个人有多聪明。

第一个研究智力的人是弗朗西斯·高尔顿（Francis Galton），可能有些人没听说过，但是如果提他表兄的名字，大家就会很熟悉了——达尔文。**作为开启智力研究的第一人，高尔顿非常推崇一个观点：智力是天生的。**

他和达尔文的科学观点比较接近，都相信自然选择，相信遗传学说，所以，高尔顿认为智力是先天决定的，没有任何后天的作用。

高尔顿的智力理论非常关注对智力的测量。他提出了很多有趣的测量工具，这些工具可以用来评估一个人的智力水平。有一个测量方法非常简单，也非常实用：测量头围。

现在我们能理解，高尔顿这个测头围的方法其实是测脑容量。可能有些人会反对，头围这个概念，不就是看头的大小吗？这怎么听起来跟颅相学比较接近呢？有点像伪科学啊！

先别急着反驳，虽然高尔顿的方法年代比较久远，但是近期就有相关的学术文章发表在了杂志《心理科学》（*Psychological Science*）上。

英国的几位心理学家重新探讨了这个问题，他们经过非常严密的实验和数据测量，被试有 13000 多人，结果发现，**头围（脑容量）确实与个体**

的智商成正比。

这个结论听起来很令人悲伤，可能智商在一定程度上确实是由先天决定的，靠父母的基因起作用。

环境因素的重要性

随着智力理论的不断发展，尤其当双生子的研究兴起之后，大家发现，虽然遗传因素对智力的影响很大，但是，智力不仅受遗传因素的影响，也受环境因素的影响。

这就要提到在心理学研究，尤其是在遗传研究中非常重要的一个研究方法：双生子研究。虽然本节开始介绍的纪录片中，主持研究的心理学家在伦理方面处理得不太好，但不能因此全盘否定双生子研究的意义和重要性，并且很多其他研究者对双生子的研究的处理方法在伦理方面还是过关的，他们的结论也具有重要的借鉴意义。

什么是双生子研究？基本的操作规范是怎样的？双生子研究中的双胞胎一般特指同卵双生子，也就是说，他们有几乎 100% 相同的基因，在同一个子宫共同发育，出生时间相差不大，即先天条件几乎一样。

那么，他们从出生开始，逐渐展现出来的不同，比如身高、身材、智力等基本都可以认为是由后天环境因素造成的。

基于这样的理论假设，科学家就喜欢研究那些出生后由于一些客观原因不得不分开抚养的同卵双生子。比如，亲生父母无力抚养，不得不送给别人或机构抚养；亲生父母离异，分别在不同的后天家庭长大，等等。这些情况下的双生子符合"先天相同，后天不同"的实验设置，当然，这种分开抚养是由孩子的家庭因素决定的，而不是研究者刻意为之。

那么，异卵双生子就没有研究价值了吗？我们通常所讲的龙凤胎就是典型的异卵双生子。对于这类双胞胎的研究，则往往假设"在完全相同的环境下长大，两个人的不同表现可能来源于基因的不同"，因为异卵双胞胎只有大约 50% 的基因是相同的。如果在同一个家庭长大，基本可以认为他们成长的环境因素非常相似，那么可以认为他们在成长过程中表现出来的差异是由基因不同导致的。

对双生子的研究发现，在智商的影响因素中，遗传因素，也就是基因因素的影响可能占 50% 左右，甚至 50% 以上，而剩下的则是由环境决定的。这就告诉我们，即使先天条件不好，但是通过后天努力、学习，也可以有所成就。

人类遗传受回归效应的制约

这对先天基因一般的人来说是一个好消息，但人们还是忍不住要和先天条件有优势的人比较一下。如果一个人的父母都是高智商、高情商、高颜值、高社会地位等，那他的智商就一定也很高，人生就一定会一帆风顺吗？

站在科学的层面上，要说一句"未必"。尽管我们都有"青出于蓝而胜于蓝"的朴素愿景，但实际并非如此。达尔文的进化论能够解释一个物种的起源、发展、变化，但它不关心具体某两代人之间的进化，比如，从父辈到子辈究竟是不是一直变得更好。

与越来越好这个愿景相反，代际遗传很明显受到另一个效应的制约，就是回归效应。回归效应指的是，遗传并不是一直在进步，而是随着时间的推移，趋近于平均水平的现象。前文在谈及思维系统的时候，稍微提及了这个概念。那么，它在遗传方面，到底意味着什么呢？

其实，高智商的父母生出来的孩子就一定智商高，甚至智商比父母还要高，这种观点是不科学的。可能出现的情况是，高智商的父母所生的孩子智商平平。这就是回归效应在起作用，可以解释为，父母的高智商是一个极端值，这个极端值会影响子女的智商，使其逐渐回归正常的水平。

我们可以回顾一下那些闻名于世的天才科学家、音乐家、画家等，比如，爱因斯坦、贝多芬、毕加索等，他们的智力都是超群的，可他们的子女叫什么？有什么成就？实际上，我们可能连他们有没有孩子都不知道。

所以，我们可以换一个思路来理解回归效应。如果不存在回归效应的话，那么聪明人的后代就会越来越聪明，普通人的后代就会越来越普通；个子高的人的后代会越来越高，个子矮的人的后代会越来越矮。这样会出现什么结果？人类可能会演变成很多不同的物种。但实际上，现代人的心智水平并没有增长那么多，彼此之间的差别也没有那么大。

遗传的不仅是基因，还有健康和心理等

可能有的人会想，反正遗传这件事情不是自己能决定得了的，毕竟基因来源于父母，那就只能通过后天努力来改变自己了。

但近年来，遗传研究中的表观遗传学，把一系列研究指向了我们的生活轨迹。因为基因、DNA 序列只是一套密码，关于哪些会表达出来，哪些不会表达出来，我们都无法预知。

简单来说，表观遗传就是在 DNA 序列不发生改变的情况下基因表达发生可遗传变化的现象。

现在，表观遗传学并不局限于生物学领域，在心理学方面也有很多研究、应用。比如，2013 年，有一项研究发现，压力过大可能会影响父亲的精子质量。研究者拿小白鼠做了一个实验：让雄性小白鼠过上 42 天心惊胆战的生活，制造奇怪的噪声，把它们的窝弄湿，关它们禁闭等，然后再让

它们和健康状况良好的雌性小白鼠交配。结果发现，这些曾经神经过度紧张的雄性小白鼠的后代，大脑的应激反应也不正常。

你可能会觉得奇怪，小白鼠的实验结论也可以用于人的心理研究领域吗？其实，心理学的研究谱系非常广泛，用动物实验也是心理学实验的一部分，属于比较心理学的范畴。

总结表观遗传学的研究发现，父母遗传给孩子的不仅仅是基因，还有健康的状态、行为和心理。

举一个简单的例子。某人上溯三代人都身体健康，但是他的下一代得了某种罕见的遗传疾病。如果追溯他整个家族的生活史可能会发现，他的爷爷辈和父辈都保持传统作风，注重健康，认真养生。但是到了他这一代，就开始抽烟、喝酒、熬夜。如此生活了十几年后，他的基因把这些不好的后天影响记录下来，并遗传给了下一代，他的孩子便会在健康方面出问题。

这提醒我们，**备孕不仅是女性的事情，在有了生育计划之后，男性也要认真备孕。** 健康生活、锻炼身体、保持好心情，至少坚持几个月再要孩子。这样，才能给下一代更健康的体魄。

知识小结思维导图

先天遗传

- **智力研究**
  - 高尔顿认为，智力是天生的
  - 研究方法：测量头围（脑容量）

- **双生子研究**
  - 同卵双生子和异卵双生子
  - 结论：智商还受到环境因素的影响

- **回归效应**
  - 随着时间的推移，趋近于平均水平的现象
  - 启示：高智商父母不一定有高智商孩子

- **表观遗传**
  - 在 DNA 序列不变的情况下，基因表达发生可遗传变化
  - 启示：男性也要认真备孕

原生家庭对一个人的影响究竟有多大？

· 后天教养 ·

相信大家对"原生家庭"这个词肯定不陌生。"原生家庭"这个概念可能是心理学领域被科普得最为成功的一个词了。基本上，只要提起原生家庭，大家就会联想到"这是我和父母的家庭""原生家庭给我造成了很多伤害"等。

物极必反，这类言论变多以后，有一些人就会非常反感大家在传播心理学的时候，动不动就把"原生家庭"扯进来，包括我自己。严格来说，心理学学术研究中并不存在所谓的"原生家庭理论"，因此，很多关于原生家庭的内容都是以偏概全，甚至是没有根据的。

虽然这个词不是在学术研究中提出来的，但也不能全盘否认它存在的意义。从内涵上来看，的确有大量的发展心理学的研究，比如依恋研究、家庭研究，包括本书涉及的双生子研究等，都与"原生家庭"这个词的内涵有密切关系。

那么，原生家庭对一个人的影响究竟有多大呢？很多人在听到"什么影响了什么"这个论断的时候，往往第一时间想到的是负面、消极的影响，但其实"影响"这个词本身是中性的，既有好的方面，也有不好的方面。"影响"是一个综合且复杂的概念。

基因和环境都可能影响儿童的依恋类型

上一节重点讲了基因与遗传的重要性，本节重点讨论的是，遗传和环境之间的相互作用，了解环境对个人的发展可能有什么样的影响。

首先，从艾恩斯沃斯（Ainsworth）提出的依恋理论入手。这个理论证明了在一个人的童年时期，家庭因素的影响非常大。依恋理论认为，人的依恋类型大概有三种，分别是安全型、焦虑回避型和焦虑矛盾型。

依恋理论认为，焦虑回避型和焦虑矛盾型儿童的行为与性格问题要比安全型儿童多，并且这些问题会一直延续到他们成年以后。

有些人可能会觉得，依恋理论只是给人们的依恋类型分类，并没有说明是家庭造成的，正如人的气质类型也分了几个种类，但气质被认为是先天因素影响更大的一个心理量。

那么，依恋类型的形成到底是由先天决定的，还是由后天的家庭养育导致的呢？要回答这个问题，还要靠双生子研究方法。

2001 年，有心理学家报告了一个追踪双生子研究的结果。他们一共研究了 220 对双生子，这些孩子的平均年龄为 3 岁半。因为这个年龄段是依恋风格形成的重要阶段，**心理学家通过实验研究了基因和环境因素对儿童依恋类型的影响。**

"环境因素"是一个更加复杂的概念，我们习惯性地认为，对 3 岁半的孩子来说，环境因素主要是父母和家庭教养方面的因素。但实际上，即使是幼儿，也会受到环境因素中除家庭以外的很多其他方面的因素影响，比如托儿所、幼儿园、社区等。对成年人来说，就更复杂了，家庭之外还有学校、朋友、同事等。

因此，研究者把环境因素分为共享环境、非共享环境这两类。共享环境可以简单理解为对大家的影响都差不多的环境，非共享环境则可能是由外部因素造成差异的环境。

结果发现，基因和环境都可能影响儿童的依恋类型。也就是说，是先天和后天因素共同塑造了一个人的依恋类型；但是，把同卵双生子和异卵双生子分开比较的话，会发现他们依恋类型的一致性是类似的，都在70%左右。

基于上一节对双生子研究方法的了解，我们知道，如果基因的影响因素更大，那么同卵双生子依恋类型的一致性就应该比异卵双生子要高得多，因为同卵双生子的基因几乎完全相同。既然同卵双生子与异卵双生子的依恋类型没有出现巨大的差异，那就说明，环境的影响因素更大。

进一步区分共享环境和非共享环境对依恋类型的影响，研究数据证明，非共享环境对依恋类型的影响更大一些。

因此，可以有理有据地认为，原生家庭——家庭的环境因素对一个人的影响比较大。

环境基因匹配度

但是，学术界已经逐渐摒弃了先天派和后天派这种二元对立的观点，转而相信更加融合的观点：环境基因匹配度。这是目前发展心理学领域越来越受欢迎的一个理论。

这个理论的观点是，影响一个人行为、性格等的因素太多，也太复杂，无论是基因还是环境，各个因素之间都存在纵横交错的相互影响，所以不能片面地判断哪种因素影响更大，哪种做法好，而要根据基因和环境之间是否匹配来分析。

举一个例子。拥有某一个基因组的人，基因上的多个连续片段可能代表攻击性比较强。但是，他是否表达出较强的攻击性，还与其所处的环境有关。

瑞典有一项双生子研究，探讨了青少年的攻击性。研究人员发现，原生家庭有较高社会经济地位的孩子，基因因素对他们的攻击行为有较大的解释力；而对于原生家庭社会经济地位较低的孩子，解释力更大的因素就变成了家庭因素。

这个研究结果充分表现了各种因素之间交互影响的复杂性，一个人的攻击性到底受哪个因素的影响更大，并没有绝对的答案，而是基因、性别、原生家庭、地区犯罪率等因素共同作用的结果。

其实，不仅是攻击性，连性格、习惯、智力等也都是如此，是在各种复杂因素的综合作用下形成的。换句话说，没有哪个单独的因素对一个人的影响起决定性作用，所有的心理量都有改变和调整的空间。

这个观点带给我们一些重要启发，并在社会上产生了重要的影响。这样一来，就有消极和积极两方面的影响。消极方面是，糟糕的家庭环境可能会给人造成负面影响；积极方面是，人人都有能力摆脱这种负面影响。

原生家庭的负面影响是可以摆脱的

家庭只是后天环境中的一小部分，一个人在成长的所有后天环境中，会遇到同学、老师、朋友、同事、伴侣，这些家庭以外的人际关系能够带给一个人很多可能性。

那些经常觉得父母、原生家庭给自己带来了很大负面影响的人，不妨多从这些关系中寻找积极正面的能量，毕竟漫长的一生是由自己决定的，而不是由父母前十几年的养育决定的。

特殊教育可以弥补先天不足。科学家在 20 世纪初，就开始关注一类人——慢速学习者（slow learner）。其实，这是一些在智力上可能有缺陷的人，但是，他们不应该被放弃，而应该得到相应的教育。在科学家看来，教育是对慢速学习者的一剂治愈良方。

比如，在传统教育中被认为"很笨"的学生，诸如患有多动症、阅读障碍的孩子，虽然可能在课堂上表现很差，但实际上，这些孩子表现不好可能是因为普通学校的设置无法满足他们对环境的特殊需求。

因为基因是多样化的，传统的那种强调"适应环境""适应社会"的理念只会埋没基因环境匹配度低的人。相反，我们应该发展与基因多样化相吻合的多元环境，让每个人都有机会发展，有机会展示自己的特质。

在这种理念的推动下，出现了一个很重要的机构——特殊学校。**特殊学校其实就是在环境层面尽可能匹配这些孩子的特殊需要，用更加符合他们特质的方法来教学。**

因为从遗传学上来说，这些孩子可能由于基因突变或其他原因，表现得与多数人不同。但是，特殊学校能够在一定程度上从环境因素上改变他们，给他们相应的环境支持，这样就可以或多或少地帮助他们习得某些重要的知识和社会技能。特殊学校能够在一定程度上帮助他们重新适应社会、回归社会。我觉得，这也是心理学这门学科的一个特别重要的社会责任。

知识小结思维导图

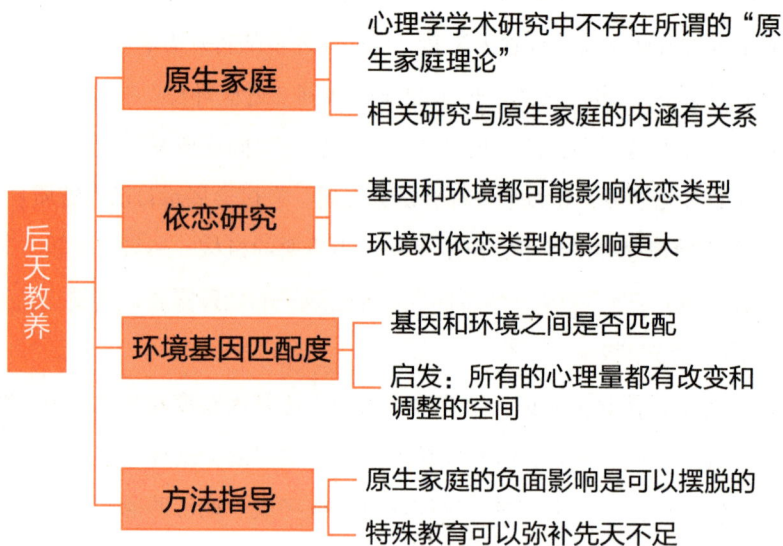

```
后天教养 ┌─ 原生家庭 ┬─ 心理学学术研究中不存在所谓的"原
         │          │   生家庭理论"
         │          └─ 相关研究与原生家庭的内涵有关系
         │
         ├─ 依恋研究 ┬─ 基因和环境都可能影响依恋类型
         │          └─ 环境对依恋类型的影响更大
         │
         ├─ 环境基因匹配度 ┬─ 基因和环境之间是否匹配
         │               └─ 启发：所有的心理量都有改变和
         │                   调整的空间
         │
         └─ 方法指导 ┬─ 原生家庭的负面影响是可以摆脱的
                    └─ 特殊教育可以弥补先天不足
```

错过这些时期，你的一生将会受影响

· 关键期 ·

通过前面几个小节，笔者把对人的成长有影响作用的因素简要地分成了基因和环境两大类，又将环境分成了共享环境和非共享环境。

后文主要讨论共享环境，也就是常态影响中，人类从出生到成人阶段都会经历的一些关键期，而这些关键期将会影响人的一生。

成长关键期

"关键期"是在发展心理学中非常重要的一个概念。提到关键期，就必须介绍两位非常重要的心理学家——埃里克·埃里克森（Erik Erikson）和让·皮亚杰（Jean Piaget）。

埃里克森提出了社会心理发展理论。他把人一生的发展分成八个阶段，如果只关注儿童的发展，大致有五个重要的阶段，分别是：

0—1.5岁，这个阶段对安全感的建立很重要。如果在这个时期，父母没有给孩子培养足够的安全感，对培养孩子的信任感非常不利。

2—3岁，这个阶段是独立的关键期。这种独立指的是，孩子会认为自己能独自做一些事情，而不是简单地作为父母的小跟班、附属品、傀儡。

在这个时期如果父母不能放手的话，孩子今后的发展，尤其是他们的独立自主性的发展就将受到不利影响。

4—5岁，在这个阶段时，要培养孩子目标的品质。目标的品质对孩子的一生来说，关系到他们能否设定人生目标，然后积极主动地完成目标。

6—11岁，在这个阶段时，要培养孩子勤奋的能力。他们会开始思考，自己能不能为他人做一些事情，有没有能力通过自己的努力完成想做的事情。在这个阶段，如果孩子不能很好地完成这一点，就比较容易产生自卑心理。

12—18岁，严格来讲，这个阶段的孩子已经走出童年期，进入青春期。对青春期的孩子来说，重要的话题是有关自我的。我们通常所说的三大哲学问题是"我是谁""从哪里来""到哪里去"，这种自我同一性的问题对他们来说非常重要。如果不能找到自我同一性，那对他们以后的人格发展就是非常有害的。

以上是埃里克森对儿童发展所做的一些关键期的划分和理解，看完之后我们可能会对儿童在不同关键期的心理需求有比较宏观的认识。

皮亚杰同样是研究儿童心理学的重要人物，他从认知发展的角度来观察儿童，并提出了认知发展视野下的关键期概念。他把儿童的认知发展分为四个阶段：

0—2岁，感知运动阶段。这个阶段的孩子主要靠感知获取经验，孩子在1岁的时候就能知道物体是永恒存在的。

用一个简单的小游戏就能测出婴儿有没有发展出这项能力。当着一个宝宝的面把他喜欢的玩具放在毯子下面，小一点的宝宝可能会露出困惑的表情，还可能会急哭；稍大一点的宝宝可能会伸手去毯子下面拿。因为他明白，虽然自己暂时看不见玩具，但那个玩具是客观存在的。

2—7岁，前运算阶段。处于这个阶段的孩子开始懂得用语言和图像一类的符号来代表物品。但是，他们在思考的时候仍然以自我为中心，难以从他人的角度来考虑问题。

这个阶段的孩子还有泛灵论的特点。所谓的泛灵论，就是指拟人的观点。小孩子把所有东西都看作和人一样，是有生命，有意识，会思考的。比较典型的现象就是，他们在玩玩具的时候，喜欢与玩具对话，跟玩具商量自己的事情。

7—11岁，具体运算阶段。这个时候，孩子能发展出基于经验的逻辑思考能力，孩子大致也在这个年龄上小学。

从前运算阶段到具体运算阶段，会有一个有意思的现象——他们已经能够理解守恒。前运算阶段的孩子还不能理解什么是守恒。

举一个例子，吃饭的时候，当你把筷子对齐，问孩子两根筷子是不是一样长时，孩子会说一样长；但是当你把筷子错开时，孩子可能就会说，不一样长。但是，当孩子长大到具体运算阶段时，他就有能力理解，就算没有对齐，两根筷子还是一样长的。

11岁以上，形式运算阶段。这个时期之后，孩子就具备了抽象思维的能力。

与埃里克森的理论相比，皮亚杰更关注儿童的认知发展，这个关键期的区分能够让我们直观地看到儿童的智力、思维能力发展和成熟的过程。

这也是为什么他们在不同的年龄段，要学习不同的教材或者会让他们学习不同的内容。比如，在具体运算阶段，其实孩子还没有能力理解抽象的代数概念，因此，到了初中以后才会让他们学代数、方程。而如果在小学阶段，比如，在二三年级就让他们开始学方程的话，他们是理解不了的，因为他们还处在具体运算阶段。

对孩子成长很重要的三个关键期

以上关键期对孩子的成长至关重要。除此之外，还有一些关键期，如果父母能让自己的孩子顺利度过这些关键期，对孩子以后的成长也会有一些帮助。

第一，孩子刚出生时的认生关键期。 一般来说，婴儿从 6 个月大的时候就开始认生，过了 1 岁才会好转。认生是宝宝开始社会化发育的一种表现，因为新生儿还没有形成图像知觉，所以，2 个月大的宝宝分不清谁是妈妈，谁是陌生人。要等到 3 个月之后，宝宝足够熟悉家人的面容，才能在脑海里留下印象，把家人识别出来。

当宝宝能认出妈妈的脸之后，他对和妈妈装束相近的人也会产生好感。但是，如果出现的是一些形象差别很大的陌生人，孩子也能一眼识别出来，并且感到危险和不安，甚至马上哭闹。这些都是孩子成长时的正常现象。认生是孩子进步的一种表现，因为只有孩子有了记忆，有了社会性，才会认生。

但是，总有很多亲戚朋友喜欢逗弄宝宝。当亲戚朋友来做客的时候，我们试着站在一个 8 个月大的宝宝的视角来理解一下被逗的感觉——警报！警报！前方有危险陌生人！他居然盯着我看，哦不，完蛋了，他要把我从妈妈身边抢走！

于是，我们就会看到婴儿开始哭闹。这种"逗娃"行为对婴儿来说是很强的心理刺激行为，会让他们感到害怕。

那么，当孩子处在认生关键期时，父母应该怎么做呢？不要让对孩子来说是陌生人的人突然靠近或抱走孩子，而应该自己抱着孩子，用自己对客人热情友好的态度来感染孩子，让孩子信任对方。

第二，孩子的秽语关键期，也就是 3—5 岁。 这个阶段的孩子有一个很让家长头疼的问题是，不仅喜欢研究屎尿屁，还会时不时冒出一两句脏话。这时，有的家长会如临大敌，无法容忍，觉得孩子一直说粗话，是非常粗鲁、不文明的，而且别人会觉得自己家的孩子没有教养。

其实，在秽语关键期，虽然孩子会说一点粗话，但他自己并不知道粗话是什么意思，他只是感受到了语言的力量。他发现，说了某句话之后，父母会急得满头大汗，对他大喊大吵，甚至对他进行惩罚。这时，他觉得自己是有力量的，可以操纵父母的一些行为。

这种力量感的体验，对孩子的发展来说是非常有趣的奖励。所以，说粗话同样也是孩子进步的一种表现。

因此，孩子进入秽语关键期之后，当他冒出粗话时，家长不必如临大敌，而应该放平心态，不给孩子任何回应。因为这时候回应他，就相当于强化。即使家长的本意是要惩罚他，但在孩子看来可能也会觉得，"好，我就要继续做这件事情"，结果适得其反。所以，不给孩子回应，才能帮助他快速走过这个阶段。还是要提醒一下，这里特指处于秽语关键期的孩子，如果是大一些的孩子，家长就要出面管教了。

第三，孩子的语言关键期，3—6岁。其实，语言关键期少了一个非常重要的限定语，那就是母语或者说第一语言的关键期。

第一语言，顾名思义，中国人的第一语言就是中文。所以在这个年龄段，要给孩子足够多的母语刺激。除非以后不让孩子学中文，而是让他学英文。这样的话，家长就要把孩子放在一个纯英文的环境，给他足够的英文刺激。

现在很多商家虚假宣传，故意引导父母报英语早教班。实际上，孩子在其他时间都不说英文，也就是说，孩子一周只上一两个小时英语课，这样的频率对处在语言关键期的孩子来说几乎是没有用处的。因为对孩子来说，这样的时长根本接受不到足够的语言刺激，甚至还可能出现混淆母语和英文的情况。

如果真的想让孩子学英语，建议把孩子培养成英语母语者。所以，在家里父母至少要保证 50% 的时间说英语，50% 的时间说中文。如果只靠在早教班每周上一两个小时的英语课，是没有那么大作用的。

那么，什么时候才是第二语言的关键期呢？这个关键期目前在心理学的研究中还没有定论，甚至还存在一些争议，所以在此暂时无法给出明确的建议。

知识小结思维导图

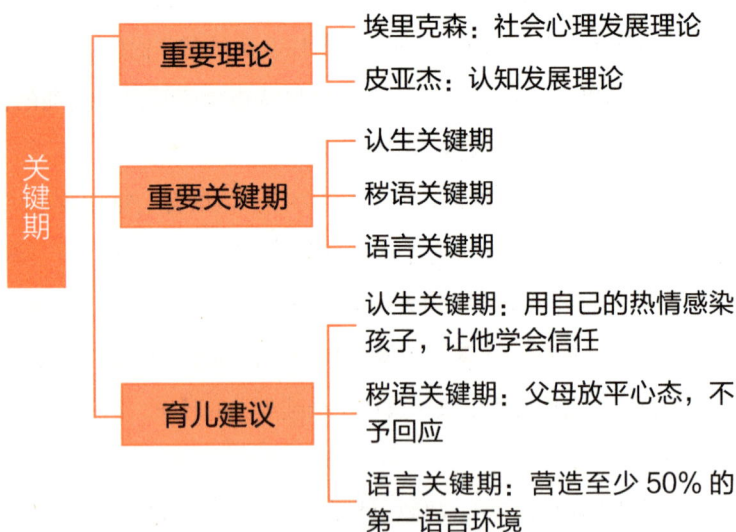

- 关键期
  - 重要理论
    - 埃里克森：社会心理发展理论
    - 皮亚杰：认知发展理论
  - 重要关键期
    - 认生关键期
    - 秽语关键期
    - 语言关键期
  - 育儿建议
    - 认生关键期：用自己的热情感染孩子，让他学会信任
    - 秽语关键期：父母放平心态，不予回应
    - 语言关键期：营造至少 50% 的第一语言环境

苦难会使我们成为更好的自己吗?

·异常因素·

你有没有看过《何以为家》这部电影? 主人公赞恩是一个跟着父母生活在黎巴嫩贫民窟的 12 岁小男孩, 他们一家都是叙利亚难民, 是没有身份证明的黑户。

影片一开始就是赞恩把父母告上法庭的场面, 理由是他的父母生下自己却不养育。之后, 随着影片故事的徐徐展开, 我们看到了赞恩在决定起诉父母之前经历的磨难。

如果稍微了解一下这部电影的制作过程, 就会发现, 这并不是一部纯粹的商业电影, 而更接近一部纪录片。导演先是花了 3 年多的时间做难民调查, 并且起用真实生活在这些区域的难民为演员。影片中所展现的几乎是在黎巴嫩贫民窟真实生活着的人们, 以及他们的生活场景。推荐大家看看这部电影。

难民危机离我们的生活还比较远, 我们没有切身的感受。但其实, 类似赞恩这样小小年纪生活就充满苦难的人, 现实生活中有很多。

从心理学的角度看, 苦难的意义究竟是什么, 逆境和生活挫折会给人造成哪些影响? 下文将从心理学研究的角度来分析。

童年时期的磨难有时会被夸大

小时候的经历，尤其是苦难的经历，到底会给人造成多大的影响呢？

笔者个人比较认可的结论是：**童年时期经历的磨难对孩子发展的影响并没有我们想象中的那么严重**。当然，这并不是说没有影响，而是说，没有我们想象中的那么严重。比如，所有童年时期遭受磨难的人都因此发展出了 PTSD[①] 或者都因此精神失常，但实际上并没有这么大的负面效应。

当然，这是有研究佐证的。

第一个证据来自一篇在《心理学公报》（*Psychological Bulletin*）上发表的关于元分析的文章。什么叫作元分析？

前文介绍了很多研究，基本上是做一个或几组实验得出某一个结论。而元分析并不直接招募被试进行实验，而是把某一个研究课题领域中已经公开发表的几乎所有文献全部梳理一遍。

可以认为元分析其实就是**基于研究的研究**，它突破了传统文献综述中较为依赖研究者主观选择的做法。元分析基于大量的客观数据来得出研究结论，所以得出的结论更全面、系统、可靠。

接下来，我们就来看看这篇文章的内容。文章用元分析的方法分析了有关"小时候遭遇重大负性事件的儿童，长大后的适应性问题"，综合众多文献数据，发现了一个阴性的结果。也就是说，并没有发现"小时候遭遇重大负性事件的儿童和长大后的消极结果之间显著相关"这一强烈的倾向。

直觉上，我们通常会认为，童年时期遭受的磨难可能会对这些孩子长大之后产生各种各样负面的影响。但在这个研究中，研究者收集了很多相

---

① 创伤后应激障碍。——编者注

关证据，通过对这些证据进行分析、总结，最后得出的结论是，影响并没有我们想象中的那么大。

　　当然，这个研究的本意是想说明，孩子在长大成人的过程中是有能力进行自我修复的。我们也不能因为这一结果就下结论：重大负性事件对孩子的成长没有影响。从保护儿童的角度来说，应该给孩子创造一个安全、舒适的成长环境。

我们的记忆会重构

　　第二个证据来自对记忆的研究。我们都知道，有时候记忆并不是完全精确的。我们的记忆可能存在重构的现象。关于幼年的磨难会让我们更努力地活得精彩这件事，我们会有先入为主的感觉。

　　这种感觉来自哪里？很大一部分是来自名人传记。这些名人传记里有不少关于他们小时候的描写，甚至会有一些评论，"小时候吃不饱穿不暖的经历让我觉得更应该发愤图强"等。也就是说，**有的人会夸大童年挫折的正面意义**。

　　但这种看似证明了童年挫折正面意义的传记，其实存在两个不同的效应。

　　一个效应是，这些名人传记的传主只记得童年的磨难，然后把这个磨难的作用放大到夸张的程度，而忽略了成长过程中的其他因素对他们的促进作用。

　　另一个效应是幸存者偏差，也就说，那些受过磨难还活得很好的人毕竟是少数，他们是幸存者，但还有很多人受过磨难，却活得并不尽如人意。由于他们活得普普通通，没有机会把自己幼年的经历写出来告诉给大家。

这样分析下来，童年磨难的积极作用也要打一个折扣。对应到笔者一开始提到的，儿童时期经历的一些磨难对小孩子的发展可能没有那么大的负面影响。因此可以得出结论，童年时期的磨难对人的影响，不论是正面影响还是负面影响，可能都没有我们想象中的那么大。

重建积极的过去

不管磨难的影响是否巨大，都不可否认，我们的确不可避免地在童年时期遇到一些困难、挫折，而如果知道了这些磨难的影响力并没有那么大的话，我们的自我掌控感会不会多一些呢？

记忆重构现象对我们的生活有一个很大的启发：过去无法改变，但是，我们的态度是可以改变的。所以，可以尝试重建积极的过去。

有一个关于重建积极的过去的认知表单。这个认知表单是一个简单的工具，大家可以按照下面的步骤，一步步尝试。

首先，选择三件发生在过去的、印象深刻的消极事件。这些事情发生的时候，你可能体会到了比较强的消极情绪，如内疚、伤心、愤怒、害怕、难过等。但这些事情发生在过去，它们不能决定今天的你，而且你能改变自己对这些事情的态度。比如，曾经失恋的痛苦经历。

列完三件事之后，思考一个问题：从这些事件中，你能够得到什么积极信息？

就拿失恋这件事来说，一个可能的积极信息就是，"经历失恋能让自己重新认识自我，重新认识爱情"。

三件事情的积极信息都列完之后，继续思考下一个问题：经过这样的积极重建之后，它会怎样影响你的未来？比如，经历过失恋之后，在新的感情中如何选择伴侣？如何避免类似的情况发生？假如再遇到类似情况时如何解决？

　　坚持这个重建积极的过去的练习，一段时间之后，就能真正体验到"我们每个人都有能力重新建立、重新解释过去"，并从体验中获得力量。

知识小结思维导图

异常因素

结论 —— 童年时期经历的磨难对孩子发展的影响并没有我们想象中的那么严重

证据一
- 元分析：基于研究的研究
- 在童年时期遭遇重大负性事件的儿童有能力在成长过程中自我修复

证据二
- 记忆研究：记忆存在重构的现象
- 误区：童年磨难能让人活得更精彩
- 夸大童年挫折的正面意义
- 幸存者偏差

应对方法 —— 重建积极的过去的认知表单

如何提升心智能力？

· 认知发展 ·

在进入本节之前，不得不重提这位硕果颇丰的心理学家——皮亚杰。

皮亚杰是瑞士人，父亲是研究中世纪文学的大学教授。皮亚杰是一个比较典型的早慧型孩子，他 11 岁的时候就发表了一篇关于麻雀罹患白化病的短文，这篇文章就是他学术生涯的开端。

从 11 岁到上大学期间，他主要接受的是生物学的训练。从大学开始，他就已经对心理学产生了浓厚的兴趣。于是，他很快把研究方向转向了心理学领域。在学有所成之后，他也像父亲那样进入大学任教，着手心理学的研究。

既然是研究儿童心理学，他就把自己的孩子作为研究对象。他一共生育了 3 个孩子，每个孩子都一生下来就成了他的研究对象。

他所处的时代，最为主流的理论学派主要包括病理心理学、精神分析学、荣格和弗洛伊德的学说等。能够在这样的学术背景下提出极具创新性的理论观点，足以看出皮亚杰作为心理学家的出色之处。用一组数据来更具体地感受他的成就与学术地位——他在几十年的学术生涯里，为后世留下了 60 多本专著、500 多篇论文。

同化和顺应

今天，我们就站在巨人的肩膀上学习、理解儿童的认知发展的特点。

在皮亚杰的理论中，有一个很重要的概念叫作认知结构，也叫作图式。 在皮亚杰之后，还有很多优秀的心理学家，他们的理论一直在不断地发展。直到现在，"图式"仍然是理解儿童认知发展的一个非常重要的概念，贯穿认知发展的始终。

"图式"一词听起来比较抽象，其实，**"图式"这个概念指的就是一种认知的结构或者叫作组织。** 当我们处在相同或类似的环境中时，会因为认知对象的重复出现而引起迁移或者概括。

图式中的基本能力主要来自先天遗传，随后在成长并适应环境的过程中不断地变化、丰富和发展，最终形成了本质上各不相同的图式。每个人的图式都是由简单到复杂，逐渐发展起来的。图式越复杂，代表认知发展越成熟。

举一个例子：孩子认识动物的过程。家长带孩子逛公园的时候，指着鸽子给他讲解"鸟"这个概念，告诉他"鸟都是会飞的"。于是，孩子脑海中可能就会形成"会飞的就是鸟"，"鸟"就成了孩子的一个图式。下一次，他见到一个会飞的动物时，就会脱口而出："看，有一只鸟！"

但是，仅有"鸟都是会飞的"这一个图式明显是不够的。在孩子不断接触环境的过程中，有很多机会发展其既有的图式，**而在图式发展变化的过程中，还有两个比较重要的概念，一个叫作同化，另一个叫作顺应，分别对应图式发展中的扩大图式概念和发展新图式概念这两大发展过程。**

仍然以儿童认知鸟类这个例子来解释这两个概念。

在孩子最开始形成的对鸟的认知里，原来的图式是很模糊的，没有那么精确，可能就只有一个条件，即"会飞的就是鸟"。于是，某一天，孩子在路上看到一只喜鹊飞过时就会说，"哎，那是一只鸟。"又有一天，孩子看到一只燕子飞过，他还是会说："那是一只鸟。"

喜鹊和燕子是两个不同的品种，但都是鸟类，所以符合原来"会飞的就是鸟"这个图式，这个过程就叫作同化。也就是说，孩子的经验和图式是相匹配的。**同化就是用旧有的图式可以解释一些新的现象，并且这些新的现象能够丰富图式的资料库。**

但是，在另外的一些情况下，即使采用了丰富的图式来认识世界，得到的结果仍然是错的。比如，某一天，孩子看到一只蜻蜓飞过。因为在孩子的图式里，只有一个认知节点——"鸟是会飞的"。这时，他仍然会说"这是一只鸟"，但这是错的。原来的图式不能解释这个新的现象。

因此，在大人讲解蜻蜓的过程中，孩子就会发展出关于昆虫的新的图式。我们会告诉孩子，鸟和昆虫是不一样的，虽然有些昆虫也会飞，但两者之间有着很大的区别。

这时候，孩子就能够发展出新的图式：昆虫。至此，关于"会飞的动物"，孩子的脑海里就有了鸟和昆虫这两种图式。**这个发展新图式的过程，就叫作顺应。**

认知发展的四个重要阶段

皮亚杰在认知发展理论中提出了四个很重要的阶段，也就是前文提到的认知发展阶段的理论。

这个理论把儿童的认知发展分为四个阶段，分别是 0—2 岁的感知运动阶段、2—7 岁的前运算阶段、7—11 岁的具体运算阶段以及 11 岁以上的形式运算阶段。

第一个阶段是感知运动阶段，它看似和认知发展的关系不大，为什么要强调它呢？这就反映了皮亚杰的一个很重要的观点：感知觉或者说运动的发展是儿童认知发展过程中一个很重要的先决条件。

之所以特别强调运动的发展，是因为在0—2岁这个年龄阶段，孩子如果无法运动的话，就无法获得认知上的发展。

因为孩子从出生开始，到六七岁之前的这段时间内，大脑里无法进行抽象的解释。因此，在没有抽象理解能力的情况下，孩子要想理解、认知一些东西，他的手上必须拿着一个真实、实际的物体。

例如，如果想教2岁的孩子认识苹果，就得让他抓着一个苹果，这样他才能有关于苹果的真实触感，闻到苹果散发出来的味道，甚至还可以用嘴咬上一口，拥有真实的味觉。这样，他就能知道这是一个苹果。

但是，如果仅仅让孩子观察一些动作，他就不会真正获得认知上的发展。比如，比画一个耳机或者比画一个电话听筒，成年人很快就能知道这是要打电话的意思。但是，孩子无法理解这么抽象的意义，要想让他得到认知发展，他手上一定要拿到耳机或电话的实物。

而能够拿到实物这个行为的基础是什么呢？就是我们的运动能力。假如孩子无法抓握，那他可能就无法认知苹果；假如他无法走动，可能就无法认知长度；假如他无法摔东西，可能就无法认知高度。所以，感知觉、运动能力的发展是认知发展的基础，并且是非常重要的基础。

认识到感知运动阶段的重要性，还有必要指出一点的是，皮亚杰的认知发展观并不是完美的，也有其局限性。其中一个被后来的心理学家诟病的地方就在于，这个发展阶段的划分低估了儿童的一些能力。也就是说，有些孩子进入某一个既定阶段的时间会更早一些。皮亚杰自己就是一个例子，他在11岁的时候就已经发展出抽象思考和独立做研究的能力。

当然，提到皮亚杰理论中被诟病的部分，也是为了帮助大家全面地理解他的观点，而不是要全盘否定这位心理学家。相反，恰恰就是这些观点和理论对儿童的教育产生了巨大的影响。

发现式教学特别注重实验体验

在皮亚杰理论的基础上，其他教育学家发展出了一种教学方法——发现式教学。

什么叫发现式教学？它认为幼儿和成年人的思维方式是不一样的。在某种程度上，这个观点得益于皮亚杰的儿童认知研究。所以，在这个观点的指导下，我们应该让孩子获得与日常所熟悉的环境相关的教育经历，这样他们才能学得更好。

与发现式教学相对应的是讲授式教学。有些人认为，讲授式教学就是填鸭式教学，过于看重学生对知识点的背诵、记忆能力，而轻视实际理解与探索的能力。

整体上来说，发现式教学更关注学生如何学习，它的主要特征就是自主探索和合作学习。这种教学方法的本质，是让学生在自己既有的认知基础上主动建构新的知识体系。这一点正好符合了认知发展过程中图式的形成和发展过程。

举一个例子，在科学教育中，发现式教学特别注重实验体验。比如，生物课上的植物成长观察，数学课上自己动手制作几何图案模型，这些都是发现式教学的例子。与之对应的是，讲授式教学可能就不会有这些在情境中提问和动手操作的过程，而是直接给出结论，并要求学生熟悉和记忆。

尽管讲授式教学方式看起来更高效，但回顾一下我们的学习经历，不得不承认，发现式教学更符合我们学习新事物时大脑认知发展的本质。

知识小结思维导图

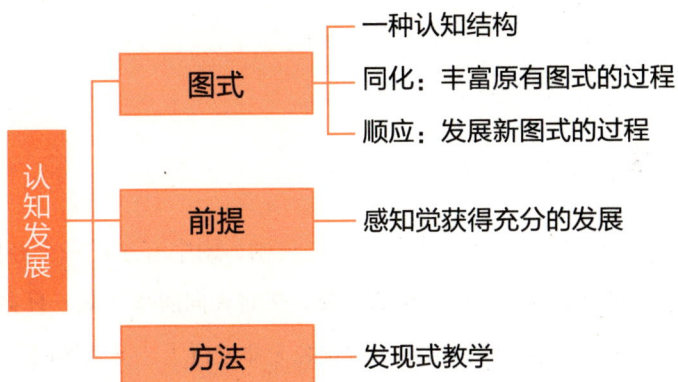

```
                    ┌── 一种认知结构
            图式 ───┼── 同化：丰富原有图式的过程
            │       └── 顺应：发展新图式的过程
认知
发展 ───────┤
            前提 ────── 感知觉获得充分的发展

            方法 ────── 发现式教学
```

我是谁？ ——对自己的看法是如何形成的？

· 自我概念 ·

大家可能看过《武林外传》这部电视剧，剧中有这样一个经典桥段：姬无命大闹同福客栈。危在旦夕的时候，平时一向胆小如鼠，只会说"子曾经曰过"的吕秀才突然冒出来，对着姬无命进行了"灵魂拷问"："我是谁？我是谁？我是谁？"最终诱导姬无命说出"是我杀了我"，并且一掌拍在自己脑门上，当场毙命。

吕秀才的这次超常发挥直接解除了客栈众人的性命危机，还让他成为朝廷钦封的"关中大侠"。

我们从这个"灵魂拷问"出发，看看人类从出生开始，是如何渐渐明白"我是谁"的，人们对自己的看法是如何形成的，以及自我意识是怎样发展变化的。

幼儿的自我概念

关于自我概念的发展，从儿童研究上来看，0—1岁的幼儿是没有自我意识的。对此，心理学家做了一系列经典实验，叫作鼻点测试或者点红测验。

　　点红测验最早是动物学家做的，他们用点红测验来研究黑猩猩究竟有没有"自我"。用点红测验做儿童研究时，具体做法是这样的：在宝宝毫不知情的情况下，在他们的鼻子上点一个无感觉、无刺激的红点，然后观察婴儿在照镜子时会有什么样的反应。

　　类似于黑猩猩的实验，研究人员假设，宝宝在照镜子的时候马上就发现了鼻子上的红点，并且表现出好奇或者想要用手抹掉鼻子上的红点，而不是去抹掉镜子中的红点。这就能说明宝宝可以区分自己的形象和自己形象之外加在自己身上的东西。

　　平均来说，中国儿童通过测验的年龄大概在 18 个月，美国儿童可能早一点，平均在 14 个月通过测验。点红测验主要能告诉我们，孩子可能到了一岁半以后才开始慢慢有自我意识。有了自我意识就意味着，他们开始慢慢地认识自我了。永恒的"哲学三连问"也就是从这个时候开始出现的：我是谁？我从哪儿来？我要到哪儿去？

　　话虽如此，但这个"哲学三连问"并不是在婴儿开始出现自我意识时立刻就出现的。在开始的时候，可能仅仅是"我是谁"这样一个简单的自我问题。随着孩子年龄逐渐增长，认知逐渐成熟，其自我概念所涵盖的内容才会跟着越来越丰富。

　　在自我意识出现之后，一开始，幼儿的自我意识只是一种现在自我，没有时间延展性。所谓现在自我指的主要是 2—3 岁的儿童在最早期的自我表征，他们只能认识到当前自己的自我表征，而无法认识到过去的自我表征等复杂的、有时间跨度的概念。

　　也就是说，他们只能知道自己现在要干什么，但不知道自己现在干的事情对以后有什么影响或者说自己曾经做过的一些事情对现在意味着什么。

　　但随着孩子逐渐长大，3 岁半到 5 岁左右的时候，就会形成扩展自我。这个时候，儿童能够将过去的、现在的、未来的自我表征整合到一个稳定的自我概念之中。也就是说，过去的自己还是自己，未来的自己也还是自己，这两者之间是有一定连续性的。

在自我概念出现之后，孩子还会逐渐发展出自我分类。比如，类别自我：我是一个什么样的人，是一个好人，还是一个坏人；是一个男孩，还是一个女孩，等等。总而言之，随着年龄的增长，自我概念会越来越丰富。

青春期是发展自我同一性的重要阶段

对所有人来说，青春期都是一个至关重要的阶段，因为这是发展自我同一性的时期。

自我同一性指的是，一个人把自己的需要、情感、能力、目标、价值观等与自我有关的内容，整合成统一的人格框架，保持自我一致的情感与态度，以及自我恒定的目标与信仰。

当然，现在人们普遍认为自我同一性的历程要比研究者提出的时间跨度长得多。虽然自我同一性从青春期开始建立，但并不是每个人都能在18—25岁这个阶段完成自我同一性的建立。有的人可能在青春期之后仍在发展，有的人可能终其一生也无法很好地完成这个任务。

要完成这个任务，有一个很重要的前提就是积极、全方位地自我探索。心理学家詹姆斯·马西娅（James Marcia）就在埃里克森有关自我同一性理论的基础上，提出了这个很重要的方式——探索。

探索分为两类。一类叫作向外的探索，比如"我喜欢什么科目""我要报考什么学校""我适合什么工作"等，这些都是自我探索的一部分；另一类叫作向内的探索，向内探索则更多是在所有这些日常活动的基础之上的内心活动，比如"我是谁""我有什么天赋""我跟别人有哪些不一样""为什么不一样""我有什么优缺点"等。

在某一个时期的探索结束后，并不是每个人都能顺利完成任务，而根据完成的情况不同，可能有四种结果：

第一种，同一性获得。进行探索并成功了，获得了稳定、健康的自我认知，说明自我发展得很好。

第二种，同一性延缓。虽然进行了探索，但是没有成功，没能建立起同一性。关于自我，可能还有很多迷茫、未知和不确定性。但是延缓不一定是坏事，因为还有机会继续探索，以后还可以继续尝试发展自我同一性。

在同一性延缓当中，有一个很典型的例子，可能很多人都经历过，就是大学毕业了，有一些人还没有想好以后要做什么工作。这时该怎么办？有的人选择一个缓冲期；有的人可能暂停一年，去体验生活；也有的人会选择读研究生，他们可能觉得在研究生阶段自己可以有更清晰的自我同一性的发展。

第三种，同一性早闭。有些人没有探索，但还是成功了。可能他们的人生是一帆风顺的，从小学开始，他们一直都是别人羡慕的人，但他们没有认真思考过是不是在做自己喜欢的事。还有一些人是因为父母比较强势，选专业，找工作，结婚等，都必须听父母的。于是，这些人同一性的建立就早早终止了。

比如，有的医生世家，爷爷、父母都是从医的，他们早早地就给孩子做好规划，让孩子长大后也去学医。孩子可能比较听话，最后也选择当医生。当然，可能医生的职业规划也不错。但是，这种早闭的情况可能会使孩子并不一定真心喜欢自己从事的职业。

第四种，同一性扩散。既没有探索也没有成功，整天浑浑噩噩，同一性建立失败。第四种情况是任何人都不想看到的情况，希望大家避免这种情况。

自我同一性没建立好怎么办？

怎么判断自己有没有顺利完成这个任务呢？有一个简单的方法就是问自己这样一个问题：在你的自我概念中，什么才是最重要的？

一般来说，心理学家会把答案按照一定的方式简单分为两类：**第一类是事实性答案，比如，对我来说，重要的是我的人生目标；第二类是评价性的答案，比如，对我来说，重要的是别人对我的评价。**

对于给出第一类事实性答案的人，我们可以认为他们的自我同一性建立得比较好。举一个例子，对我来说，人生和事业是重要的。所以，我看重的，以及选择做的事情，基本上都是对此有帮助的，而与之无关的事物则对我影响不大。

再比如，因为我看重的是家人、朋友、学生、专业、同行等，他们的评价比较重要，而其他一些无关的人对我的评价就没那么重要。就算是我看重的评价，我也会先判断他们说得对不对，如果对，那我就理性讨论，虚心接受；如果不对，那我就能确信自己是对的。因此，恶意的差评不会影响到我。

而对于给出第二类评价性答案的人，我们可以认为他们的自我同一性建立得不太好。举一个例子，假如我恰好是一个看重他人评价的人，我认为自己是一个不错的心理学工作者，很期待听到别人对我的认可。但别人的评价不是我能决定的，肯定有好有坏。于是，我就对那些坏的评价格外在意，因为我特别想摆脱负面评价。这样一来，我一看到差评就生气、恼火，觉得自己都这么努力了，凭什么还有人不认可？

这就是同一性没有建立好的表现。这意味着人还处在混乱的阶段，没有建立持续的稳定的同一性，于是，任何与自己心中所想不一致的声音都会成为挫折，结果就是自己备受困扰。

如果大家跟随刚才的步骤做完判断，发现自己之前没有打好基础，没有建立好同一性，那么有什么补救的措施吗？

有两个维度可以给你一些启发。

第一个维度是选择好的伙伴。好的标准是什么？是能够给予自己无条件积极关注的人。在青春期同一性建立的关键时期，除了自己对自己的影响比较大之外，还有父母的影响。如果早年没有得到良好的探索环境，比如经常被否定、没有做选择的机会、跟父母沟通很心累等，那么现在你就可以主动选择自己的朋友圈、交际圈，主动选择自己的亲密伴侣，因为这种包容接纳的环境有利于进行再一次的自我探索。

第二个维度是培养强大的内心。这句话听起来似乎没什么用处，但恰恰是心理学对我们最有帮助的部分。要学会明确目标，树立全局观，对于自己处在人生地图的哪一个位置有较为全面的认识。这样一来，自己就不会像行走在森林中那样，被很多杂乱的信息干扰，迷失方向了。

知识小结思维导图

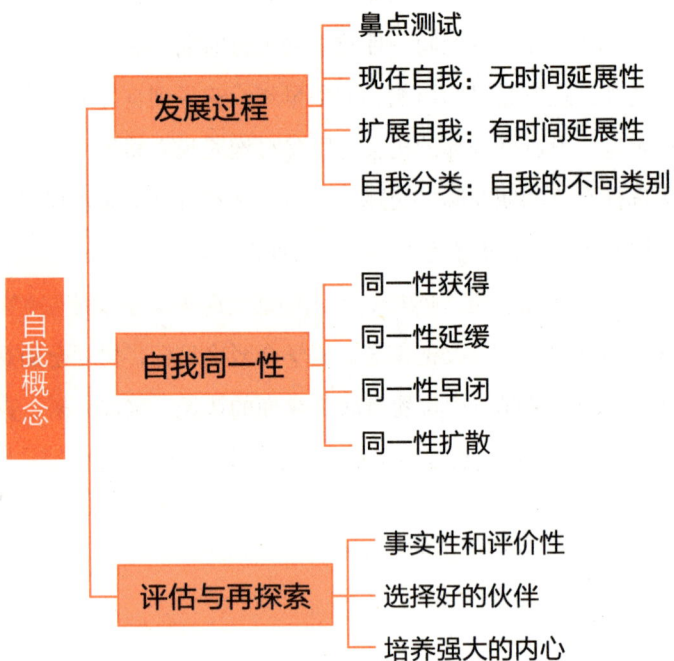

发展过程
- 鼻点测试
- 现在自我：无时间延展性
- 扩展自我：有时间延展性
- 自我分类：自我的不同类别

自我概念

自我同一性
- 同一性获得
- 同一性延缓
- 同一性早闭
- 同一性扩散

评估与再探索
- 事实性和评价性
- 选择好的伙伴
- 培养强大的内心

他是谁？——对他人的看法是如何形成的？

· 了解他人 ·

大部分孩子在成长过程中都经历过这样一类很让人讨厌的提问，"爸爸好，还是妈妈好"或者"奶奶好，还是妈妈好"等，其令人讨厌的程度与男生被问"当妈妈和老婆同时掉水里，你先救哪个"简直不相上下。

年纪小一点的孩子，比如，两三岁的孩子听到这个问题之后，大多数时候的反应是茫然的，不太能理解这个问题的意思。稍大一点的孩子可能会比较耿直，喜欢谁就说谁好。再大一点的孩子就学聪明了，如果是爸爸问，就说爸爸好；如果是妈妈问，就说妈妈好；如果是奶奶问，就说奶奶好。回答得天衣无缝，绝不留下任何隐患。

孩子从说出自己喜欢的答案，到说出大人喜欢的答案，在这个成长变化的过程中究竟发生了什么？孩子对他人的看法是如何形成的？孩子是怎么开始知道和理解别人的想法的？我们尝试从心理学的角度来解开这些谜团。

合作让我们与他人建立联系

孩子在2岁之前是没有"朋友"的。如果在家的话，他们的领地意识还很强，不允许有第二个孩子出现在自己的领地。在这种情况下，一旦有别的孩子出现，他们就会大哭大闹，甚至把别人赶出去。

但是，到了幼儿园小班的时候，他们就开始出现合作的雏形或者叫合作的萌芽。他们慢慢允许别人与他们处在同一个空间了，比如，大家都可以在学校的滑梯区域玩，但是各玩各的。

然后到了幼儿园中班的时候，他们可以和别人一起玩玩具，这个时候的一起玩，还不是成人意义上的合作。简单来说，成人的合作是有分工的，你完成一部分，我完成一部分，然后拼接起来，组成一个整体。

孩子在幼儿园中班时候的合作只是共同玩一个游戏，但是，共同玩一个游戏的意思仍然是各玩各的。比如，大家一起拼乐高，从同一个盒子里拿乐高方块，但是，我拼我的，你拼你的，不会一起共同拼一个东西。

直到幼儿园大班的时候，孩子之间的共同玩耍才开始类似于成年人的合作，他们有共同的目标，并且分工完成不同的步骤。

这是从合作能力发展或者说与他人的社会关系的角度，表现出的一种看得见的了解他人的发展过程。从研究的角度来说，心理学家不需要参与这个变化过程，仅仅是观察幼儿的行为表现就能得到这样的结论。

儿童的观点采择能力是如何出现的？

如果要了解更多关于"对他人看法"的发展阶段，就需要更进一步分析、研究幼儿的认知变化过程。

儿童会逐渐发展出一种很重要的心理能力，叫作观点采择，指的是推断、理解别人心理活动的能力。一般来说，三四岁的孩子是没有这种能力的。

也就是说，我们很容易观察到很小的孩子身上表现出来的所谓的自私，其实，这是观点采择这种能力还没发展出来的一种天然的"自我中心"的倾向。

　　他们只能理解自己的想法、视角，而不能观察到，也无法理解别人会有不同的想法、视角。他们会觉得，自己看到的就是别人看到的，自己想到的就是别人想到的。

　　比如，孩子常常会自言自语，即使身边有家长在也会存在这种情况。另外，如果与孩子玩捉迷藏的话，你就会发现，当孩子马上要被发现的时候，他们会用手捂住眼睛。孩子会觉得，自己看不见了，别人也会看不见。

　　其实，很多家长、老师在意的一部分德育，比如，谦让之类的品质并不适合在孩子三四岁的时候教，因为这个年纪的孩子无法真正理解谦让的内涵，只会因为把自己喜欢的东西让给别人而感到难过。

　　但是，到五六岁之后，在这一点上，孩子就会有明显的变化，因为这时候他们就开始具备观点采择的能力了。他们能够明白，"我想的和别人想的是不一样的"。

　　关于这个理论，心理学家塞尔曼（Selman）对不同年龄段的儿童做了非常详细的研究。他给孩子讲一些故事，让孩子回答故事中的一些问题，并基于不同年龄的孩子给出的回答，综合分析，得出了观点采择或者说角色采择的发展阶段。

　　在塞尔曼所做的研究当中，有一个故事叫作"霍利爬树"，这是一个两难的故事——霍利是一个 8 岁的女孩，她喜欢爬树，在邻居所有的孩子中，她是最擅长爬树的一个。有一天，当她从一棵高树上爬下来时，不小心从树枝上掉了下来，但没有摔伤。她的爸爸看到了，很担心，要求霍利以后再也不准爬树，霍利答应了。后来，有一天，霍利和她的朋友遇到了肖恩。肖恩的猫夹在树上下不来了，必须立即想办法把猫救下来，不然猫就会从树上摔下来。这群孩子之中，只有霍利一个人能够爬上树把猫救下来，但她又想起曾答应过爸爸再也不爬树了。

　　听完故事之后，孩子要回答这么几个问题：如果霍利没有帮肖恩，她会感到怎样？如果霍利的爸爸发现她又爬树了，爸爸会感到怎样？如果霍利的爸爸发现她又爬树，她认为她爸爸会怎样做？如果你是霍利，你会怎样做？

听完这个故事，3—6岁的孩子往往根据自己的经验做出反应，还不能认识到其他人和自己的观点不一样。也就是前文讲过的"自我中心"阶段或者叫无差别阶段。

而6—8岁的孩子开始知道别人也会有不同的观点，但是不能理解为什么会出现不同。他们的理解只停留在"别人做什么就说明别人是怎么想的"的阶段，并不能理解别人行动的思想。这个阶段叫作社会信息观点采择阶段。

8—10岁的孩子能开始认识到，即使得到同样的信息，听到同一个故事，自己和他人的观点也可能会产生冲突。他们能够考虑到别人的观点，并且预期别人的反应，但是还不能同时考虑自己和他人的观点。这个阶段叫作自我反应的观点采择阶段。

10—12岁的孩子已经开始有能力以旁观者的视角来理解和做出反应，这说明他们能够同时考虑自己和他人的观点，并且认识到别人也会这样做。这个阶段叫作相互的观点采择阶段。

12—15岁的孩子已经能够运用社会系统和信息来分析、比较、评价自己和其他人的观点，发展出社会和习俗系统的观点采择能力。

儿童的观点采择能力受什么影响？

既然观点采择能力的发展反映的是儿童社会性成长的一面，就说明在培养这项能力上，父母、家庭和社会对孩子都有很大的影响力。因此，在培养儿童观点采择能力方面，父母是有很大的发挥空间的。

首先，父母的影响力主要体现在教养方式上。简单分为教养态度和教养行为这两个方面。教养态度就是父母在教育孩子上所持的知识、信念、情绪等，教养行为则是指父母在教育孩子的过程中所采取的实际行动。

因为孩子会根据父母对自己的行为反应来推测父母的观点，并且据此调整自己的行为。心理学研究者发现，民主型的教养方式对培养儿童的观点采择能力最有帮助。

兄弟姐妹之间的影响力则主要体现在交流方式上，丰富的情感交流、游戏互动对促进孩子观点采择能力的发展非常有好处，这关系到儿童发展和应用这项能力的机会有多大。家有兄弟姐妹的孩子可能每天都会面临观点采择的挑战，他们就有更多的机会发展这项能力。

劳伦斯·科尔伯格（Lawrence Kohlberg）等人通过研究发现，孤儿院里的儿童的观点采择能力水平最低，农庄里的儿童的观点采择能力水平最高，这两类儿童之间的主要差异在于其日常生活中观点采择机会的多少。

这就引出了第二点，丰富的社会经验能够加快儿童观点采择能力的发展。比如，与家庭之外的同龄伙伴一起玩耍就是与培养观点采择能力有关的社会经验。

孩子们常玩"过家家"游戏，当他们发生冲突之后，让孩子自己处理这些冲突能够锻炼他们的观点采择能力。因为如果儿童想要解决冲突，就必须反省自己，重新考虑他人的观点，必要的时候还要做出让步，最后使得彼此的观点协调。

最近几年比较风靡的"狼人杀"游戏、"剧本杀"游戏和各类桌游，都要求我们有非常复杂的观点采择能力。比如，"狼人杀"游戏中分好几种角色，玩家在扮演这些角色的时候，彼此之间还要完成合作、隐瞒身份、以角色 A 假装角色 B、厮杀、推理等各种复杂的操作。如果你也玩过这类游戏的话，可以从观点采择理论角度思考一下，自己是怎么分析"狼人杀"游戏的。

知识小结思维导图

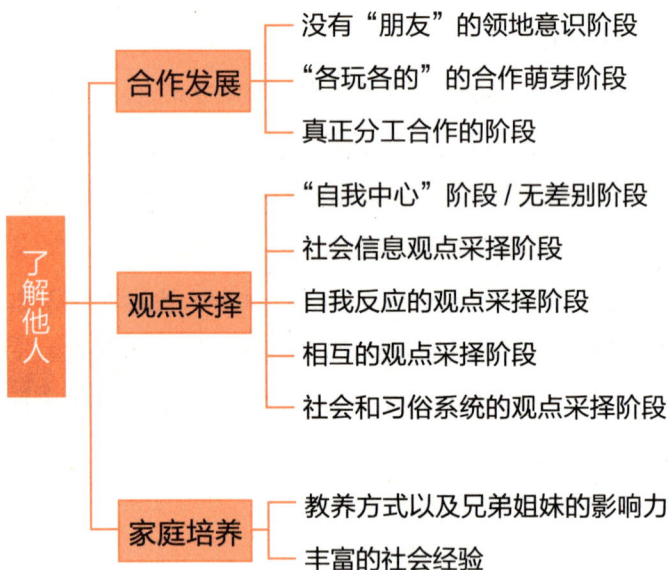

```
了解他人 ┬─ 合作发展 ┬─ 没有"朋友"的领地意识阶段
         │          ├─ "各玩各的"的合作萌芽阶段
         │          └─ 真正分工合作的阶段
         │
         ├─ 观点采择 ┬─ "自我中心"阶段 / 无差别阶段
         │          ├─ 社会信息观点采择阶段
         │          ├─ 自我反应的观点采择阶段
         │          ├─ 相互的观点采择阶段
         │          └─ 社会和习俗系统的观点采择阶段
         │
         └─ 家庭培养 ┬─ 教养方式以及兄弟姐妹的影响力
                    └─ 丰富的社会经验
```

如何正确对孩子进行性别教育？

· 性别意识 ·

家长给孩子买玩具、衣服的时候，都会考虑一下孩子的性别，如果是男孩，可能就买玩具车、蓝色的衣服；如果是女孩，可能就买毛绒玩具、粉色的公主裙。

人们都是下意识这样做的，那么这种"性别标签"是怎么出现的？孩子自己的性别意识是如何一步一步发展起来的？

性别意识的产生

现在人们都觉得婴儿出生后，如果是男孩，就准备蓝色衣服；如果是女孩，就准备粉色的衣服。但是，在几百年前，社会上主流的"颜色—性别"认识其实是蓝色对应女孩，粉色对应男孩。

把时间线再拉长一点，很容易就发现，在性别意识上，我们原来一直以为正确的东西，也是有一个变化过程的。

比如，从生理学上来说，男人的性染色体是 XY，女人的性染色体是 XX。但是，人们早就发现，除了这两种之外，还有持 XXY、XYY 等其他染色体情况的人存在。那么，他们又是什么性别呢？

因此，有人认为，性别不应该只有男女二元之分，而应该是多元的。

回到发展心理学的视角上，儿童的性别意识是如何产生和发展的？

社会学习理论认为，人是先有行为，再有意识的。孩子在刚出生的时候，并没有"我是男孩或我是女孩""我应该有什么样的行为表现"等这一类关于性别的认识。性别意识更多是孩子在社会化的过程中慢慢发展出来的。

比如，父母以及周围的人会鼓励孩子做出符合自己性别的行为，而不鼓励不符合性别的行为。比如：给男孩买卡车玩具，不买洋娃娃玩具；给女孩留长发，给男孩剪短发；等等。

而孩子在与他人交往的过程中也会观察、模仿和自己同一性别的人的行为，然后再逐步整合这些行为以及在行为中出现的认识，从而发展出对自己和性别有关的看法。

具体来说，在性别意识的发展中有三个重要课题。

第一个叫作性别认同的发展，也就是能够分清楚自己是男孩还是女孩，并且认识到性别是一种无法改变的特征。

第二个叫作性别刻板印象的发展，也就是关于男性和女性各自应该有什么样的表现等这一类观念。

第三个叫作性别特征行为模式的发展，也就是一个人觉得自己对应的性别，应该有怎样的活动偏好。比如，男孩觉得自己应该好动，喜欢运动；女孩觉得自己应该文静、乖巧。

以下展开讲一讲这三个课题的发展历程。

性别意识的发展阶段

第一个课题是性别认同的发展，它有一个比较明显的发展轨迹。

一般来说，4个月大的婴儿，就能够在一些感知觉的测试中，将男性和女性的声音区分开来，并能把声音和图片进行匹配。也就是说，他们能够准确地通过声音区分出男女。

1 岁大的婴儿能够准确区分男性和女性的照片，2—3 岁的孩子就已经能够明确地表达他们对自己性别的一些认知。

但是，这时候的孩子还没有对性别不变性的认识。也就是说，比如，一个小男孩会觉得自己长大之后，可能就变成女孩了或者一个小女孩会觉得，只要自己愿意，就可以变成男孩。

性别不变的认识，直到五六岁时才会发展固定下来，他们开始认识到，自己身体表现的是什么性别，就永远是什么性别。

第二个课题是性别刻板印象的发展。可能很多人会对此感兴趣，性别刻板印象也是习得的吗？

通常来说，其实，0—2 岁的孩子是泛性别论的。他们根本不知道男孩应该表现成什么样，女孩应该表现成什么样，他们脑海里还没有这方面的概念，甚至可能认为大家都是一样的性别。

直到 3 岁以后，慢慢地在家长的养育、教育之下，在孩子不断接触人和环境的过程中，他们会发展出来相关的刻板印象：男孩应该有什么样的特点，女孩应该有什么样的活动，等等。

1978 年，有一个相关的研究就印证了孩子在这方面的发展轨迹。实验员给一批 2 岁半到 3 岁半的儿童看一个名叫麦克的男孩名字的布偶和一个名叫丽萨的女孩名字的布偶。

之后，实验员问孩子：你们觉得这两个布偶中哪一个可能会烹饪、缝纫、玩洋娃娃？哪一个可能会开火车、打架、爬树？

结果是，这些孩子普遍觉得丽萨会烹饪、缝纫、玩洋娃娃，麦克会开火车、打架、爬树。

这说明，2 岁半到 3 岁半的孩子已经开始具备一些与性别刻板印象相关的知识了。

对应到前文性别认同的发展轨迹，我们会发现，一个人并不是在性别认同完成之后才开始出现性别刻板印象的，两者是交织在一起的，甚至性别刻板印象先发展起来了，性别认同还没发展好。这样一来，就可能会出现一些性别意识上的隐患。

到了上幼儿园大班的年龄或者小学低年级的时候，孩子就会更加明白，哪些玩具、活动更适合男孩或者女孩玩，甚至男孩和女孩在哪些学科上会有差异。

性别刻板印象刚刚形成的时候，有一个很有趣的现象：3—7岁的孩子会严格地遵循自己所认知的性别刻板印象行事。

他们觉得，这种性别刻板印象或者性别标准是每个人都必须遵守的准则，不能有任何违背。那么，为什么这个年龄段的孩子会这么严格地遵守性别刻板印象的准则呢？

其实，这是由这个阶段儿童的认知发展特点决定的。

从前文讲过的认知图式的发展角度来说，这个年龄段的孩子处在不断发展图式的时期，他们脑海中关于性别的图式还没有那么复杂。因此，图式中的1就是1，男孩玩卡车、女孩玩洋娃娃就是必须要遵守的准则。也只有这样，他们才能够加固自己大脑中的自我形象。所以在这个阶段，他们会遵循一些刻板印象的准则。

反而到了7岁以后，随着认知能力的发展，孩子对性别的刻板印象和认知会变得更加灵活。他们会觉得，其实男孩也不一定非要遵循所谓的男孩应该做什么之类的刻板要求。他们会觉得，男孩也可以玩洋娃娃，女孩也可以和别人打架，等等。

到了青春期之后，随着第二性征的发育，孩子又会经历一个叫作**性别强化**的阶段，他们又开始有更强的性别刻板印象。

以上就是性别刻板印象从孩子出生到青春期的发展轨迹。

如何消除性别刻板印象？

在性别意识中，笔者想重点强调的是，性别刻板印象的发展对个人的发展有很重要的影响。

在刻板印象中，存在 stereotype threat 的现象，即刻板印象威胁。

有些人会认为男生后劲足，那些小学成绩差的男生，除了被批评之外，还会受到鼓励：没关系，可能上了初中就好了。而那些小学成绩好的女生，却反过来，除了受到表扬之外，还会被评价：可能上了初中以后成绩就没有那么好了，尤其是"数理化"。很多家长、老师，包括学生自己都会觉得，上了初中、高中，女生的成绩会不如男生。

当然，这样的刻板印象肯定是不对的，但是这种说法一旦被提出来，尤其是当大家都这么认为的时候，就会给女生带来压力。在某种意义上，会真的使她们的表现变差。

那么，如何消除性别刻板印象呢？

对孩子，尤其是未成年人来说，父母的作用是巨大的。因为有时候，在不同的文化背景下，人们确实会对孩子有不同的要求。这些要求可能会让孩子感到困惑、焦虑，表现得不好。这时候，父母如何教育孩子就显得非常重要。

父母要做的事情包括：积极主动地告诉孩子，性别除了繁衍后代之外，其实没有那么重要；有意识地引导孩子晚一些接触性别刻板印象；鼓励他们和异性、同性朋友玩游戏；在家庭中，更加平等地分配家务劳动等。

还可以给孩子创造一个更包容的成长环境，以及基于孩子的认知发展水平，有意识地给孩子传递一些与刻板印象不同的、多元的知识与生活方式。

有研究发现，在社会环境方面，跨性别的学校，也就是男女混校的学校中，学生的性别刻板印象更严重；而单一性别的学校，男校或女校的学生的性别刻板印象反而更弱。

知识小结思维导图

- 性别意识
  - 社会学习理论 —— 先有行为，再有意识
  - 三个发展课题
    - 性别认同的发展
    - 性别刻板印象的发展
    - 性别特征行为模式的发展
  - 消除性别刻板印象
    - 教授孩子性别相关知识
    - 推迟孩子接触性别刻板印象的时间
    - 给孩子更包容的成长环境

高情商的孩子是如何炼成的？
· 情绪发展 ·

有些家长在孩子刚上幼儿园的时候就开始担忧孩子情商不高的问题，比如，孩子性格慢热，不会交朋友，做事情总是很被动，孩子的脾气暴躁，动不动就大哭大闹、撒泼打滚，等等。

家长担忧的情商问题，实际上是情绪发展的内容。前文涉及情绪的章节讲解了不少情绪智力和情绪调节的方法与技巧，但那些都是针对成年人讲的。

孩子的情绪发展，不管是生理基础还是心智能力，都还没有达到成熟的阶段，因此，不顾基础能力的培养而直接谈提高情商是不切实际的。

所以，关注儿童情商培养，首先要清楚情绪是如何发展的。

人类的情绪是如何发展的？

人类的情绪是如何从无到有，一步一步发展的呢？

从发展的角度来说，刚出生的婴儿的情绪发展顺序，遵循从无意识的基础情绪到社会化复杂情绪这样一个发展顺序。

出生 2 个月的婴儿就已出现基础情绪，高兴或者满足，痛苦或者厌恶，还有好奇的情绪。顺便一提，好奇与高兴、痛苦一样，是从出生开始就有的一种情绪。

2—7 个月大的婴儿开始发展出愤怒、恐惧、快乐、悲伤、惊讶等情绪，不过，在心理学家看来，这些情绪仍然是人类的基础情绪。

1—2 岁之间，孩子才开始出现复杂的社会化情绪，如尴尬、害羞、内疚、嫉妒、骄傲等。很容易发现，孩子的情绪是逐渐变丰富的。

当初步的社会化情绪开始出现时，孩子的情绪控制能力又是如何发展的呢？这种情绪控制或者说情绪调节能力是逐渐完善的。

与情绪发展是从基础到复杂类似，孩子的情绪控制能力也是从几乎没有到逐渐变强的。孩子在很小的时候，几乎是喜怒无常的，说哭就哭，说闹就闹。孩子在这个年纪时，管教和教育起来都比较困难。但是，随着年龄增长，即使什么也不做，孩子的情绪管理能力也会有所提升。

这其实与大脑发育，尤其是大脑前额叶的发育、成熟有关。前额叶负责很多高级的功能，包括调解情绪、认知和管理功能。很多人关心的"为什么青春期的孩子会出现很多情绪问题"也和这一点有关，其实就是因为前额叶还没有发育成熟，但是，在青春期，孩子的激素分泌又非常活跃。

随着前额叶发育逐渐完善，大脑各方面功能逐渐成熟，孩子的情绪问题就会越来越少，情绪控制能力也会越来越强。

情绪调节的三个维度

那么，情绪对孩子的功能和意义有哪些？

第一个维度是早期的生存作用，基础情绪的出现能够帮助婴儿更好地活下来。比如，几个月大的婴儿，如果不能很好地表达自己的喜怒哀乐，就有可能生存不下去。因为不懂得表达饥饿，就没人喂他；不懂得表达困倦，别人就会继续逗他玩，让他得不到很好的休息。

因此，婴儿的每一次哭闹和每一次情绪表达都说明他有需求，他在等着妈妈去喂他，等着换尿布或者等着被哄睡。

第二个维度，情绪是社会性发展很重要的能力。如果不懂得表达情绪，社会化进程就会受到影响。

第三个维度，从维持社会交往和建立良好的人际关系这个角度来说，首先，需要发展出比较良好的情绪表达能力。如果不能很好地表达自己的情绪，可能就交不到很要好的朋友。**其次，是情绪识别的能力。**如果别人生气了，你还逗他玩，那你的行为也会影响你们之间的关系。**最后，还有情绪调节的能力。**当你因为某些事情产生一些消极情绪时，能不能调节好自己的情绪事关生活和学习会不会受到影响。

这三个维度的情绪能力都对儿童日后的社会性发展有着重要影响。

举例来说，有研究发现，如果一个孩子多数时候表现出积极情绪，而相对较少表现出愤怒和悲伤等消极情绪，那么他往往更受老师的欢迎，也更容易和同伴建立起良好的关系。

情绪理解能力较高的孩子往往会被老师认为有较强的社会能力，这样的孩子也更容易交到朋友，并能在班级内建立良好的关系。

那些不能正常调节情绪的孩子，会出现被同伴拒绝的现象，其他孩子在一起玩的时候，可能会不邀请甚至排斥他们。加之如果孩子不能正常调节自身情绪，也就缺乏自我控制，可能更容易遭到攻击。

家长如何引导孩子进行情绪管理？

我们都知道情绪很重要，但孩子情绪不佳时该怎么办？总不能要求他像成年人一样做情绪管理吧！

其实，**家长能做的第一点就是接纳孩子的情绪**。孩子的前额叶发育不成熟，情绪管理能力不强，所以，一个完全不发脾气的"乖小孩"是不存在的。如果哭闹和撒泼打滚就是"熊孩子"的话，那么几乎每个人曾经都是"熊孩子"。

因此，当孩子出现负面情绪的时候，家长要允许孩子哭闹，尤其要接纳孩子这些发泄情绪的行为。关键是让孩子知道，即使他们做出了这些行为，他们也仍然是被接纳，被爱着的。

但是，接纳不等于溺爱。

第二点就是要做出积极的改变。一方面，家长可以主动给孩子传达一些情绪知识，告诉孩子什么叫情绪，有情绪是正常的；另一方面，家长也要告诉孩子如何避免消极情绪。

举一个例子，我家孩子有时候做一些事情，完成不了就会感到沮丧，受挫之后就会大哭大闹。这时，对儿童情绪发展不了解的家长可能就会觉得：没做好就没做好，我们父母都没怪你，甚至还鼓励了你，你哭什么呀！

但实际上，家长首先应该要接纳，帮助孩子理解自己的沮丧情绪——的确，一个人如果没做好某件事会感到沮丧。所以，家长要向孩子表达"我理解你的情绪，我知道你现在很难受"，这是第一点。接下来，告诉孩子这种难受的情绪是因为什么产生的，"是因为你遇到了一些挫折，是因为你觉得自己没有做好"。那么该怎么办？那就是引导他解决引发他消极情绪的问题。

比如，说一句"先不要着急，爸爸帮你想办法把它完成"或者"爸爸和你一起来完成这件事情"。当家长把这件事解决之后，孩子的消极情绪自然就会好转。

同时，在这个过程中，家长的**言传身教**也是给孩子很好的教育。告诉孩子出现消极情绪之后大哭大闹不能解决问题，应该以一些更好的表达方式来寻求解决引发消极情绪的事情的方法。

知识小结思维导图

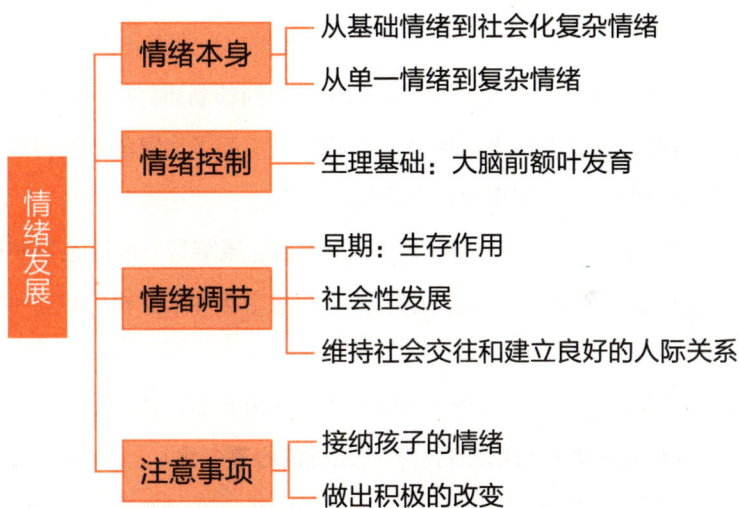

情绪发展
- 情绪本身
  - 从基础情绪到社会化复杂情绪
  - 从单一情绪到复杂情绪
- 情绪控制
  - 生理基础：大脑前额叶发育
- 情绪调节
  - 早期：生存作用
  - 社会性发展
  - 维持社会交往和建立良好的人际关系
- 注意事项
  - 接纳孩子的情绪
  - 做出积极的改变

当一个人变老，心理上会有什么变化？
·老年变化·

前些年有这样几个热点话题。第一个是美国的制药公司开始第三期临床实验。当时，一款对抗老年痴呆症①的药品引起了大家的热烈讨论，因为老年痴呆症越来越受到现代社会的关注。

第二个是热播的综艺节目《忘不了餐厅》。该节目一改综艺以年轻人为主角的潮流，反其道而行之，邀请了一些与老年痴呆症相关的老年人当嘉宾。

举这两个例子，主要是想以老年痴呆症为着眼点，探讨一下随着年龄的变化，人们进入老年时期之后会产生怎样的心理变化。

老年人经常会产生一些心理负担

我国正在进入老龄化社会，根据中国发展研究基金会发布的《中国发展报告 2020：中国人口老龄化的发展趋势和政策》预测，到 2050 年时，我国 65 岁以上的老年人口将会达到 3.8 亿人。

---

① 学名为阿尔茨海默病。——编者注

　　不知道正在看这本书的你，家里是否有需要照顾的老年人。不管你自己是不是担任最主要的照顾者角色，了解一些老年人的心理特点，对于和家人相处总是有帮助的。

　　老年人经常会产生一些心理负担。这是人在年老之后，伴随身体功能退化以及病痛缠身而产生的心理压力。比如，有的老人虽然看起来身体还很硬朗，但是他们对自己身体功能的退化非常清楚，从前做起来不费劲的事情，现在已经感觉力不从心，因此容易产生自卑感。这与年轻人的自卑感不同，如果有契机，年轻人还可以化解自卑，拥有改变的机会，但是老年人的身体越来越差，这几乎是一个必然的现象。如果自卑、消极情绪长期累积的话，很可能会导致老年人抑郁、孤僻，甚至脱离社会。

　　另外，很多老年人疾病缠身。可能这些病并不一定很严重，而是一些慢性疾病。慢性疾病虽然不会致命，但不可避免地需要人照顾，这也会给老年人带来很大的心理负担。他们会觉得自己拖累了子女，变成了子女的累赘或者陷入担忧老无所依的恐惧之中。

　　但也有一部分老年人会往另一个极端发展，产生很强的虚荣心理，变得固执、多疑。这多半是因为他们本来自尊心就很强，一直希望得到他人、社会的尊重，老了之后，这种心态更严重。但现实情况是自己身体渐渐不如从前，变成弱势群体。越是如此，越会让他们的自尊心走上极端，自尊心变成虚荣心，人也变得固执、不听劝。

　　老年人常见的心理特点还有寂寞和孤独感增强。很多外部因素都会触发这些感受。比较明显的是，随着年龄的增长，他们不得不面对亲人、朋友逐渐离世。生死相隔带来的孤独感是非常深刻，也是很难排解的。另外，有些老人的子女不在身边，对这些老人来说，亲密关系的需求变得更强了。他们变得更加依赖子女，却不得不面临子女不在身边，甚至子女不理解自己的需求的困境。还有一个常见因素则是退休或告别工作，有些老年人因此无法适应社会身份的转变，从而产生心理危机。

寂寞和孤独感除了引起负面心态之外，还会导致老年人的思考能力、判断问题能力下降，头脑反应逐渐变得迟缓，加速衰老。

老年人会更倾向于关注乐观的事物

这些变化看上去都是负面的，但笔者的本意并不是要加深大家对老年人的刻板印象，而是希望大家能够对老年人多一些理解和包容。

心理学在关于毕生发展的研究中，有一个理论叫社会情绪选择理论。劳拉·卡斯滕森（Laura Carstensen）等人提出，在一个人的一生中，存在两种不同的目标，一种是未来导向的目标，另一种是与亲密情感相关的目标。有什么样的目标与一个人的时间观有重要关系。

年轻人普遍都会觉得人生之路还很长，时间无限，有大把时间等着自己去学习、去证明自己、去实现理想，所以会关注未来导向的目标。但是，老年人不一样，他们已经走过了大段人生路，要是病痛缠身的话，更会胡思乱想。因此，他们会觉得人生有限，时间很短，转而选择与亲密情感相关的目标。比如，他们会停止交新朋友，而着重与老朋友维持亲密的关系，一起回忆过去的光辉岁月和美好时光。

在美国的一项研究中，德里克·马丁·伊萨科维茨（Derek Martin Isaacowitz）等人发现，如果同时给老年人看两张人脸图片，一张是面无表情的，另外一张是有情绪的（既可以是积极情绪，也可以是消极情绪），这时，老年人就会更多地把注意力放在有积极情绪的人脸图片上，同时，会避免关注有消极情绪的人脸图片。

这说明，老年人会有选择地关注、追求一些积极的刺激，而忽略消极的刺激。除了这个研究之外，还有很多研究都证实了这一点，这被称作老年人的积极效应。

这种积极效应给老年人的晚年生活带来了很多帮助。他们喜欢回忆一些对自己来说有积极情绪价值的经历，比如，在自传体记忆中，老年人总是会怀旧地想起自己在 20 岁的美好年华时经历的事情。而他们之所以那么在乎子女的陪伴，也是因为子女能够给自己带来足够多的积极情绪体验。

但是，这一点也容易让不法分子钻空子，他们利用老年人缺乏陪伴，想要亲密关系的心理，骗取钱财。所以，子女不要总是嫌弃老人容易被骗，也要反思一下，是不是老人在家人方面的心理需求未得到满足，才被骗子钻了空子。

不过，中国有一些研究发现了相反的效应。例如，香港的研究者就发现，在测试老年人在三种背景音乐（包括积极音乐、消极音乐、中性音乐）下的记忆力时，当背景音乐是消极音乐的时候，老年人的记忆力就最好。香港其他研究者也得出了同样的结果，这个发现被称作消极效应。

这是不是意味着在积极效应下对老年人心理特点的解释不适用于中国老人？也不一定。这要看我们怎么理解消极效应的结果。虽然在消极效应方面中国老人表面上与西方老人完全相反，但考虑到文化因素，就会发现，它们本质上都是一种适应性的机制。

比起个人英雄主义式的成功，集体主义文化更在乎的是群体内部的和谐和其他人的感受，因此有必要考虑消极情绪，因为消极情绪会破坏团体内部的和谐。

因此，如果对消极情绪敏感的话，老年人就能及时识别关系中的破坏性因素并及时停止，这样才能维持让自己身心愉悦的团体关系。其实不少人在老了以后，变得更会察言观色了，凡事都依着子女的心情来。

老年人如何更好地适应生活？

现实生活中，老年人还面临着不得不接受照顾的处境。他们的子女是主要照顾者，有过这种经历的人都知道，在照顾老人的过程中，有很多无法为外人道的辛酸，尤其是在老人得了老年痴呆症的情况下。

那么，深刻理解老年人的心理特点当然能有所帮助，但这还不够。对于要照顾老年病患的子女，这里提供以下几点建议供参考。

首先，要调整好自己的心理预期。要认识到，人到老年，大概率会发生这种情况——不管你多么尽心尽力地照料，老人的病情还是会不断恶化。如果是老年痴呆症，那么这种情况可能会更严重。

子女只有调整好自己的心理预期，才能更好地照顾老人。目标是减少老人在患病过程中的困扰和痛苦，让彼此的生活都维持在良好的轨道上。相反，如果抱着"他一定要好起来"的想法去照顾老人，看着老人的病情一天天恶化下去，失望就也会越来越大，甚至可能会因为这种失望而变得不愿意照顾老人，让彼此都备受煎熬。

其次，要保持耐心。就像电影《一念无明》中的母亲那样，很多时候，她发脾气，与你吵架，是被病痛折磨所致，而并非她本意。作为照顾者，不能要求老人像心智健全的年轻人那样客气礼貌。所以，当老人发脾气的时候，不要较真，而是要试着安抚，转移其注意力，帮助他把情绪慢慢恢复到平静稳定的状态。

最后，照顾老人就像一场马拉松长跑，如果觉得自己跑不动，压力太大，可以寻求帮助或者选择休息。子女要有责任心，但也不能给自己太大压力，压垮自己。

以上内容是在探索如何应对老年问题，尽管很多人都还没到这个阶段，但是每个人都将迈向老年。因此，了解老年人的心理，不仅能够帮助自己的亲人、身边的老人，更能全面地了解自己。老年人的心理特点还有很多，如果有这方面的兴趣，可以继续探究。

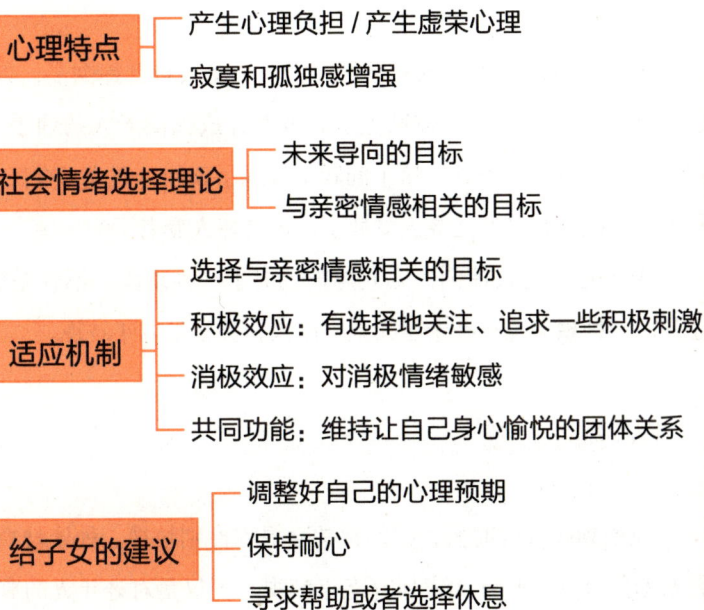

如何面对自己的老化？
· 老化应对 ·

时不时就会有这样的社会新闻：一个老人自己摔倒了，旁边有好心人扶他起来，结果一扶就被讹上了，被冤枉成撞倒老人的凶手。于是，"看到老人摔倒扶还是不扶"这个问题不仅成了新闻，还成了全民热议的话题。甚至有人感慨：到底是老人变坏了，还是坏人变老了？

渐渐地，老人摔倒，无人搀扶也成了一种现象。不管是前一种现象，还是后一种现象都存在老年人刻板印象，甚至是老年歧视。

人终将老去

在谈到歧视的时候，我们常常会提到性别歧视、种族歧视，却往往会忽略老年歧视。呼吁大家摒弃老年歧视，不仅是对老年人的尊重，而且也是为自己考虑。

你可能会纳闷，我们还是年轻人，为什么提倡不要歧视老年人是为自己考虑呢？因为老年歧视本质上是一种年龄歧视，年龄是一个可变的量，如果你现在存在年龄歧视，那么你终将成为被自己歧视的人。当你20岁时，你歧视老人，几十年后，你就变成了自己曾经歧视的对象。

　　"老年歧视"这个概念或者说这种复杂的体验，在心理学上被称为 internalized aging stereotype，即内化的老年刻板印象，指的就是，过去对其他老年人存在的刻板印象，以后可能会变成对自己的一种刻板印象。而有些消极的老年刻板印象，对每个人来说，都有非常强烈的消极影响。

　　关于这一点，有一个很著名的研究，是美国耶鲁大学的贝卡·利维（Beca Levy）教授于 2002 年在《人格与社会心理学》杂志上发表的，研究者利用一批纵向追踪的数据，对一批被试进行了长达 20 多年的调查。在刚开始追踪的时候，对于参与实验的人，研究者问了这么一个简单的问题：你觉得老化是一件好的事，还是一件不好的事？这个问题问的就是参与者对自己的内化的老年刻板印象或者说自我老化的态度。然后，追踪这批被试的死亡率。当然，会排除那些非正常死亡的案例，比如遭到车祸、谋杀等，记录那些正常死亡的个体数据。

　　结果发现，对于一开始就回答老化是好的或者对老化持有比较积极的态度的人活得更久，在追踪开始之后的 20 多年，只有 50% 的人去世；而持有比较消极的态度的那一批人，在追踪开始之后的大概 15 年就有 50% 的人去世了。这是一个强有力的实验结果，它证实了内化的老年刻板印象的存在和影响。

　　之后，这个结论被很多实验不断地重复、证实，包括我自己用中国的一些纵向追踪的数据也发现了相同的结果。比如，如果你觉得老化不好，你就会有一个很消极的老化刻板印象，并且它会变成你自己的一种内化的老年刻板印象。这种态度对生存是不利的，这种态度的持续会缩短人的寿命。

　　有时候，我会举一个不恰当的例子来说明这一点。当你步入中年后，如果持有的观念是"我觉得老化很好"，那你可能比那些觉得老化不好的人多活几年。所以，那些鼓吹"年轻即正义，衰老就糟糕"的广告，只需要看看就好，不必放在心上。因为年轻的确很美好，但老了也很美好，不要让年龄焦虑摧毁自己。

未来自我连续性

另外一个与应对老化态度有关的内在心理状态，叫作**未来自我连续性**。

什么是未来自我连续性？从出生到成年，人会从无到有地发展出各种各样的自我。而随着年龄的增长，还会发展出很多自我的可能性。但是，随着年龄继续增长，这种自我的可能性达到一定程度之后就会减少。

在一个人的一生中，这些各种各样的自我是有连续性的。也就是说，关于"我是谁"这个问题，虽然我们一生都在探索，但我们会觉得，自我大概就在某一个范围内变动。

有些人的自我连续性比较强，同时，他们对老化的态度也更加积极客观；相反，另外一些人会把现在的自己和未来的自己截然分开，觉得现在的自己和未来的自己是完全不同的人。这种现在自我和未来自我关系割裂、连续性很弱的人，自我老化态度会更差，也更容易出现认知失调和对自我老化的消极态度。

这些人不愿意为自己的未来做打算，也更加歧视老年人。他们对自己的老年阶段缺乏想象，因为他们觉得自己现在还不老，老年人和现在的自己是两种完全不同的人。

提高未来自我连续性

那么，怎样增强一个人的自我连续性，避免内化的老年歧视呢？

　　2011 年，美国的一位心理学家，也是我的好朋友，就开发出一个范式，为这个问题提供了一个可能的答案。

　　实际上，他的研究目的是希望增加美国年轻人的储蓄率。大家都知道，美国年轻人普遍是"月光族"，他们透支很多信用卡，每个月基本上都存不了多少钱，还可能有很多债务。这种没有储蓄的现象反映出他们不愿意为自己的未来做准备。

　　不愿意为自己的未来做准备是一个未来自我连续性弱的典型信号。 如果能通过一些方法增强这类人的未来自我连续性，不就能增加他们的储蓄意愿了吗？

　　于是，研究员开发出来一个范式，即让年轻人看自己老了之后的照片。这些照片是通过技术合成的，一个 20 岁的年轻人能通过这种技术看到自己 50 年以后布满皱纹的脸是什么样子。而那些看到自己老年阶段的照片的被试，果然更愿意为自己的未来进行储蓄了。

　　是不是很神奇？原以为解决这个问题需要用到很复杂的方法，结果仅仅是看一张照片，就能提高人们的储蓄意愿。研究者通过这样一个设计，改变了实验参与者对老年的态度。我自己的实验室后来的研究也证实了一件事：**当一个人的未来自我连续性增强后，就可以避免对老年人的歧视。同样，避免老年歧视对个人将来的老化应对是很有好处的。**

知识小结思维导图

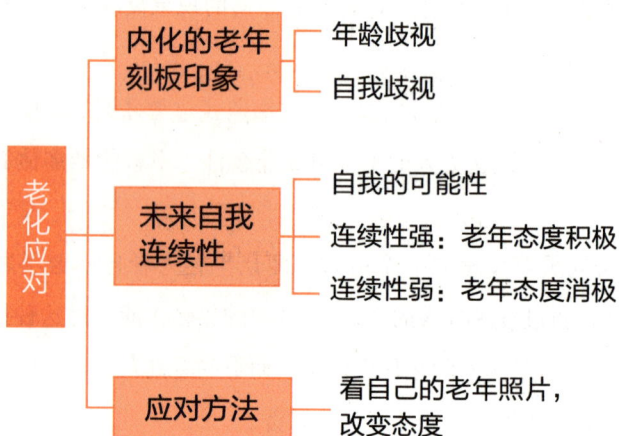

```
                      ┌─ 内化的老年 ─┬─ 年龄歧视
                      │   刻板印象    └─ 自我歧视
                      │
                      │               ┌─ 自我的可能性
           老化应对 ──┼─ 未来自我   ─┼─ 连续性强：老年态度积极
                      │   连续性      └─ 连续性弱：老年态度消极
                      │
                      └─ 应对方法 ──── 看自己的老年照片，
                                      改变态度
```